甘肃省高水平专业群（智慧财经专业群）建设计划项目系列教材
校企合作新形态教材
21世纪经济管理新形态教材·工商管理系列

智能审计基础操作

主　编 ◎ 郭志强
副主编 ◎ 崔　丽　罗军德　田君怡
　　　　王立月　董九红

清华大学出版社
北　京

内 容 简 介

本书遵循"理论引领、应用为要、模拟实操"的宗旨,通过中联智能审计初级"1+X"证书教学平台实操演练,突出培养学生综合实践能力;从企业真实的工作场景出发,以审计工作流程为主线,以项目教学法为主,运用任务驱动模式系统讲解审计工作过程中的基本原理、工作流程和操作方法。全书共设置10个项目,包括初步识别审计环境,获取与加工审计数据,评价审计证据充分性、适当性,整理审计资料,分析审计证据,实施函证,监盘及实地勘察,计算与验证财务数据,整理审计工作底稿,以及完成审计并出具报告。

本书可作为高等职业院校财经商贸类专业的教学用书,也可作为相关企业的岗位培训和自学用书。

本书封面贴有清华大学出版社防伪标签,无标签者不得销售。
版权所有,侵权必究。举报:010-62782989,beiqinquan@tup.tsinghua.edu.cn。

图书在版编目(CIP)数据

智能审计基础操作/郭志强主编. -- 北京:清华大学出版社,2025.4.
(21世纪经济管理新形态教材). -- ISBN 978-7-302-68843-3
Ⅰ.F239.0-39
中国国家版本馆CIP数据核字第2025AP1140号

责任编辑:徐永杰
封面设计:汉风唐韵
责任校对:王荣静
责任印制:刘海龙

出版发行:清华大学出版社
网　　址:https://www.tup.com.cn,https://www.wqxuetang.com
地　　址:北京清华大学学研大厦A座　　邮　编:100084
社 总 机:010-83470000　　邮　购:010-62786544
投稿与读者服务:010-62776969,c-service@tup.tsinghua.edu.cn
质量反馈:010-62772015,zhiliang@tup.tsinghua.edu.cn
印 装 者:北京同文印刷有限责任公司
经　　销:全国新华书店
开　　本:185mm×260mm　　印　张:16　　字　数:283千字
版　　次:2025年5月第1版　　印　次:2025年5月第1次印刷
定　　价:49.80元

产品编号:104006-01

前言

随着科技的不断发展,数字化、智能化技术已经成为审计领域的一大趋势。从传统的手工审计转型到智能审计,大大提高了审计效率,优化了审计流程,能够更加准确地发现问题,为管理者、投资者和其他利益相关方提供更有价值的信息和服务,也对相关从业人员提出了更高的要求。

本书适合高等职业院校大数据与财务管理、大数据与会计、大数据与审计、会计信息管理、统计与会计核算、财税大数据应用、金融服务与管理等财经商贸类专业的学生学习,为其提供基础的智能审计操作知识,介绍智能审计的基本理论和应用方法,包括审计数据收集、处理、分析和应用等内容,并利用中联智能审计初级"1+X"证书教学平台帮助学生更好地理解和掌握智能审计的基本技术和方法。

一、教材架构

本书以中联智能审计初级"1+X"证书教学软件为平台,从企业实际应用出发,以审计工作流程为主线,将至少一个会计年度真实"业财一体化数据"经过脱敏处理,配套完整原始凭证,打破目前大部分教材以一个月模拟数据进行审计实训教学的局面,对从初识审计环境的知识准备,到获取与加工审计数据、整理审计资料、分析审计证据,再到实施函证、监盘及实地勘察、计算和验证财务数据,最后整理审计工作底稿、出具审计报告的整个审计工作过程中的基本原理、操作方法和工作流程进行了系统的讲解。

二、内容设计

本书采用理实一体化教学设计的理念,将理论知识讲授、任务技能指导、任务操作演练等环节环环相扣,并融入思政元素,符合职业院校教学规律与课程思政要求，方便老师开展工作场景化智能审计教学。

三、教材特色

本书的编写在一线教师和企业专职人员的支持下进行，体例设计充分考虑了教学大纲的要求与企业需求，内容紧紧围绕智能时代的岗位需求，着重提升了全书内容的职业属性，强调内容的实用性和针对性，真正体现校企协同育人。

在编写的过程中，知识准备中的理论部分主要参考注册会计师全国统一考试辅导教材，为平台的操作提供有力的理论支撑，实操部分充分利用中联智能审计初级"1+X"证书教学平台进行技能培养。

本书由甘肃财贸职业学院郭志强主编，崔丽、罗军德、田君怡、王立月、董九红担任副主编。在编写过程中参考了大量文献资料，未能一一列出，在此向这些作者表示真诚的歉意和感谢。

最后，竭诚希望广大读者对本书提出宝贵意见，以促进我们不断改进。由于时间仓促，编者水平有限，书中的疏漏之处在所难免，敬请广大读者批评指正。

编者

2024 年 12 月

目录

项目 1　初步识别审计环境　/　1
　　任务 1-1　查询审计内容　/　9
　　任务 1-2　查询审计业务约定书　/　13
　　任务 1-3　查询审计计划　/　15

项目 2　获取与加工审计数据　/　18
　　任务 2-1　新建审计项目　/　21
　　任务 2-2　采集、转换与导入审计数据　/　23
　　任务 2-3　数据校验与科目映射　/　25

项目 3　评价审计证据充分性、适当性　/　29
　　任务 3-1　审计证据相关性确认　/　32
　　任务 3-2　审计证据可靠性判断　/　45

项目 4　整理审计资料　/　51
　　任务 4-1　账表核对　/　54
　　任务 4-2　账账核对　/　61
　　任务 4-3　账证核对　/　66
　　任务 4-4　证证核对　/　66
　　任务 4-5　账实核对　/　72

项目 5　分析审计证据　/ 77
　　任务 5-1　分析财务报表结构　/ 79
　　任务 5-2　分析财务报表趋势　/ 82
　　任务 5-3　分析财务报表指标　/ 86
　　任务 5-4　分析报表项目结构与趋势　/ 88

项目 6　实施函证　/ 92
　　任务 6-1　银行存款函证　/ 94
　　任务 6-2　有价证券函证　/ 113
　　任务 6-3　往来账款函证　/ 122
　　任务 6-4　其他事项函证　/ 136

项目 7　监盘及实地勘察　/ 139
　　任务 7-1　库存现金监盘　/ 140
　　任务 7-2　应收票据监盘　/ 145
　　任务 7-3　存货与工程物资监盘　/ 148
　　任务 7-4　在建工程实地勘察　/ 169
　　任务 7-5　固定资产监盘　/ 172
　　任务 7-6　无形资产实地勘察　/ 178

项目 8　计算与验证财务数据　/ 183
　　任务 8-1　坏账准备检查　/ 184
　　任务 8-2　固定资产折旧检查　/ 187
　　任务 8-3　无形资产摊销检查　/ 197
　　任务 8-4　长期待摊费用摊销检查　/ 201
　　任务 8-5　工资计提检查　/ 205
　　任务 8-6　简单税种检查　/ 211
　　任务 8-7　利息检查　/ 220

项目 9　整理审计工作底稿　/ 223
　　任务 9-1　审计工作底稿的要素　/ 225
　　任务 9-2　编制审计工作底稿　/ 230

　　　　任务 9 – 3　整理与保管档案　/　233

项目 10　完成审计并出具报告　/　236
　　　　任务　编制审计报告　/　237

参考文献　/　243
附件　会计师事务所审计档案管理办法　/　244

项目 1　初步识别审计环境

项目导语

审计是一项极其重要的工作,它为各种类型的组织提供独立的、专业化的服务,帮助它们审查其财务报表和运营状况等,以便为企业管理者、投资者和其他利益相关者提供有价值的信息。识别审计环境是审计工作的重要开端。

项目提要

审计环境是审计的基础,也是所有可能影响审计活动的内部因素和外部因素的综合体。通过本项目实操训练,让学生在回顾审计概念、目的、过程和审计计划阶段主要工作的基础上掌握审计内容、审计业务约定书、审计计划等查询的具体方法。

项目思维导图

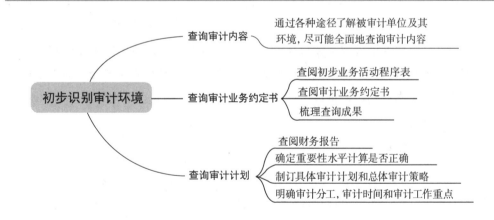

知识准备

一、审计的概念

审计是由独立的专门机构或人员接受委托或根据授权,对国家行政、事业单位和企业单位以及其他经济组织的会计报表和其他资料及其所反映的经济活动进行审查并发表意见。

二、审计的目的

审计的目的是指审计所要达到的目标和要求，是审计工作的指南。审计目的的确定主要受审计对象的制约，同时也与审计的本质属性与职能及受托人的具体要求密切相关。按照现代审计理论，审计的一般目的是注册会计师对被审计单位的会计报表进行审计并发表审计意见。会计报表审计是现代审计的支柱，注册会计师审计尤其如此。从目前来看，企业编制和向外提供的会计报表包括资产负债表、利润表、现金流量表和有关附表。编制这些会计报表所依据的会计资料包括有关的会计凭证、账簿及其所反映的经济业务。注册会计师通常从合法性和公允性两个方面出具审计意见。

三、审计的过程

审计的过程是指审计工作从开始到结束的整个过程，一般包括三个阶段，即计划阶段、实施阶段和审计完成阶段。

（一）计划阶段

计划阶段是整个审计过程的起点。对于任何一项工作，为了如期实现审计目标，注册会计师都必须在具体执行审计程序之前制订科学、合理的计划。科学、合理的计划可以帮助注册会计师有的放矢地去审查、取证，形成正确的审计结论，从而实现审计目标；可以使审计成本保持在一种合理的水平上，提高审计工作的效率。一般地讲，计划阶段的工作主要包括：调查了解被审计单位的基本情况；与被审计单位签订业务约定书；初步评价被审计单位的内部控制；确定重要性；分析审计风险；编制审计计划等。

（二）实施阶段

实施阶段是根据计划阶段确定的范围、要点、步骤、方法，进行取证、评价，借以形成审计结论，实现审计目标的中间过程。它是审计全过程的中心环节，其主要工作包括：对被审计单位内部控制的建立及遵守情况进行控制测试，根据测试结果修订审计计划；对会计报表项目的数据进行实质性测试，根据测试结果进行评价和鉴定。

（三）审计完成阶段

审计完成阶段是实质性的项目审计工作的结束，其主要工作有：整理、评价执行审计业务中收集到的审计证据；复核审计工作底稿，审计期后事项；汇总审计差异，并提请被审计单位调整或做适当披露；形成审计意见，编制审计报告。为了实现审计目标，注册会计师必须正确运用专业判断，综合所收集到的各种证据，根据独立审计准则，形成适当的审计意见，出具审计报告。

四、审计计划阶段的主要工作

（一）了解被审计单位及其环境

当注册会计师实施风险评估程序时，首先需要了解被审计单位及其环境，包括：被审计单位的行业状况、法律环境与监管环境以及其他外部因素性质，被审计单位对会计政策的选择和运用，被审计单位的目标、战略以及相关经营风险，并衡量被审计单位的财务业绩。

在审计实务中，了解被审计单位及其环境是必要程序，注册会计师应当从以下几个方面了解被审计单位及其环境。

（1）行业状况。了解被审计单位所处的行业状况有助于注册会计师识别与行业相关的重大错报风险，了解的内容主要包括：①所处行业的市场与竞争情况，包括市场需求、生产能力和价格竞争等。②生产经营的季节性和周期性。③被审计单位产品相关的生产技术。④能源供应与成本。⑤行业的关键指标和统计数据。

（2）法律环境与监管环境。由于法律法规或监管要求规定了被审计单位某方面的责任和义务，决定了被审计单位需要遵循的行业惯例以及核算要求，因此其对被审计单位会产生重大影响，若其不能遵守，甚至会导致被审计单位停业或是其他严重后果。

注册会计师需要了解法律与监管环境的内容包括：①会计原则和行业特定惯例。②受管制行业的法规框架。③对被审计单位经营活动产生重大影响的法律法规。④税收政策。⑤目前对被审计单位开展经营活动产生影响的政府政策，如货币政策、财政政策、贸易限制政策等。⑥影响行业和被审计单位经营活动的环保要求。

（3）其他外部因素。注册会计师对行业状况、法律法规以及其他外部因素了解的范围和程度受被审计单位所处的行业、规模等因素的影响。因此，注册会计师还应当了解影响被审计单位经营的其他外部因素，包括总体经营情况、利率、融资的可获得性等。例如，对于金融行业的被审计单位，注册会计师会对宏观经济走势、货币与财政政策等信息更为关心，而对于化工行业的被审计单位，注册会计师则更关注环保法规。

（二）了解被审计单位的性质

注册会计师主要从以下几个方面了解被审计单位的性质。

1. 被审计单位的所有权结构及历史

注册会计师应当了解被审计单位是属于国有企业、外商投资企业、民营企业，还是属于其他类型的行业，同时了解其母公司和其他股东的构成，以及所有者与其他人员和单位之间的关系。

2. 被审计单位的组织结构

复杂的组织结构可能导致某些特定的重大错报风险，审计人员在对企业不熟悉、资料不充足的情况下通过信息收集初步了解被审计单位的组织结构，看是否存在子公司、合营企业、联营企业、其他股权投资类企业、业务分部或地区分部。可以通过国家企业信用信息公示系统查询，以佐证企业提供的资料。也可以通过与被审计单位接触，由被审计单位提供。例如，湖北蓝天通信科技有限公司组织机构（图1–1）。在审计工作开始后，由审计人员陪同被审计单位的工作人员到当地市场监督管理局获取完善的企业工商信息。

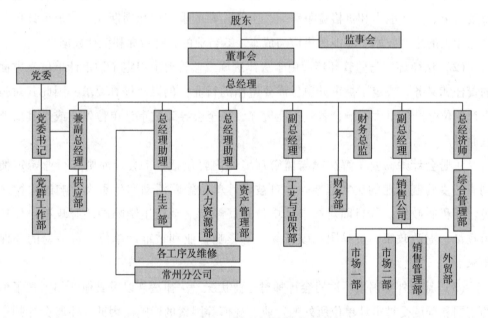

图1–1　湖北蓝天通信科技有限公司组织机构

3. 经营活动

注册会计师在了解被审计单位的经营活动时主要关注以下几点。

（1）主营业务的性质。例如，被审计单位的主营业务是制造业还是零售业；是银行、保险还是其他金融服务等。

（2）与生产产品或提供劳务相关的市场信息。例如，主要客户和合同、付款条件、利润率、市场份额、竞争者、定价政策、营销策略和目标等。

（3）业务的开展情况。例如，业务分部的设立情况、产品和服务的交付、衰退或扩展的经营活动的详情等。

（4）联盟、合营与外包情况。

（5）从事电子商务的情况。例如，是否通过互联网销售产品和提供服务及从事营销活动。

（6）地区分布与行业细分。例如，是否涉及跨地区经营和多种经营，各个地区和各行业分布的相对规模以及相互之间是否存在依赖关系。

（7）生产设施、仓库和办公室的地理位置。存货存放地点和数量。

（8）关键客户。例如，销售对象是少量的大客户还是数量众多的小客户；是否存在高度依赖的客户；是否有造成高回收性风险的客户；是否与某些客户签订了不寻常的销售条款或条件。

（9）货物和服务的重要供应商。例如，是否签订长期供应合同、原材料供应的可靠性和稳定性、付款条件、原材料是否存在受重大价格变动的影响。

（10）劳动用工安排。例如，分地区用工情况、劳动力供应情况、薪酬水平、退休金和其他福利、股权激励或其他奖金安排等。

（11）研究与开发活动及其支出。

（12）关联方交易。例如，有些客户或供应商是否为关联方；对关联方和非关联方是否采用不同的销售和采购条款。此外，还存在哪些关联方交易，对这些交易采用怎样的定价政策。

4. 投资活动

注册会计师在了解被审计单位的投资活动时需要关注：①近期拟实施或已实施的并购活动与资产处置情况，包括业务重组或某些业务的终止。②证券政策、委托贷款的发生与处置。③资本性投资活动，包括固定资产或无形资产投资，近期或计划发生的变动，以及重大的资本承诺等。④不纳入合并范围的投资，如联营、合营或其他投资。

5. 筹资活动

注册会计师在了解被审计单位的筹资活动时需要关注：①债务结构和相关条款；②主要子公司和联营企业的重要融资安排；③实际受益方及关联方；④衍生金融工具的运用。

6. 财务报告

注册会计师还需关注：①会计政策和行业特定惯例；②收入确认惯例；③公允

价值会计核算；④外币资产、负债与交易；⑤异常或复杂交易的会计处理。

（三）了解被审计单位对会计政策的选择和运用

（1）向财务总监询问被审计单位采用的主要会计政策、会计政策变更的情况、财务人员配备和构成情况等。

（2）通过被审计单位财务部门获取被审计单位的会计工作手册、操作指引等财务资料和内部报告。

（四）其他重要基础资料

作为审计机构，在审计工作开始入场前会提供给被审计单位一个资料清单，该资料清单是一个通用的模板，审计人员应根据企业类型、审计关注点，针对性地提供资料清单。图1-2所示为审计所需资料清单。

序号	资料名称	备注	是否提供
一	**法律文书**		
1	公司成立批准文件、企业法人营业执照及公司章程、税务登记证、组织机构代码证	作者：所有资料按企业实际情况，提供能提供的资料，不符合企业实际情况的资料可以不提供	
2	历次验资报告		
3	房产证、土地使用证、车辆行驶证等产权证明文件		
……			
11	公司涉讼的法律文件、律师函件及董事会对涉讼事项的处理议案	可比报表期间	
二	**内部管理方面的资料**		
1	公司的基本概况资料（简述公司历史、所属行业、经营范围、主要产品及市场情况、生产能力及生产经营概况、职工人数及构成）		
2	重要会议纪要		
……			
6	历年的计划或预算情况	可比报表期间	
三	**会计核算资料**		
1	公司采用的会计政策		
2	管理当局声明书		
3	财务报表、各类账册（总账、明细账）、会计凭证	可比报表期间	
4	科目余额表、各科目明细账		
……			
30	政府补助的相关批准文件		
四	**特殊事项资料**		
1	关联方资料（母公司、子公司、合营企业、联营企业的基本信息），包括：企业类型、注册地、法定代表人、业务性质、注册资本、持股比例、表决权比例、组织机构代码		
2	或有事项：未决诉讼仲裁形成的或有负债及其财务影响、为其他单位提供债务担保形成的或有负债及其财务影响		
3	承诺事项：重大承诺事项、前期承诺履行情况		
……			
16	其他对投资者决策有影响的重要事项		

图1-2 审计所需资料清单

（1）房产证、土地使用证、车辆行驶证等产权证明，审计人员向被审计单位的资产管理部提出获取的需求，由相关工作人员提供。

（2）企业征信报告、银行流水等，审计人员向被审计单位的财务部提出获取的需求，由相关工作人员提供，也可以由审计人员陪同被审计单位工作人员到相关银行进行打印。

（3）合同记录及相关合同，如销售合同、采购合同、借款合同等，审计人员向被审计单位的销售部、采购部和财务部提出获取的需求，由相关工作人员提供。

（4）财务报表、各类账册（总账、明细账）、科目余额表、各科目明细账、会计凭证等，审计人员向被审计单位的财务部提出获取的需求，由相关工作人员提供。

（5）针对各项审计证据的获取，如被审计单位的内控手册、组织结构、关联方、生产流程图等文件，审计人员应通过询问、查询和观察等方式了解相应资料的管辖部门，从而有效地获取审计证据。

五、审计计划的内容

为了避免注册会计师在风险评估的过程中作出专业判断的主观性和片面性，项目组需要就被审计单位面临的经营风险、财务报表容易发生错报的领域及错报的方式，尤其是由于舞弊导致重大错报的可能性等内容予以讨论。

审计计划通常可分为总体审计计划和具体审计计划两部分。

总体审计计划是对审计的预期范围和实施方式所做的规划，是注册会计师从接受审计委托到出具审计报告整个过程基本工作内容的综合计划。

具体审计计划是依据总体审计计划制订的，对实施总体审计计划所需要的审计程序的性质、时间和范围所做的详细规划与说明。

（一）总体审计计划的具体内容

（1）被审计单位的基本情况。这主要是指被审计单位的业务性质、经营背景、组织结构、主要管理人员简介及经营政策、人事、会计和财务管理等情况。

（2）审计目的、审计范围及审计策略。这主要说明所接受的是由董事会委托的例行会计报表审计还是为股票上市审计，或者是其他的专项审计。

（3）重要会计问题及重点审计领域。这主要是由被审计单位业务的复杂程度、账户的重要性、对固有风险与控制风险的评价和注册会计师以往的审计经验来决定。

（4）审计工作进度和时间、费用预算。这主要是指对审计工作中何时开始实施审计、有时间限制的审计程序（即存货监盘）什么时候执行、检查各个账户需要的时间、会计报表截止日期前后所要完成的工作、现场工作结束日及报告签发日等方面的规划和说明。

（5）审计小组组成及人员分工。这主要是指在审计小组人员的选派上要充分考虑数量、经验，合理分工搭配。

（6）审计重要性的确定及审计风险的评估。

（7）对专家、内审人员及其他注册会计师的合理安排。

（8）其他有关内容。

（二）具体审计计划的基本内容

（1）审计目标。

（2）审计程序。

（3）执行人及执行日期。

（4）审计工作底稿的索引号。

（5）其他有关内容。

六、审计业务约定书的定义

审计业务约定书是指会计师事务所与受托人共同签署的，据以确认审计业务的委托与受托关系，明确委托目的、审计范围及双方应负责任与义务等事项的书面合同。

七、审计业务约定书的内容

审计业务约定书的内容可因每一个被审计单位而有所不同，但一般应包括以下基本内容。

（1）签约双方的名称。

（2）委托目的。此即说明委托人委托会计师事务所的目的和用意。

（3）审计范围。如为会计报表审计，应明确所审计会计报表的名称及其涵盖的日期或期间；如为其他专项审计，应说明相应的审计范围。

（4）会计责任与审计责任。在审计业务约定书中约定双方责任不但可以确认会计师事务所的工作，而且还可以提请被审计单位明晰其应负的责任。审计责任是指注册会计师应依照独立审计准则出具审计报告，并对发表的意见负责；而被审计单位的会计责任是指建立健全内部控制制度，保护资产的安全、完整，保证会计资料的真实、合法和完整。

（5）签约双方的义务。会计师事务所应当履行的主要义务有两个方面：第一，按照约定时间完成审计业务，出具审计报告；第二，对在执行业务过程中获悉的商业秘密保密。被审计单位应当履行的义务主要有：第一，及时提供注册会计师审计所需要的全部资料；第二，为注册会计师的审计提供必要的条件及合作；第三，按照约定条件，及时足额支付审计费用。

（6）出具审计报告的时间要求。

（7）审计报告的使用责任。审计报告的使用应当与委托目的相关，委托人须正确使用。如使用不当而造成后果，与会计师事务所和注册会计师无关。

（8）审计收费。审计业务约定书应当明确该审计收费的计费依据、计费标准及付费方式与时间。

（9）审计业务约定书的有效期间。确定有效期间即为明确约定书的生效日和失效日。

（10）违约责任。

（11）签约时间。

（12）其他有关事项。如委托业务涉及会计咨询，应在约定书中写明约定双方各自的责任；如会计师事务所首次接受委托业务，还应考虑期初余额的审计责任及如何与前任注册会计师沟通事项。

任务1-1　查询审计内容

知识目标

明确了解被审计单位及其环境的总体要求。

技能目标

能够根据项目经理提供的同行资料及时了解被审计单位整体内部控制相关工作底稿，查询被审计单位内外部环境整体情况，并分析判定初步评价结果是否正确。

素养目标

在审计内容查询与审计环境初步识别过程中，贯穿了审计人精益求精的工匠精神，爱岗敬业的劳模精神，独立、诚信、客观、公正的职业道德。

业务操作

步骤1：查看被审计单位企业性质。可进入国家企业信用信息公示系统查看企业相关信息，如图1-3所示在网页搜索栏中输入被审计单位名称进行查看。

图1-3 国家企业信用信息公示系统

步骤2：查看被审计单位在营状态和分公司情况等，如图1-4所示。

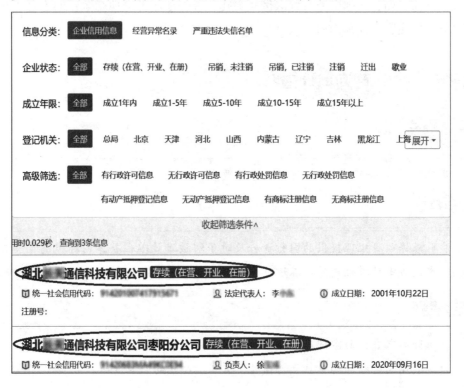

图1-4 公司状态

项目1 初步识别审计环境

步骤3：查询被审计企业的分支机构情况，如图1-5所示。

图1-5 分支机构情况

步骤4：根据营业执照信息、股东及出资信息、变更信息等可以进一步了解控股母公司的所有权性质以及关联方企业等。如图1-6所示查看营业执照信息，图1-7所示查看股东及出资信息、主要管理人员，图1-8所示查看企业工商变更信息。

图1-6 营业执照信息

图1-7 股东及出资信息、主要管理人员

11

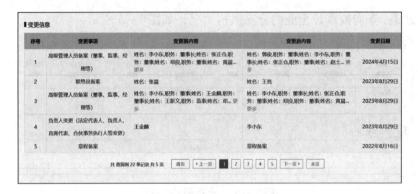

图1-8　企业工商变更信息

步骤5：通过天眼查官网，在搜索栏中输入被审计单位名称进行搜索，如图1-9所示。

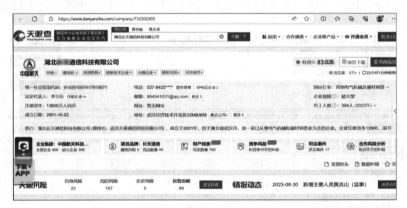

图1-9　天眼查官网

步骤6：通过东方财富网官网，在搜索栏中输入被审计单位名称进行搜索，如图1-10所示。

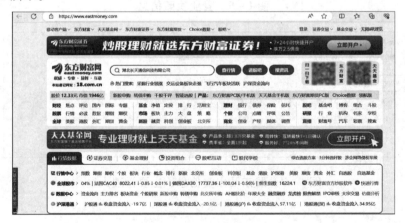

图1-10　东方财富官网

任务1-2　查询审计业务约定书

知识目标

掌握审计业务约定书的含义、内容及特殊考虑。

技能目标

能够查询项目经理提供的业务约定书,查询业务范围与审计目标、甲乙双方责任与义务、审计收费、审计报告和使用、约定书的有效期间等内容,结合初步业务活动程序表、业务保持评价表等底稿,了解初步评价结果。

素养目标

通过对审计业务约定书内容的查询,分析业务约定书内容的完整性,培养利用职业判断,客观的分析能力以及严谨工作作风。

业务操作

诚信会计师事务所派出审计项目组进入湖北联晟通信科技股份有限公司(以下简称"联晟通信")进行审计,为明确业务范围、审计目标、甲乙双方责任、重点审计方向及审计资源分配等情况,审计人员应当在中联智能审计平台中,根据项目经理提供的审计业务约定书和审计计划,了解被审计单位基础情况和内容,分析初步评价结果,明确审计内容和方向。

步骤1:查阅初步业务活动程序表。

查阅被审计单位联晟通信的初步业务活动程序表,初步了解执行了哪些具体程序。

查阅业务保持评价表(连续审计),了解审计范围和执行审计工作的时间安排、客户的诚信、经营风险、财务状况是否发生变化、项目组的时间资源、专业胜任能力、独立性及预计收费等情况。图1-11所示为业务保持评价表。

图 1-11　业务保持评价表

步骤 2：查阅审计业务约定书。

查阅签订好的业务约定书，了解审计目标、双方责任与义务、审计收费等事项。图 1-12 所示为审计业务约定书。

图 1-12　审计业务约定书

步骤 3：梳理查阅成果，确定审计目标、双方责任与义务、审计收费以及初步评价。

1. 明确审计范围与审计目标

（1）诚信会计师事务所接受联晟通信委托，对该公司按照企业会计准则编制的 2020 年 12 月 31 日的资产负债表、2020 年度的利润表、股东权益变动表和现金流量表以及财务报表附注（以下统称"财务报表"）进行审计。

（2）诚信会计师事务所通过执行审计工作，对财务报表的下列方面发表审计意见：财务报表是否按照企业会计准则的规定编制；财务报表是否在所有重大方面公允反映联晟通信的财务状况、经营成果和现金流量。

2. 了解诚信会计师事务所对联晟通信在审计过程中的责任和义务

明确 2021 年 3 月 25 日前出具审计报告，确定审计收费为人民币 20 万元整。

任务1-3 查询审计计划

知识目标

理解总体审计策略和具体审计计划的内容。

技能目标

能够查询项目经理提供的总体审计策略和具体审计计划,明确审计范围、时间安排、重点审计方向及审计资源分配等情况。

素养目标

通过对审计计划内容的查询,评价审计环境、审计内容及审计方向,培养工作过程中严谨、客观、公正的职业道德。

培养学生在审计过程中要秉承严谨细致的工作态度,务实认真地对待每一项审计内容。

业务操作

审计人员根据审计业务约定书制订对被审计单位的总体审计策略和具体审计计划,明确审计范围、时间安排、重点审计方向、审计资源分配等情况。

步骤1:查阅联晟通信2020年财务报告,主要分析资产负债表与利润表中项目内容的变化情况,查阅报表中期末余额与期初余额的重大波动项目,同时结合问询企业的政策方针是否发生变化等,通过职业判断分析波动的合理性,为审计实施阶段确定重点审计领域指明方向。图1-13所示为未审报表。

图1-13 未审报表

步骤2：结合财务报表的内容以及了解联晟通信的实际情况，确定重要性水平计算是否正确。值得注意的是，重要性的判断不能脱离企业所处的环境，不同的企业或者同一企业在不同时期，确定重要性水平的依据可能不完全相同。图1-14所示为重要性水平确定表。

图1-14 重要性水平确定表

步骤3：制订具体审计计划，有助于审计实施阶段中注册会计师重点关注的审计领域和解决潜在问题，并能恰当地组织和管理审计工作的总体审计策略。其主要包括审计范围、审计目标、时间安排、审计方向、项目人员安排，以及对专家或有关人士工作的使用要求等，总体审计策略必须内容齐全完备。具体审计计划如图1-15所示，总体审计策略如图1-16所示。

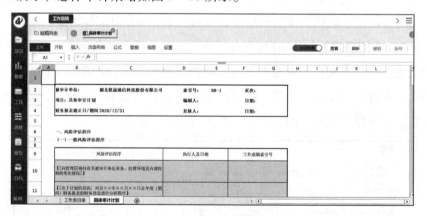

图1-15 具体审计计划

步骤4：明确审计分工、审计时间和审计工作重点。

（1）明确审计分工。

项目负责人：主要负责把控整个项目的质量和进度。

图1-16 总体审计策略

质控组：主要负责做好复核，把好质量关。

综合组：主要负责企业重大经济决策、内部管理、内控制度、责任目标、经济运行质量评价，做好控制测试。

销售与收款循环、成本与费用循环组：审计的内容主要是收入、成本、往来账、税费等。

采购与付款循环、工薪和人事循环、货币资金等循环组：审计的内容主要是货币资金、固定资产、无形资产、长期待摊、应付职工薪酬、费用类、往来类项目。

（2）明确审计时间：时间安排主要分为初步准备、现场审计、确定报表、出具报告、跟踪服务五个阶段。

（3）明确审计工作重点：审计单位应该严格按照审计准则的要求，全面贯彻风险导向审计理念，确定审计重点，关注企业降本增效、运营质量、经营风险等内容，特别注意会计政策和会计估计变更、收入确认、成本费用挂账、资产减值准备计提、重大资产处置、政府补助等事项。

项目2　获取与加工审计数据

项目导语

审计数据获取与加工是审计工作的一个重要环节，通过对数据的采集、整理和加工，为后续的审计工作提供重要的基础。运用科学、合理的方法和技巧获取审计数据并进行初步加工是有效利用审计数据的第一步。

项目提要

本项目从审计客户和审计项目的创建、数据采集前的准备工作、数据采集的一般要求和特点以及审计数据质量评价标准等方面介绍了审计数据获取与加工的重要性。通过本项目实操训练，让学生掌握新建审计项目、审计数据采集、转换与导入、数据校验和科目映射等具体操作方法。

项目思维导图

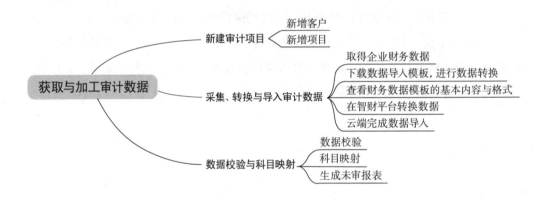

知识准备

一、审计客户和审计项目的创建

客户管理是会计师事务所在激烈的市场竞争中必要的一种方便有利的管理工具，主要用于会计师事务所建立被审计单位资料库，方便收集、整理、加工和利用客户信息对客户进行动态管理，便于今后审计工作的展开和被审计单位的分类和资料积累，从而帮助会计师事务所为客户提供完备周到的服务。通过有效地进行客户管理，提高会计师事务所的审计服务质量，防范审计风险。

二、数据采集前的准备工作

开展审计工作的首要步骤是采集被审计单位信息系统的数据。只有将被审计单位的财务数据采集后，经过一定的转换，导入智能审计平台，审计人员才可能利用平台开展审计工作。因此，在数据采集前应做好一些准备工作。

（1）对信息系统数据的初步评价。一般情况下，在企业信息系统中，许多业务活动是缺乏交易轨迹的，大量的审计证据以电子化的形式存储在硬盘或软盘等存储介质上。审计人员要使用这些电子化数据，必须对产生、存储、修改这些数据的信息系统的可靠性、安全性进行评价。

（2）对被审计单位使用财务软件和数据库的判断。审计人员数据采集前，首先要获取被审计单位所使用的财务软件和数据库的信息。目前，国内各行各业使用了上百种不同的财务软件，由于实现的技术与各行各业的应用需求不同，这些财务软件在数据库的选用上存在一定差异，有的使用 ORACLE 数据库，有的使用 SQL Server 数据库，甚至同一款软件的不同版本使用了不同的数据库平台。因此，要使财务软件数据顺利被采集，需要识别不同版本的财务软件所使用的数据库平台，每种数据库平台的连接、读取数据的指令不尽相同，对每一种数据库，要编制不同的指令读取数据库中的信息。审计人员只有通过问卷调查或现场调查等方式掌握被审计单位采用的财务软件和数据库的软件版本等情况，确定数据采集的对象和方式，获取正确、有对应关系的数据，才能提出可行的、满足审计需要的建议。

三、数据采集的一般要求

（1）采集到的数据必须包含所有需要的信息，不能出现缺失。

（2）采集数据的过程只能复制被审计单位的各种数据资料，不能修改或直接删除部分数据资料。

（3）数据采集过程不能影响被审计单位财务系统的正常运行。

（4）数据采集接口必须保证被审计单位系统的安全性和数据的保密性。

四、数据采集的特点

（1）选择性。审计人员在进行数据采集时只采集与审计需要相关的数据。

（2）目的性。数据采集的目的是进行审计数据分析，发现审计线索，为获取审计证据做数据准备。

(3) 可操作性。数据采集时要考虑被审计单位的实际情况，进行最适合的数据采集方案，以降低审计成本和审计风险。

(4) 复杂性。被审计单位信息化程序差异较大，应用软件类型多种多样，审计数据采集过程中不能采用同一种方法。

五、审计数据质量评价标准

审计人员在被审计单位的信息系统中采集到的数据可能存在各种质量问题。比如：重复的数据、不完整的数据、不正确的数据、无法理解的数据和不一致的数据。这些问题可能是用户录入错误，也可能是企业合并或环境变化产生的，但都会影响审计数据的质量。一般情况下，审计人员评价数据质量要符合准确性、完整性、一致性、唯一性、适时性、有效性等六个指标。

六、审计数据转换的意义

审计人员在导入数据前，要对审计数据的问题进行预处理，并且按照智能审计平台所使用的模块进行整理，这就是对审计数据的转换工作。进行数据转换为下一步的审计数据分析做好充分准备，帮助审计人员发现隐含的审计线索，降低了审计风险，为数据分析提供便利条件。

七、数据校验

数据校验主要是对导入的财务数据进行综合校验，主要包括以下五种校验。

(1) 科目信息校验。其是指针对导入的财务数据进行科目信息正确性校验，包括对导入数据的科目级次、科目长度、是否末级科目、上级科目名称、科目类型、借贷方向等信息进行校验。如果发现相同级次科目编码长度不同、不唯一，要将其标记。如果发现科目类型不正确，需要调整已导入财务数据的科目类型。

(2) 凭证平衡校验。其是指针对导入的财务数据进行凭证平衡性校验，即对序时账里同一凭证的借方发生额和贷方发生额进行校验。如果发现同一凭证借方发生额和贷方发生额不相等，将该笔凭证标记显示。

(3) 核算项目与科目校验。其是指针对导入的财务数据进行核算项目与科目的校验，包括针对科目名称与核算科目类型名称，科目余额表期初数与核算期初数，科目余额表借方发生额与核算借方发生额，科目余额表贷方发生额与核算贷方发生额，科目余额表期末数与核算期末数五组数据进行校验。如果导入的财务数据中，辅助核算余额表与科目余额表中的同一科目期初期末余额、本期发生额不相等，则将该科目标记显示。

（4）借贷发生额校验。其是指针对导入的财务数据进行科目余额表与凭证的校验，包括针对科目余额表中借方发生额与记账凭证中借方发生额，科目余额表中贷方发生额与记账凭证中贷方发生额两组数据进行校验。如果导入的财务数据中，同一科目在科目余额表的借贷方发生额与序时账的借贷方发生额不相等，则将该科目标记显示。

（5）本年期初与上年期末校验。其是指针对导入的多年财务数据进行本年期初数与上年期末数的校验。如果导入的财务数据中，同一科目的本年期初与上年期末数不相等，则将该科目标记显示。

八、科目映射

科目映射是指针对导入的财务数据，按照报表与科目的映射规则，将科目与报表项目匹配对应。科目映射完成后，智能审计系统即可自动生成未审报表。

在承接财务报表审计业务时，应当首先取得被审计单位的未审报表。未审报表，即被审计单位提供的未经过审计的财务报表。审计人员在取得未审报表后，要对其进行充分分析，通过实施审计程序对未审报表的真实性、完整性、准确性等进行验证，并最终通过对未审报表进行调整，形成经审计后确认的财务报表。

任务 2-1　新建审计项目

知识目标

掌握新建审计项目的流程。

技能目标

能够在智能审计平台完成新建审计项目工作，录入审计客户与审计项目基本信息。

素养目标

通过新建项目，确保录入客户与项目信息的真实性和完整性，提高学生职业谨慎性。

通过本项目的学习使学生树立审计专业思维，将严谨的工作态度和精益求精的工匠精神作为提高专业技能的日常任务。

业务操作

2023年10月25日，诚信会计师事务所审计八部连续承接联晟通信2023年的年报审计业务。诚信会计师事务所在开展初步业务活动后，组建了一个由1名合伙人、1名项目负责人、两名审计人员和1名质控负责人组成的审计项目组。审计项目组负责在审计平台中新建联晟通信审计项目，开展审计数据获取与加工工作。

步骤1：新增客户。审计人员根据资料中提供的企业基本信息新增客户，准确录入客户基本信息，完成客户创建，如图2-1所示。

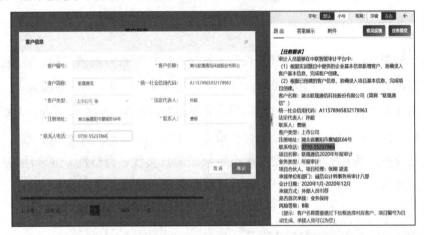

图2-1 新建客户信息

步骤2：新增项目。审计人员根据已创建的客户信息，准确录入项目基本信息，完成项目创建，如图2-2所示。

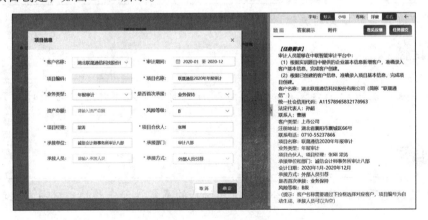

图2-2 新增项目

项目2 获取与加工审计数据

任务2-2 采集、转换与导入审计数据

知识目标

掌握审计数据采集、转换与导入的要点。

技能目标

能够按照数据采集与转换的操作流程,导入经过加工转换的审计数据。

素养目标

通过数据采集与导入,培养学生在独立完成工作任务的同时遵循保密原则的职业素养,保证被审计单位的相关信息不外泄。

在对提供的未审报表、序时账簿等进行整理,初步审核,完成数据获取与加工的工作中要建立诚实守信、敬业尽职的价值观,确保数据资料准确、齐全。

业务操作

步骤1:取得企业财务数据。进入预制好的审计项目,在数据准备菜单下包括数据采集、数据校验、科目映射、科目对应底稿、财务数据查询、业务数据查询、审计证据等,单击"数据采集"进入"数据导入"。图2-3所示为数据采集。

图2-3 数据采集

步骤2:下载数据导入模板,进行数据转换。数据采集提供了财务数据、工资

表、收发存汇总表及资产卡片四种数据模板，使用者可以根据需求选择不同模板进行下载。图2-4所示为模板导入。

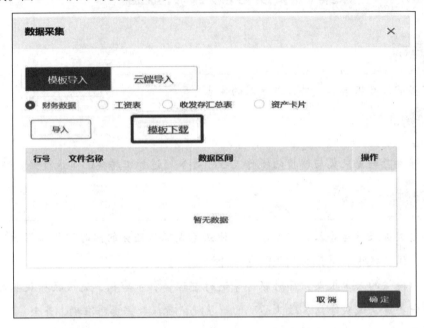

图2-4 模板导入

步骤3：以财务数据模板为例，查看财务数据模板的基本内容与格式。财务数据模板工作簿包括科目余额表、序时账、辅助项目余额表、辅助项目明细表四个工作表。图2-5所示为财务数据模板工作簿。

图2-5 财务数据模板工作簿

步骤4：取得企业原始财务数据后，仔细比对原始数据与数据模板的内容和格式。将企业原始数据整理至智能平台下载的数据模板，最终形成转换后的数据表。图2-6所示为转换后的数据表。

图2-6 转换后的数据表

步骤5：根据云端数据导入功能，完成数据导入。数据采集有两种方式：本地导入和云端导入，通常使用云端导入的方式。在"数据采集"窗口选择数据导入，单击"导入"按钮，选择数据项目，并选择正确的数据区间，即可导入成功。图2-7所示为云端数据导入。

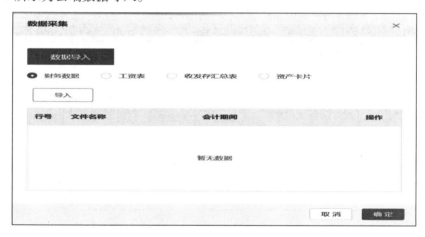

图2-7 云端数据导入

任务2-3 数据校验与科目映射

知识目标

掌握数据校验与科目映射的方法。

技能目标

能够在智能审计平台完成数据校验与科目映射工作,确保准确生成未审报表。

素养目标

通过数据校验与科目映射,客观地分析被审计单位数据的合理性和逻辑的正确性,构建审计思维,培养专业胜任和职业判断的能力。

业务操作

步骤1:数据校验。进入数据校验窗口,对科目信息、凭证平衡、核算项目与科目校验、借贷方发生额等进行校验。科目信息校验如图2-8所示,凭证平衡校验如图2-9所示,核算项目与科目校验如图2-10所示,借贷方发生额校验如图2-11所示。

图2-8 科目信息校验

图2-9 凭证平衡校验

图 2-10 核算项目与科目校验

图 2-11 借贷方发生额校验

步骤2：科目映射。科目映射按照项目类别资产、负债、权益、成本、损益进行筛选，也可以按照类别全部已对应、未对应进行筛选，如图 2-12 所示。

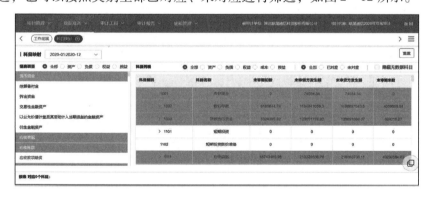

图 2-12 科目映射

步骤3：生成未审报表。进入审计项目，在完成科目映射后，在工作底稿项目下找到所对应的审计期间，在 E-结论和报告阶段工作底稿中选择 EK 未审报表，如图 2-13 所示。

图 2-13 未审报表

项目3 评价审计证据充分性、适当性

项目导语

审计证据的适当性是审计意见的支柱。所有的审计意见必须有审计证据支持,否则无法形成可靠的审计结论。审计证据适当性评价是审计工作中不可或缺的重要环节,对于确保审计工作的质量具有至关重要的作用。

项目提要

审计人员在收集和评价审计证据时,应综合考虑审计证据的相关性和可靠性,以确保审计证据的适当性。通过本项目实操训练,让学生掌握审计证据相关性和可靠性确定的方法。

项目思维导图

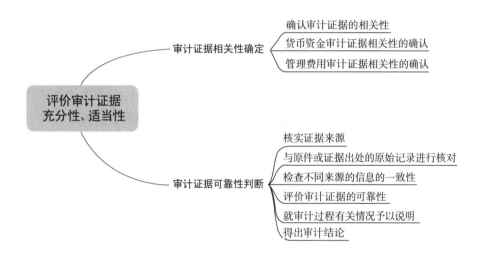

知识准备

一、审计证据充分性、适当性的概念

审计就是根据具体情况,设计和实施针对性的审计程序,获取充分、适当的审

智能审计基础操作

计证据，以得出合理的结论，作为形成审计意见的基础。审计证据是指注册会计师为了得出审计结论、形成审计意见而使用的所有信息。这些信息由会计记录中的信息和其他信息构成。会计记录中的信息包括构成财务报表的基础的会计记录，如原始凭证、记账凭证、明细分类账、总分类账等。会计记录中的信息本身并不足以提供充分的审计证据作为对财务报表发表审计意见的基础，因此要避免"就账查账"，应该结合其他信息，如从被审计单位内部或外部获取的会计记录以外的信息、通过询问观察和检查等审计程序获取的信息及自身编制或获取的可以通过合理推断得出结论的信息。由此可知审计证据有两个重要特征：充分性、适当性。

（一）充分性

充分性是对审计证据数量的衡量，获取的审计证据应当充分，足以将与每个重要认定相关的审计风险限制在可接受的水平，需要获取审计证据的数量受其对重大错报风险评估的影响，评估的重大错报风险越高，需要的审计证据可能越多，并受审计证据质量的影响，审计证据质量越高，需要的审计证据可能越少。然而仅靠获取更多的审计证据可能无法弥补其质量上的缺陷。

（二）适当性

适当性是对审计证据质量的衡量，即审计证据在支持审计意见所依据的结论方面具有相关性和可靠性。相关性和可靠性是审计证据适当性的核心内容，只有相关并且可靠的审计证据才是高质量的。

由于审计中获取审计证据的数量多少受到多种因素的影响，且对具体情况需要作出专业判断的要求较高，因此在初级审计阶段不作为重点，仅作为了解审计证据的属性之一简单介绍，本工作领域重点介绍审计证据适当性评价的两个方面：相关性、可靠性。

二、确定审计证据相关性时应当考虑的因素

（1）特定的审计程序可能只为某一或某些认定提供相关的审计证据，而与其他认定无关。

（2）有关某一特定认定（如货币资金的存在认定）的审计证据，不能替代与其他认定（如该货币资金的计价和分摊认定）相关的审计证据。

（3）不同来源或不同性质的审计证据可能与同一认定相关。

（4）用作审计证据的信息的相关性可能受到控制测试和细节测试方向的影响。比如，在对现金支付授权控制测试中，如果为了测试现金支付授权控制是否有效运行，则获取的审计证据与控制测试的方向相关，若从已得到授权的项目中抽取样本，

则不能发现控制偏差，因为该总体不包含那些已支付但未得到授权的项目。再如，关于利润表中项目的发生认定和完整性认定，获取的审计证据与细节测试的方向相关，具体地说：以明细账为起点追查至记账凭证后附的原始凭证，则获取的审计证据与利润表中项目的发生认定（真实性）有关；以原始凭证（合同、过磅单、验收入库单、发货单、领料单等）为起点追查至明细账等凭证，则获取的审计证据与利润表中项目的完整性认定有关。

（5）在形成审计意见时，应当考虑所有相关的审计证据，无论该证据与财务报表认定相互印证还是相互矛盾。

三、审计证据的可靠性判断

审计证据的可靠性受其来源和性质的影响，并取决于获取审计证据的具体环境。判断审计证据可靠性的一般原则包括以下几个。

（1）从被审计单位外部独立来源获取的审计证据比从其他来源获取的审计证据更可靠。

（2）相关控制有效时内部生成的审计证据比控制薄弱时内部生成的审计证据更可靠。

（3）直接获取的审计证据比间接获取或推论得出的审计证据更可靠。

（4）以文件记录形式（包括纸质、电子或其他介质）存在的审计证据比口头形式的审计证据更可靠。

（5）从原件获取的审计证据比从复印、传真或通过拍摄、数字化或其他方式转化成电子形式的文件获取的审计证据更可靠。

（6）通常情况下，以函证方式直接从被询证者获取的审计证据，比被审计单位内部生成的审计证据更可靠。通过函证等方式从独立来源获取的相互印证的信息，可以提高从会计记录或管理层书面声明中获取的审计证据的保证水平。

四、货币资金相关内部控制

注册会计师通常实施以下程序，以了解与货币资金相关的内部控制。

（1）询问参与货币资金业务活动的被审计单位人员，如销售部门、采购部门和财务部门的员工和管理人员。

（2）观察货币资金业务流程中特定控制的执行，如观察被审计单位的出纳员如何进行现金盘点。出纳员每日对库存现金自行盘点，编制现金报表，计算当日现金收入、支出及结余额，并将结余额与实际库存额进行核对，如有差异及时查明原因。会计主管不定期检查现金日报表。每月末，会计主管指定出纳员以外的人员对现金进行盘点，编制库存现金盘点表，将盘点金额与现金日记账余额进行核对。其中：对冲抵库存现金的借条、未提现支票、未做报销的原始票证，在库存现金盘点报告表中予以注明。会计主管复核库存现金盘点表，如果盘点金额与现金日记账余额存在差异，需查明原因并报经财务经理批准后进行财务处理。企业应当加强现金库存限额的管理，超过库存限额的现金应及时存入银行。企业应结合实际情况，确定本企业现金的开支范围。不属于现金开支范围的业务应当通过银行办理转账结算。企业现金收入应当及时存入银行，不得从企业的现金收入中直接支付（即坐支现金）。因特殊情况需坐支现金的，应事先报经开户银行审查批准，由开户银行核定坐支范围和限额。企业借出款项必须执行严格的授权批准程序，严禁擅自挪用、借出货币资金。企业取得的货币资金收入必须及时入账，不得私设"小金库"，不得账外设账，严禁收入不入账。

任务3-1　审计证据相关性确认

知识目标

掌握审计证据相关性的含义。

技能目标

对收集整理的审计证据进行相关性判断。

素养目标

在审计证据资料筛选整理、记录与汇总的过程中，充分发挥专业能力。

业务操作

一、确认审计证据的相关性

步骤1：考虑各类交易、账户余额和披露的认定。

步骤2：针对不同认定设计和实施审计程序。

步骤3：获取审计证据。

步骤4：评价审计证据的相关性。

步骤5：就审计过程有关情况予以说明。

步骤6：得出审计结论。

二、货币资金审计证据相关性的确认

现以资产负债表中的货币资金构成科目"库存现金"为例来介绍被审计单位的认定、针对各种认定设计和实施的审计程序、获取的审计证据与认定之间的相关性。

步骤1：考虑库存现金余额的认定。

（1）存在。确定记录的现金在资产负债表日是确实存在的，反映了被审计单位的库存现金。

（2）完整性。确定所有应当记录的现金均已记录。

（3）权利和义务。确定记录的现金由被审计单位拥有或控制。

（4）计价和分摊。确定现金以恰当的金额列示在财务报表中，与之相关的计价或分摊调整已恰当记录。

（5）列报。确定现金已按照企业会计准则的规定在财务报表中作出适当分类、描述和披露。

例：2017年12月31日，湖北蓝天通信科技有限公司常州分公司的库存现金日记账余额为3 276.70元人民币，该金额已与银行存款和其他货币资金一起列报在资产负债表中，并在财务报表附注中披露库存现金余额为3 276.70元。

根据上例，湖北蓝天通信科技有限公司常州分公司作出了以下几方面的认定。

（1）2017年12月31日，公司库存现金为3 276.70元（存在）。

（2）所有现金收支事项均已记录，形成了2017年12月31日的期末余额（完整）。

（3）该3 276.70元现金归公司所有（权利和义务）。

（4）该3 276.70元现金是人民币，没有外币现金，无须按照汇率折算为人民币金额（计价和分摊）。

（5）该3 276.70元现金已列报在财务报表中，并做了适当披露（列报）。

步骤2：针对不同认定设计和实施审计程序。针对"存在认定"，必须有出纳员和被审计单位会计主管人员盘点库存现金，注册会计师监盘，最好实施突击性检查。监盘最好选择在上午上班前或下班时进行。如企业库存现金存放部门有两处或两处以上的，应同时进行盘点。编制库存现金盘点表，将盘点金额与现金日记账余额进行核对，如有差异，应要求被审计单位查明原因，必要时应提请被审计单位作出调整。在非资产负债表日进行盘点时，应调整至资产负债表日的金额。若有充抵库存现金的借条，需在盘点表中注明，如有必要应做调整。

步骤3：获取审计证据。取得经被审计单位出纳、主管会计、单位负责人签字确认的"库存现金盘点表"，如图3-1所示。

面额（元）	人民币		美元		Y外币	
	张	金额	张	金额	张	金额
1 000						
500						
100	194	19 400				
50	2	100				
20						
10	3	30				
5	1	5				
2						
1	1	1				
0.5						
0.2						
0.1	5	0.5				
公司出纳：龚*培						
主管会计：刘*						

图3-1 库存现金盘点表

步骤4：评价审计证据的相关性。将库存现金盘点表得出的审计基准日的现金余额与现金日记账的基准日余额进行核对，建立和评价取得的审计证据与"存在"认定之间的相关性。

步骤5：就审计过程有关情况予以说明。通过审计说明的方式，对现金监盘的过程予以说明，如根据具体情况，不限于所列举的内容。

（1）2017年12月31日对被审计单位的库存现金实施了监盘，现金存放在财务部保险柜里，没有充抵库存现金的借条，出纳盘点，审计人员和主管会计进行监盘。

（2）将盘点金额与当时的库存现金日记账的余额进行核对，并说明有无差异及其原因。

（3）计算2017年12月31日至2018年1月4日盘点时点之间的库存现金收支金额（包括记账和未记账）。

（4）倒轧至2017年12月31日的库存现金的实际金额，并与2017年12月31日的库存现金的账面余额进行了核对。

步骤6：得出审计结论。对"存在认定"得出审计结论，如经监盘、计算、核对，可以确认2017年12月31日被审计单位的库存现金余额为3 276.70元。

针对"完整性认定",如重复上面的步骤2,针对不同认定设计和实施审计程序。针对"完整性认定",抽样检查资产负债表日前后10天的各10张现金记账凭证进行截止测试,如有跨期收支事项,应做适当调整。

步骤7:获取审计证据。将抽样检查情况以及结果填在图3-2中,作为审计证据。

被审计单位:				编制人:		编制时间:	
抽样对象:				复核人:		复核时间:	
日期	凭证字号	业务内容	科目名称	金额			
				借方	贷方		
核对内容说明:1.原始凭证内容完整2.有授权批准3.账务处理正确4.不属于跨期收支事项							

图3-2 检查情况表

步骤8:评价审计证据的相关性。经过抽样检查,若现金的账务处理与后面的原始凭证的归属期正确,则支持完整性的相关认定;若现金的账务处理与后面的原始凭证的归属期不正确,则不支持完整性的相关认定,此时,根据重要性,判断是否需要进行审计调整,以满足完整性的认定。

步骤9:就审计过程有关情况予以说明。通过审计说明的方式,对抽样检查的过程予以说明,如根据具体情况,不限于所列举的内容。

(1)根据对被审计单位的评估,初步确定资产负债表日前后10天的现金记账凭证作为总体,并采取随机抽样方式确定了拟检查的样本量20笔业务。

(2)逐一检查了记账凭证和原始凭证的归属期。

步骤10：得出审计结论。对"完整性认定"得出审计结论，如经抽样检查，可以确认现金收支业务的完整性。

针对"权利和义务认定"，如重复上面的步骤2，针对不同认定设计和实施审计程序。针对"权利和义务认定"，由于现金作为一种没有身份标识的物，其权利需要通过其他方面来进行佐证，也就是说，通过库存现金日记账的核算以及对实物的存放和保管进行控制，两者结合就可以对权利和义务进行认定。因此在实施的审计程序方面，一是同"存在认定"实施的监盘程序；二是询问和检查现金的收支、存放、保管措施，从而获取审计证据。

步骤11：获取审计证据。同"存在认定"，在取得现金盘点表的基础上，获取出纳、主管会计的询问笔录，以及检查现金管理内控制度的运行情况，填写库存现金所有权询问记录，如图3-3所示。

```
关于库存现金所有权的询问记录

被询问人：          岗位：出纳
被询问人：          岗位：主管会计

一、请说明贵单位现金收入、支出、结余对应的现金的存放地点。

二、存放现金的内控制度是如何规定的？

三、内控制度运行生成的文件资料有哪些？
```

图3-3 库存现金所有权询问记录

步骤12：评价审计证据的相关性。在被审计单位库存现金日记账余额的界定下，实际盘点结果与其一致，且有经手人和监督人的询问笔录，并有现金管理内控制度的有效运行，则这些证据与"权利和义务认定"就具有相关性。

步骤13：就审计过程有关情况予以说明。通过审计说明的方式，对询问和检查过程予以说明，如根据具体情况，不限于所列举的内容。

（1）对现金的日常收支和定期盘点，询问了出纳和主管会计。

（2）检查了现金管理的内控制度，观察了现金实物的收支、存放、保管措施。

（3）有无现金盘盈盘亏情况，以及对盈亏原因的核实。

步骤14：得出审计结论。对"权利和义务"得出审计结论，如经监盘、询问和检查，可以确认被审计单位拥有现金3 276.70元。

针对"计价和分摊认定"，如重复上面的步骤2，针对不同认定设计和实施审计程序。针对"计价和分摊认定"，对于非记账本位币的现金，检查其采用的折算汇率是否正确，外币现金折算差额是否按规定计入相关账户。

步骤15：获取审计证据。获取业务发生时以及期末时点的账务处理。

外币折算政策注释：被审计单位采用交易发生日的即期汇率将外币金额折算为记账本位币金额，如图3-4所示；在资产负债表日，对于外币货币性项目，采用资产负债表日即期汇率折算。因资产负债表日即期汇率与初始确认时或者前一资产负债表日即期汇率不同而产生的汇兑差额，计入当期损益。

湖北蓝天通信科技有限公司常州分公司2017年12月12日一笔销售业务收到外币现金100.00美元，当日的即期汇率为1美元=6.6162元人民币，公司的账务处理是：

库存现金（100.00美元）　　　　　661.62

主营业务收入　　　　　　　　　　　　　　565.49

应交税费-应交增值税（销项税额）　　　　96.13

资产负债表日（2017年12月31日），即期汇率为1美元=6.5342元人民币（由于2017年12月30日和31日为休息日，因此选取2017年12月29日的即期汇率作为资产负债表日的即期汇率），则资产负债表日，按照1美元=6.5342元人民币的即期汇率折算与初始确认时（2017年12月12日）即期汇率不同而产生的汇兑差额：-8.20=100×（6.5342-6.6162）计入当期损益，公司的账务处理是：

财务费用-汇兑损失　　　　　　　　8.20

库存现金（100.00美元）　　　　　　　　　8.20

图3-4　汇兑损益计算

步骤16：评价审计证据的相关性。查询对应时点的折算汇率，与被审计单位采用的折算汇率是否一致，外币现金折算差额是否计入相关账户。若被审计单位采用的折算汇率正确、折算差额按规定计入相关账户，则获取的审计证据具有相关性；若被审计单位采用的折算汇率不正确、折算差额未按规定计入相关账户，此时，根据重要性，判断是否需要进行审计调整，以满足计价和分摊认定的相关性要求。

步骤17：就审计过程有关情况予以说明。通过审计说明的方式，对检查过程予以说明，如根据具体情况，不限于所列举的内容。

（1）查询国家外汇管理局或中国人民银行网站，得到对应时点的外币折算汇率，并与被审计单位采用的折算汇率进行了核对，国家外汇管理局官网首页如图3-5所示。

图3-5　国家外汇管理局官网首页

（2）计算折算后的记账本位币金额，图3-6所示为人民币汇率中间价，并检查了折算差额的账务处理。

图3-6　人民币汇率中间价

步骤18：得出审计结论。对"计价和分摊认定"得出审计结论，如经检查和计算，可以确认被审计单位采用的折算汇率正确，外币现金折算差额已按规定计入相关账户。

针对"列报认定"，如重复上面的步骤2，针对不同认定设计和实施审计程序计算财务报表中货币资金的余额是否包含库存现金，检查财务报表附注中披露的库存现金余额是否正确。

步骤19：获取审计证据。获取库存现金日记账余额、财务报表、财务报表附注，库存现金日记账如图3-7所示，资产负债表（货币资金）如图3-8所示，报表附注（货币资金）如图3-9所示。

库存现金日记账									
记账时间	月份	凭证编号	凭证种类	业务说明	借方发生额	贷方发生额	对方科目名称	方向	余额
略	略	略	略	略	略	略	略	略	略
略	略	略	略	略	略	略	略	略	略
20171231	12	27	收付	收到车辆维修费赔偿款	15,000.00		管理费用	借	23,276.70
20171231	12	28	收付	支付员工奖金		20,000.00	应付职工薪酬	借	3,270.70
12月合计：					59,922.35	64,410.56		借	3,276.70
本年累计：					2,059,804.65	2,095,346.86		借	3,276.70

图3-7 库存现金日记账

资产负债表

编制单位：湖北蓝天通信科技有限公司常州分公司

项　目	附注	2017年12月31日	2016年12月31日
流动资产：			
货币资金	六、1	6,359,701.62	1,090,283.19

图3-8 资产负债表（货币资金）

1. 货币资金

项目	2017-12-31	2016-12-31
库存现金	3,270.70	9,421.30
银行存款	6,356,424.92	1,080,861.89
其他货币资金		
合计	6,359,701.62	1,090,283.19
其中：存放在境外的款项总额		

图3-9 报表附注（货币资金）

步骤20：评价审计证据的相关性。账表一致、报表与附注一致，则审计证据就具有相关性；若不一致，就必须查明原因，进行调整，保证账表一致、报表与附注一致。

步骤21：就审计过程有关情况予以说明。通过审计说明的方式，对检查过程予以说明，如根据具体情况，不限于所列举的内容。

（1）检查了库存现金余额与财务报表中货币资金余额的关系。

（2）检查了财务报表附注中货币资金与财务报表的一致性，库存现金与日记账余额的一致性。

步骤22：得出审计结论。对"列报认定"得出审计结论，如经检查，可以确认被审计单位现金已按照企业会计准则的规定在财务报表中作出适当分类和披露。

三、管理费用审计证据相关性的确认

再以利润表中的管理费用为例来介绍被审计单位的认定、针对各种认定设计和实施的审计程序、获取的审计证据与认定之间的相关性。

步骤1：考虑管理费用发生额的认定。

（1）发生。确定记录的与管理费用有关的交易和事项在会计期间已发生，且与公司有关，反映了公司为组织和管理企业生产经营所发生的管理费用。

（2）完整性。确定所有在会计期间与管理费用有关的应当记录的交易和事项均已记录。

（3）准确性。确定与管理费用有关的交易和事项的金额及其他数据已恰当记录。

（4）截止。确定与管理费用有关的交易和事项已记录于正确的会计期间。

（5）分类。确定与管理费用有关的交易和事项已记录于恰当的明细科目。

（6）列报。确定管理费用已按照企业会计准则的规定在财务报表中作出适当分类、描述和披露。

例：2017年度，湖北蓝天通信科技有限公司常州分公司的管理费用总账金额为7 956 988.31元人民币，管理费用明细科目金额合计为7 956 988.31元人民币，利润表中管理费用金额为7 956 988.31元人民币。

根据上例，湖北蓝天通信科技有限公司常州分公司作出了以下几方面的认定。

（1）2017年度，公司发生了7 956 988.31元的管理费用。

（2）2017年度，所有与管理费用有关的交易和事项均已记录。

（3）2017年度，与管理费用有关的交易和事项的金额已恰当记录。

（4）与管理费用有关的交易和事项都属于2017年度。

（5）与管理费用有关的交易和事项，均根据会计准则要求和管理需要，恰当记录于明细科目中。

（6）管理费用账表一致，并在附注中进行了恰当分类、描述和披露。

步骤2：针对不同认定设计和实施审计程序。区别于上面关于库存现金的不同认定所分别设计和实施的审计程序，以及分别获取和评价审计证据的相关性，此处采用综合的方式来介绍，管理费用审计程序如图3-10所示。

设计和实施的审计程序	财务报表的认定					
	发生	完整性	准确性	截止	分类	列报
1. 获取或编制管理费用明细表，复核加计正确（并检查其分类是否正确），并与报表数、总账数和明细账合计数核对是否相符。						√
2. 根据实际情况，实施以下实质性分析程序：	√	√	√			
2.1 计算分析管理费用中各项目发生额及占管理费用总额的比率，并与上一年度进行比较，判断变动的合理性；	√	√	√			
2.2 计算分析管理费用各月各项费用构成情况，并与上一年度进行对比，判断变动的合理性；	√	√	√			
2.3 将管理费用中的职工薪酬、无形资产摊销、长期待摊费用摊销额、折旧等项目与相关科目核对，检查其钩稽关系的合理性，并作出相应记录；	√	√	√			
2.4 将管理费用实际金额与预算金额进行比较。	√	√	√			
3. 检查管理费用的明细项目的设置是否符合规定的核算内容与范围，结合成本费用的审计，检查是否存在费用分类错误，若有，应提请被审计单位调整。					√	
4. 检查公司经费（包括行政管理部门职工工资及福利费、物料消耗、低值易耗品摊销、办公费和差旅费等）是否系经营管理中发生或应由公司统一负担，检查相关费用报销内部管理办法，是否有合法原始凭证支持；	√	√	√			
5. 检查董事会费（包括董事会成员津贴、会议费和差旅费等），检查相关董事会及股东会决议，是否在合规范围内开支费用；	√	√	√			
6. 检查聘请中介机构费、咨询费（含顾问费），检查是否按合同规定支付费用，有无涉及诉讼及赔偿款项支出；	√	√	√			
7. 检查诉讼费用：结合或有事项审计，检查涉及的相关重大诉讼事项是否已在附注中进行披露，还需进一步关注诉讼状态，判断有无或有负债，或是否存在损失已发生而未入账的事项；	√	√	√			
8. 检查业务招待费的支出是否合理，如超过规定限额，应在计算应纳税所得额时调整。			√			
9. 结合相关资产的检查，核对筹建期间发生的开办费（包括人员工资、办公费、培训费、差旅费、印刷费、注册登记费以及不计入固定资产成本的借款费用等）是否直接计入管理费用。	√	√	√			
10. 针对特殊行业，检查排污费等环保费用是否合理计提。	√	√	√			
11. 选择重要或异常的管理费用，检查费用的开支标准是否符合有关规定，计算是否正确，原始凭证是否合法，会计处理是否正确。	√	√	√			
12. 抽取资产负债表日前后（ ）天的（ ）张凭证，实施截止性测试，若存在异常迹象，考虑是否有必要追加审计程序，对于重大跨期项目，应做出必要调整。	√	√	√	√		
13. 针对识别的舞弊风险等特别风险，需额外考虑实施的审计程序：	√	√	√			
13.1 检查大额或异常费用开支的适当性。	√	√	√			
13.2 检查高层管理人员提交的费用报告的适当性和金额。	√	√	√			
14. 检查管理费用的列报与披露是否恰当。						√

图3-10 管理费用审计程序

步骤3：获取审计证据。通过审计程序的实施，分别获取有关管理费用不同认定的审计证据，大致有以下类型：

（1）管理费用明细表，如图3-11、图3-12所示。

项目	借贷方	1月	2月	3月	4月	5月	6月	7月	8月	9月	10月	11月	12月
工资及附加	借	280,000.00	170,000.00	160,000.00	270,000.00	300,000.00	269,490.49	220,000.00	260,000.00	270,000.00	290,000.00	290,000.00	290,000.00
办公费	借	57,234.00	7,064.00	1,186.00	3,058.95	14,140.09	899.50	1,328.00	2,942.29	20,606.00	2,180.00	1,126.70	1,086.00
通信网络费	借	3,294.00	1,391.46	1,173.94	2,287.63	2,507.38	2,169.80	2,509.91	2,171.90	2,068.48	8,512.27	2,654.49	2,311.50
差旅费	借	4,134.24	844.50	2,805.95	4,956.54	3,175.94	1,354.50	3,674.00	4,613.35	2,841.13	14,784.38	6,611.21	2,937.61
修理费	借	26,758.87	15,394.13	16,368.27	16,371.67	13,254.29	30,353.53	13,410.10	17,353.90	21,723.04	55,066.01	14,850.14	15,184.49
业务招待费	借	4,145.00	1,798.00	4,547.00	2,872.50	3,430.00	1,216.50	4,029.00	20,436.00	9,583.00	3,750.00	10,420.00	2,380.28
水费	借	668.30	369.00	2,829.00	3,833.50	3,546.50	1,980.30	328.00	1,209.50	979.90	356.70	410.00	336.20
电费	借	3,129.28	2,123.56	2,769.75	2,447.16	3,041.55	4,938.75	6,436.00	4,504.80	3,612.03	3,059.03	2,977.07	2,229.66
折旧	借	113,298.87	113,327.88	113,463.16	113,463.51	114,349.46	401,188.69	119,979.27	121,324.85	121,360.85	121,360.85	121,486.96	121,532.34
社保费	借	65,698.80	63,301.08	69,498.90	68,156.94	68,481.30	73,673.49	76,102.49	79,622.62	107,693.49	90,115.90	89,907.70	70,709.51
财产保险费	借	-	-	-	15,168.18	26,038.96	-	1,237.74	-	-	-	13,622.64	-
技术服务费	借	280.00	300.00	-	360.00	-	-	-	413.79	3,500.00	1,600.00	360.00	5,726.42
设计费	借	-	-	-	-	-	-	-	-	85,070.90	27,586.55	-	5,571.72
车辆使用费	借	17,792.94	6,175.00	12,293.85	-	1,671.54	17,942.00	10,000.00	16,833.13	33,190.00	11,494.00	15,172.41	8,059.49	7,900.00
中介服务费	借	5,631.07	-	4,905.66	-	-	14,152.83	32,817.37	6,904.72	11,301.89	2,047.18	-	1,290.57	-
办证费	借	-	-	-	1,100.00	7,216.50	1,650.00	-	-	-	-	-	-
其他	借	17,652.92	45,757.73	-24,332.46	35,699.72	11,376.12	14,287.52	21,981.64	20,271.72	71,655.25	31,744.18	22,294.42	52,947.34
邮寄费	借	26.00	41.00	35.00	-	81.00	-	-	-	15.00	8.00	13.00	47.00
职工福利费	借	34,476.52	50,712.80	25,823.20	13,867.00	13,975.50	16,233.90	15,466.00	13,000.20	28,498.47	19,152.31	33,901.00	36,789.90
工会经费	借	-	-	-	-	-	5,000.00	-	-	-	-	-	-
业务宣传费	借	-	24,352.00	-	7,430.00	-	5,528.00	-	-	-	-	1,630.00	4,370.00
无形资产摊销	借	30,408.18	30,283.08	30,283.08	51,554.31	51,554.31	51,554.31	51,554.31	51,554.31	51,554.31	51,554.31	51,554.31	51,624.03
低值易耗品摊销	借	22,800.00	-	-	-	-	340.00	880.00	-	900.00	380.00	-	430.00
		687,428.99	533,235.22	423,649.90	614,298.85	668,263.73	924,336.65	562,114.31	644,791.12	730,132.13	793,867.17	700,756.25	674,114.00
各月比率		8.64%	6.70%	5.32%	7.72%	8.40%	11.62%	7.06%	8.10%	9.18%	9.98%	8.81%	8.47%

图3-11 管理费用明细表（1）

项目	借贷方	账面数	账表差异数	本期数 结构	本期数 调整数	本期数 审定数	上期数 未审数	上期数 结构	上期数 调整数	上期数 审定数	变动额	变动率	备注
											报警比率	10%	
工资及附加	借	3,069,490.48	-	3,069,490.48	38.58%	-85.20	3,069,405.28	2,802,239.86	38.23%	-	2,802,239.86	267,165.42	9.53%	
办公费	借	112,851.53	-	112,851.53	1.42%	-	112,851.53	141,435.69	1.93%	-	141,435.69	-28,584.16	-20.21%	
通信网络费	借	33,052.76	-	33,052.76	0.42%	-	33,052.76	32,124.32	0.44%	-	32,124.32	928.44	2.89%	
差旅费	借	52,732.95	-	52,732.95	0.66%	-	52,732.95	53,258.54	0.73%	-	53,258.54	-525.59	-0.99%	
修理费	借	256,088.44	-	256,088.44	3.22%	-	256,088.44	236,652.33	3.23%	-	236,652.33	19,436.11	8.21%	
业务招待费	借	68,607.28	-	68,607.28	0.86%	-	68,607.28	65,452.87	0.89%	-	65,452.87	3,154.41	4.82%	
水费	借	16,846.90	-	16,846.90	0.21%	-	16,846.90	18,472.12	0.25%	-	18,472.12	-1,625.22	-8.80%	
电费	借	41,268.64	-	41,268.64	0.53%	-	41,268.64	38,863.57	0.53%	-	38,863.57	2,405.07	6.19%	
折旧	借	1,696,136.21	-	1,696,136.21	21.32%	494,965.23	2,191,101.44	1,275,390.78	17.40%	-	1,275,390.78	915,710.66	71.80%	
社保费	借	922,962.22	-	922,962.22	11.60%	-	922,962.22	842,626.27	11.49%	-	842,626.27	80,335.95	9.53%	
财产保险费	借	56,067.52	-	56,067.52	0.70%	-	56,067.52	28,589.45	0.39%	-	28,589.45	27,478.07	96.11%	
技术服务费	借	12,540.21	-	12,540.21	0.16%	-	12,540.21	9,708.74	0.13%	-	9,708.74	2,831.47	29.16%	
设计费	借	118,229.17	-	118,229.17	1.49%	-	118,229.17	323,476.92	4.41%	-	323,476.92	-205,247.75	-63.45%	
车辆使用费	借	158,524.46	-	158,524.46	1.99%	-	158,524.46	166,732.12	2.27%	-	166,732.12	-8,207.66	-4.92%	
中介服务费	借	79,051.29	-	79,051.29	0.99%	-	79,051.29	94,339.62	1.29%	-	94,339.62	-15,288.33	-16.21%	
办证费	借	9,966.50	-	9,966.50	0.13%	-	9,966.50	8,500.00	0.12%	-	8,500.00	1,466.50	17.25%	
其他	借	321,336.10	-	321,336.10	4.04%	79.57	321,415.67	289,314.23	3.95%	-	289,314.23	32,101.44	11.10%	
邮寄费	借	266.00	-	266.00	0.00%	-	266.00	320.00	0.00%	-	320.00	-54.00	-16.88%	
职工福利费	借	301,896.80	-	301,896.80	3.79%	-	301,896.80	275,619.27	3.76%	-	275,619.27	26,277.53	9.53%	
工会经费	借	5,000.00	-	5,000.00	0.06%	-	5,000.00	5,000.00	0.07%	-	5,000.00	-	0.00%	
业务宣传费	借	43,310.00	-	43,310.00	0.54%	-	43,310.00	45,000.00	0.61%	-	45,000.00	-1,690.00	-3.76%	
无形资产摊销	借	555,032.85	-	555,032.85	6.98%	-	555,032.85	555,032.85	7.57%	-	555,032.85	-	0.00%	
低值易耗品摊销	借	25,730.00	-	25,730.00	0.32%	-	25,730.00	22,680.00	0.31%	-	22,680.00	3,050.00	13.45%	
		7,956,988.31	-	7,956,988.31	100.00%	494,959.60	8,451,947.91	7,330,829.53	100.00%	-	7,330,829.55	1,121,118.36	15.29%	
各月比率					100.00%									

图3-12 管理费用明细表（2）

(2) 管理费用检查表,如图 3-13 所示。

管理费用检查表

月份	项目							合计
	职工薪酬	折旧费	摊销额	…	…	…		
选择科目	660201 工资及附加	660211 折旧	660231 无形资产摊销	660212 社保费				
1	280,000.00	113,298.87	30,408.18	65,698.80				489,405.85
2	170,000.00	113,327.88	30,283.08	63,301.08				376,912.04
3	160,000.00	113,463.16	30,283.08	69,498.90				373,245.14
4	270,000.00	113,463.11	51,554.31	68,156.94				503,174.36
5	300,000.00	114,349.46	51,554.31	68,481.30				534,385.07
6	269,490.49	401,188.69	51,554.31	73,673.49				795,906.98
7	220,000.00	119,979.27	51,554.31	76,102.49				467,636.07
8	260,000.00	121,324.85	51,554.31	79,622.62				512,501.78
9	270,000.00	121,360.85	51,554.31	107,693.49				550,608.65
10	290,000.00	121,360.77	51,554.31	90,115.90				553,030.98
11	290,000.00	121,486.96	51,554.31	89,907.70				552,948.97
12	290,000.00	121,532.34	51,624.03	70,709.51				533,865.88
合计	3,069,490.49	1,696,136.21	555,032.85	922,962.22				6,243,621.77
交叉索引	与应付职工薪酬钩稽验证一致	与累计折旧钩稽验证一致	与无形资产累计摊销钩稽验证一致	与应付职工薪酬钩稽验证一致				
相应金额	3,069,490.49	1,696,136.21	555,032.85	922,962.22				6,243,621.77
核对差异	-	-	-	-				-

图 3-13 管理费用检查表

(3) 管理费用截止测试,如图 3-14 所示。

放入截止测试科目名称:			6602 管理费用					
截止日前天数	10		截止日前测试开始日期		2018/12/21	截止日前测试金额绝对值≥		50,000.00
截止日后天数	10		截止日后测试结束日期		2019/01/10	截止日后测试金额绝对值≥		50,000.00
日期	凭证种类	凭证号	内容	对方科目	金额		是否跨期
					借方	贷方	
2018/12/31	转字	268	计提第[12]期间折旧	累计折旧	121,532.34	-	
2018/12/31	转字	275	计提12月份员工社保	应付职工薪酬	70,003.55	-	
2018/12/31	转字	276	计提12月份员工工资	应付职工薪酬	290,000.00	-	
2018/12/31	转字	297	计提12月份无形资产摊销	累计摊销	51,624.03	-	
截止日前							
截止日期: 2018年12月31日							
截止日后							
记账时间	凭证种	凭证编	业务说明	对方科目名称	借方发生额	贷方发生额	

图 3-14 管理费用截止测试

（4）管理费用检查情况表，如图3-15所示。

日期	凭证种类	凭证编号	业务内容	明细科目	对方科目	金额借方	金额贷方	核对内容 1	2	3	4	备注
2018/3/31	转字	247	计提第[3]期间折旧	折旧	累计折旧	113,463.16	-	√	√	√	√	
2018/4/30	转字	281	计提第[4]期间折旧	折旧	累计折旧	113,463.11	-	√	√	√	√	
2018/5/31	转字	303	计提第[5]期间折旧	折旧	累计折旧	114,349.46	-	√	√	√	√	
2018/5/31	转字	311	5月份后勤耗用	修理费	原材料	13,434.29	-	√	√	√	√	
2018/5/31	转字	311	5月份后勤耗用	其他	原材料	10,648.12	-	√	√	√	√	
2018/6/5	收付	74	付银行授信评估费	中介服务费	银行存款	11,650.49	-	√	√	√	√	
2018/6/30	调3	18	调整固定资产折旧	折旧	累计折旧	222,736.54	-	√	√	√	√	
2018/6/30	转字	264	6月耗用	其他	原材料	21,509.69	-	√	√	√	√	
2018/9/30	转字	225	计提9月份工资	工资及附加	应付职工薪酬	270,000.00	-	√	√	√	√	
2018/12/1	收付	17	购买小电器	其他	库存现金	10,000.00	-	√	×	×	√	调整到固定资产科目核算
2018/12/31	转字	276	计提12月份员工工资	工资及附加	应付职工薪酬	290,000.00	-	√	√	√	√	

核对内容说明：
1. 原始凭证是否齐全；
2. 记账凭证与原始凭证是否相符；
3. 账务处理是否正确；
4. 是否记录于恰当的会计期间；
5. ……
6.
7.
8.

图3-15 管理费用检查情况表

步骤4：评价审计证据的相关性。

（1）获取管理费用明细表，复核加计正确，并与报表数、总账数及明细账合计数核对相符。因此获取的管理费用明细表与"准确性认定"具有相关性。

（2）对管理费用明细表的构成项目进行分析：①计算分析管理费用中各项目发生额及占费用总额的比率，将本期、上期管理费用各主要明细项目进行比较分析，判断其变动的合理性。②比较本期各月份管理费用，对有重大波动和异常情况的项目应查明原因，必要时做适当处理，因此对管理费用实施的分析程序与"发生认定""部分明细科目的完整性认定""准确性认定"具有相关性。

（3）编制管理费用检查表，将管理费用中的职工薪酬、社保费、折旧额、无形资产摊销额等项目与各有关账户进行核对，勾稽关系正确。因此形成的管理费用检查表与"发生认定""部分明细科目的完整性认定""准确性认定"具有相关性。

（4）对管理费用截止测试，包括：从资产负债表日后的银行对账单或付款凭证中选取项目进行测试，检查支持性文件（如合同或发票），关注发票日期和支付日期，追踪已选取项目至相关费用明细表，检查费用所计入的会计期间，评价费用是否被记录于正确的会计期间；抽取资产负债表日前后10天的若干张凭证，实施截止测试，若存在异常迹象，应考虑是否有必要追加审计程序，对于重大跨期项目的应做必要调整。因此取得的截止测试证据与"完整性认定""准确性认定"具有相关性。

（5）对管理费用实施细节测试，对本期发生的管理费用，选取样本，检查其支持性文件，确定原始凭证是否齐全、记账凭证与原始凭证是否相符以及账务处理是否正确，形成管理费用检查情况表。因此该细节测试形成的审计证据（管理费用检查情况表）与"发生认定""准确性认定""截止性认定""分类认定"具有相关性。

步骤5：就审计过程有关情况予以说明。通过审计说明的方式，对管理费用的审计过程予以说明，如根据具体情况，不限于所列举的内容。

（1）本年度的明细账合计数与总账核对相符，且与报表数一致。

（2）工资和社会保险与应付职工薪酬计提和分配金额勾稽一致。

（3）折旧费用与固定资产累计折旧的本年计提和分配金额勾稽一致，折旧费用本年增长较大的原因是：在建工程达到预定可使用状态转增固定资产导致计提金额增加所致。

（4）摊销费与无形资产和长期待摊费用的本年摊销额勾稽一致。

（5）财产保险费增长较大的原因是：在建工程转固定资产，公司投保的资产增加所致。

（6）设计费减少较大的原因是：工程设计费尾款较小，在质保期到期后支付所致。

步骤6：得出审计结论。对管理费用的各项认定得出审计结论，如经审计，本科目无调整事项，确认本年发生额；或本科目经审计调整后，确认本年发生额。

任务3-2　审计证据可靠性判断

知识目标

掌握审计证据可靠性的含义。

技能目标

对收集整理的审计证据进行可靠性判断。

素养目标

在审计证据可靠性判断过程中，要保持严谨的工作态度和独立、客观、公正的原则。

智能审计基础操作

业务操作

步骤1：核实证据来源。

（1）被审计单位提供的证据，包括两个层面：一是现场工作开始时，被审计单位根据图3-16提供的证据，审计师在获取时，应核实证据来源（提供方或出处）；二是在审计实施过程中，根据具体审计程序的要求，由企业进一步提供的证据。这些证据包括构成财务报表基础的会计记录所含有的信息和其他信息。

序号		资料名称	是否提供	来源或出处
一		**基本情况**		
	1	公司简介		
	2	设立及变更登记资料： （1）公司设立时的投资协议、批准文件（需要前置审批的）、股东会决议、公司章程、企业法人营业执照等 （2）历史沿革中涉及每次工商变更的资料，包括但不限于董事会、股东会决议、增资或公司股权转让协议、历次章程修正案、历次变更的营业执照		
	3	设立批准证书（外商投资公司适用）		
	4	银行开户许可证、贷款证（贷款卡）		
	5	税务登记证、组织机构代码证【若办理了三证合一，则无此两项】		
	6	业务资质证书及荣誉证书		
	7	设立及历次增资的验资报告		
	8	国有资产产权登记证		
	9	外汇登记证（外商投资公司适用）		
	10	公司股东简介及身份证明，如果系自然人股东，提供身份证复印件；如果系法人股东，提供法人股东的公司法人营业执照（附最近年度年检章）、法定代表人身份证明		
序号		资料名称	是否提供	来源或出处
二		**公司治理和组织结构**		
	1	股东会、董事会、监事会、经理会议事规则		
	2	董事会、监事会的成员名单及简介		
	3	重大经营决策、重大投资决策、对外担保决策、关联方交易决策的程序、规则及权限		
	4	考核、激励管理办法，独立董事制度		
	5	组织机构设置及职责分工资料、分支机构及外设办事处基本情况表		
	6	管理层和财务人员名单、职责分工		
	7	内部控制制度设计和运行情况		
	8	内部审计制度及履行情况，包括离任审计、资产处置审计、清产核资等制度和履行情况		
	9	对外投资的各主体资料：被投资单位章程、出资协议、营业执照		
序号		资料名称	是否提供	来源或出处
三		**主要业务与技术资料**		
	1	公司经营范围与主营业务		
	2	主要产品生产工艺流程		
	3	主要产品的生产能力		
	4	主要产品的主要原材料和能源及成本构成		
	5	主要产品的行业地位及销售情况		
	6	主要客户情况		
	7	主要供应商情况		
	8	主要竞争对手情况		
	9	特殊行业许可证书、资质证书、商标证书、专利证书、非专利技术、重要特许权利		
	10	质量管理体系认证证书、环境管理系统认证证书、生产安全认证证书		

图3-16 审计所需资料清单

序号		资料名称	是否提供	来源或出处
四		**人力资源情况**		
	1	员工（包括离退休人员）情况说明，包括员工总数（花名册）、待遇情况、合同期限		
	2	员工各类劳动合同文本；公司与部门负责人级别以上高级管理人员的劳动合同		
	3	公司应当为员工购买、提取的社会统筹保险的种类、保险费金额或提取比例；公司是否按规定及时、足额缴纳或提取保险费		
	4	公司为员工缴纳住房公积金情况		
	5	如存在劳动合同纠纷，请提供劳动仲裁、诉讼的有关文件		
	6	公司核心人员近三年流动情况		
	7	各关联公司是否存在员工的混同情况，人员独立情况		

序号		资料名称	是否提供	来源或出处
五		**公司动产和不动产资料**		
	1	公司资产权属证明：房产证、土地使用权证、车辆行驶证等权证证明文件		
	2	房屋（包括其他建筑物）清单，包括房屋（建筑物）面积、座落、所有权人、原值、已使用年限、累计折旧、净值、抵押状况		
	3	如果公司存在租赁房屋（建筑物）/或土地的情况，请提供租赁合同、出租方的房屋（建筑物）所有权证书/或国有土地使用权证，并说明上述租赁合同的履行情况		
	4	土地出让合同或转让协议		
	5	重大拆迁补偿协议		
	6	在建工程立项、批复、建设、验收资料		

序号		资料名称	是否提供	来源或出处
六		**关联方关系及交易**		
	1	关联方（包括法人关联方和个人关联方）的名称、地址、注册资本、持股比例、表决权比例、经营范围、法定代表人		
	2	关联交易情况：关联方交易项目、金额、定价政策、款项支付情况、未支付款项原因		
七		**重要经济合同或协议资料**		
	1	长、短期借款合同及担保（保证、抵押、质押等）合同		
	2	对外投资或股权转让协议、被投资单位营业执照、公司章程、验资报告、最近三个年度会计报表及审计报告、被投资单位生产经营情况说明		
	3	工程项目的建筑安装施工合同、设备采购合同等		
	4	无形资产转让协议		
	5	资产出让或出售或置换协议		
	6	债务重组协议		
	7	融资租赁协议		
	8	重要采购、销售合同、保险合同、运输合同		
	9	重大设施、设备经营租赁协议		
	10	托管协议		
	11	委托理财协议		
	12	大额资金使用协议		

序号		资料名称	是否提供	来源或出处
八		**会议纪要及重大经营决策资料**		
	1	最近三个年度历次股东大会决议、董事会决议、监事会决议、经理会纪要		
	2	最近三个年度经营计划		
	3	国有资产管理经营部门或上级单位下达的国有资产保值增值考核指标		
	4	公司上级内部审计机构或委托的社会审计组织出具的审计报告（近三年）、验资报告、资产评估报告以及办理公司合并、分立等事宜出具的有关报告		
	5	有关经营管理监督部门及检查机构作出的重大检查事项结果、处理意见及纠正情况的资料		

图 3-16 审计所需资料清单（续）

序号		资料名称	是否提供	来源或出处
九		最近三个年度财务相关资料		
	1	公司采用的会计政策		
	2	财务报表、科目余额表、各类账册（总账、日记账、明细账）、会计凭证		
	3	年末库存现金盘点表，全部银行账户的开户行、账号、余额，对账单，余额调节表及未达账项的发生日期及业务类型		
	4	应收票据明细表（包括欠款单位、交易合同、起止日期、利率等内容），票据备查登记簿，包括票据类型、出票单位、到期日、金额、利率、贴现或背书等		
	5	应收和预收款项明细清单，包括客户名称、地址、联系人、联系电话、传真、金额及账龄分析（1年以内、1~2年、2~3年、3~4年、4~5年、5年以上），信用政策、销售合同		
	6	预付和应付款项明细清单，包括供应商名称、地址、联系人、联系电话、传真、款项性质（货款、设备款、工程款等）、金额及账龄分析（1年以内、1~2年、2~3年、3~4年、4~5年、5年以上）、采购或施工合同		
	7	其他应收款明细清单，包括债务人名称、地址、联系人、联系电话、传真、款项性质、金额及账龄分析（1年以内、1~2年、2~3年、3~4年、4~5年、5年以上）、支持债权确立的业务资料（如合同、借据等）		
	8	存货的分类构成、数量、规格、型号等、存放地，年末存货盘点计划、经确认的存货盘点表		
	9	年度成本计算单及制造费用汇总表		
	10	长期投资明细表，各被投资单位审计报告或财务报表		
	11	年末固定资产盘点计划、经确认的固定资产盘点表		
	12	固定资产卡片（或明细表），列示其分类及各类资产的基本特征，如机器设备类：名称、规格型号及有关参数、生产厂家、计量单位、数量、存放或安装地点、使用状态、购置或启用日期、入账价值		
	13	固定资产折旧政策、财产保险情况		
	14	工程项目的概（预）算投资额、资金来源、工期、设计单位、施工单位、监理单位、工程完工进度、结算报告、完工转固定资产的竣工财务决算报告		
	15	在建工程中的借款利息资本化情况		
	16	已经发生的因停建、废弃和报废、拆除的在建工程项目造成的损失情况		
	17	无形资产的构成、摊销政策、入账价值		
	18	长、短期借款明细表（包括借款单位、本金、起止日期、利率、借款条件、还款和付息方式等）		
	19	其他应付款明细清单，包括债权人名称、地址、联系人、联系电话、传真、款项性质、金额及账龄分析（1年以内、1~2年、2~3年、3~4年、4~5年、5年以上）、支持债务确立的业务资料（如合同、借据等）		
	20	工资计提和发放政策、社会保险和公积金计提和缴纳情况		
	21	各税种纳税申报表		
	22	利润分配和股份支付政策		
	23	预计负债的金额、计提原因及依据		
	24	长期应付款清单（包括期限、初始金额、应计利息、期末余额）		
	25	主营业务收入、成本分析，包括： 各类产品各月销售量、销售额分析，解释主要变动； 各类产品各月销售成本分析； 各类产品各月税金及附加分析； 各类产品各月的利润分析； 销售中采取的各种优惠政策的清单		
	26	销售费用明细表、各月波动分析		
	27	管理费用明细表、各月波动分析		
	28	财务费用明细表、各月波动分析		
	29	所得税的汇算清缴资料		
	30	政府补助的相关批准文件		
	31	所有权或使用权受到限制的资产名称、账面价值、受限原因		

图 3-16 审计所需资料清单（续）

序号	资料名称	是否提供	来源或出处
十	最近三个年度涉税事项相关资料		
1	适用的税种、税率		
2	享受的各项税收优惠文件及税收减免批文		
3	享受的财政支持政策相关文件及实际执行情况		
4	各税种各年度纳税申报表及鉴证报告		
5	税务检查通知及检查报告，如有税务年度或专项稽查，是否有结案报告		
6	最近三年因涉税事项被处罚情况		
十一	对外担保资料		
1	保证。公司为其他人（包括单位、自然人）对外提供保证的情况说明，包括保证的金额、债务人（被保证人）名称、债权人名称、债务人（被保证人）履行债务情况；保证合同、保证协议或其他保证文件		
2	抵押。公司以其财产为自身债务或其他人债务提供抵押的情况说明，包括抵押的财产、抵押权人名称、债务人名称、债务金额、抵押权行使的条件和期限；抵押合同、抵押协议或其他抵押文件；在抵押登记主管机关办理抵押登记的全部文件		
3	质押。公司以动产或权利为自身债务或其他人债务提供质押的情况说明，包括质押的动产和权利、质权人名称、债务人名称、债务金额、质押权行使的条件和期限；质押合同、质押协议或其他质押文件；在质押登记主管机关办理质押登记的全部文件		
4	留置。公司为自身债务，其财产被第三方留置的情况说明，包括留置的动产、留置人名称、加工承揽合同、债务金额、债务履行情况，留置权行使的条件；财产被留置的证明		

序号	资料名称	是否提供	来源或出处
十二	争议情况资料		
1	诉讼情况说明，包括所有正在进行的诉讼和判决后未执行完毕的诉讼的当事人、争议金额、争议事由、判决结果、执行情况；请提供起诉状、答辩状、判决书、裁定书等相关诉讼文件		
2	仲裁情况说明，包括所有正在进行的仲裁和仲裁后未执行完毕的仲裁的当事人、争议金额、争议事由、仲裁结果、执行情况；请提供仲裁申请书、裁决书等相关仲裁文件		
3	所受行政处罚说明，包括行使处罚权的机关、处罚理由、处罚结果、对处罚结果的执行情况		
4	可能导致诉讼、仲裁或行政处罚的纠纷、争议的情况说明		
5	公司涉讼的法律文件、律师函件及董事会对涉讼事项的处理议案		
十三	特殊事项资料		
1	或有事项：未决诉讼仲裁形成的或有负债及其财务影响、为其他单位提供债务担保形成的或有负债及其财务影响、其他或有负债及其财务影响		
2	承诺事项：资本承诺、经营租赁承诺、其他承诺事项		
3	资产负债表日后事项：重要的资产负债表日后事项说明、资产负债表日后利润分配情况说明		
4	非货币性资产交换事项		
5	债务重组事项		
6	企业合并事项		
7	租赁事项		
8	期末发行在外的、可转换为股份的金融工具事项		
9	以公允价值计量的资产和负债事项		
10	外币金融资产和外币金融负债事项		
11	年金计划主要内容及重大变化事项		
12	终止经营事项		
13	报告期内发生资产置换、转让及出售行为的，提供资产置换的详细情况，包括资产账面价值、转让金额、转让原因以及对公司财务状况、经营成果的影响等		
14	政府补助有附加性限制条件的，应同时披露附加性限制条件。对政府补助限定了用途及会计处理的，也应做出说明		
15	其他对报表使用者有影响的重要事项		

图 3-16 审计所需资料清单（续）

（2）第三方提供的证据，包括银行或往来款询证函、客户和供应商访谈记录、政府有关部门出具的文件或证照、利用专家工作形成的证据、前后任注册会计师的沟通函等。

（3）审计人员通过审计过程形成的审计工作底稿等证据资料。

步骤2：与原件或证据出处的原始记录进行核对。

（1）凡是有原件的，须将证照（如营业执照、公司章程、房产证、土地使用权证、不动产权证、车辆行驶证等）、各种经济合同的复印件与原件进行核对。

（2）有具体出处的，要将获取的证据与该出处进行核对，如生产成本审计，要将成本构成与库房的原材料领用单、车间的生产日报表、电费消耗量等进行核对。

步骤3：检查不同来源的信息的一致性。

例如：获取成本核算所需要的各种直接材料消耗量记录，并从库房取得同期的材料领用记录，从车间取得产成品和在产品的产量记录，相互核对直接材料的总成本，以及在产成品和在产品之间的分配数据，检查不同业务部门提供的信息与财务核算所依据的信息的一致性。

再如：企业账载明的税款支付金额、银行对账单和银行回单上的实际支付金额、税收缴款书上载明的金额，三者相互核对税款的缴纳信息的一致性。

步骤4：评价审计证据的可靠性。根据可靠性判定的一般原则，对获取的审计证据的可靠性进行评价：若审计证据可靠，则予以采纳；若审计证据不可靠或可靠性弱，则需要设计和实施有针对性的审计程序，进一步获取审计证据。

步骤5：就审计过程有关情况予以说明。

步骤6：得出审计结论。经审计取证，获取的审计证据具有可靠性，可以支持关于某一方面的审计结论。

项目4 整理审计资料

项目导语

整理审计资料对于确保审计工作的质量、提高工作效率、发现潜在问题和风险都具有重要意义。通过整理和分析审计资料，可以发现被审计单位在财务管理、内部控制等方面存在的问题和不足，帮助被审计单位加强管理和规范运营，提高审计质量。

项目提要

在整理审计资料的过程中，审计人员可以发现一些潜在的问题和风险。通过对这些问题的深入分析和调查，可以进一步针对被审计单位存在的问题和风险制定相应的审计策略。通过本项目实操训练，让学生掌握账表核对、账账核对、账证核对、证证核对和账实核对等整理审计资料的方法。

项目思维导图

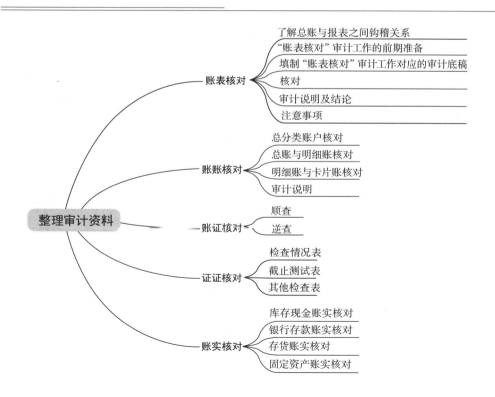

知识准备

一、账表核对内容

对于审计工作而言，账表核对主要是指审计人员在取得资料后，对被审计单位提供的总账中的数据与被审计单位编制的财务报表中的数据进行核对，这是审计的前期重要工作之一。通过账表核对，进行相互验证，检验被审计单位提供的报表、总账是否存在差错，为后续的审计工作提供重要的前提保障。

账表核对主要核对以下内容。

（1）会计报表中某些数字是否与有关总分类账的期末余额相符。

（2）会计报表中某些数字是否与有关明细分类账的期末余额相符。

（3）会计报表中某些数字是否与有关明细分类账的发生额相符。

例如："现金""银行存款""其他货币资金"账户余额与资产负债表中的货币资金项目有直接的对应关系。如果不了解这些关系，审计人员是无法从查账中发现问题的。

账表核对的重点是对账表所反映的金额进行核对，通过账表核对，可以发现查证账表不符或虽相符却不合理、不合法的会计错弊。

二、账账核对内容

检查总分类账户记录是否正确，它一般采用编制试算平衡表的方法进行。审计实务操作中，审计人员根据总分类账户填写试算平衡表，通过试算平衡表检查报表各项目是否勾稽、资产负债表是否平衡，通过这些检查，可以发现：资产负债表项目总分类账各账户借方期末余额合计数与贷方期末余额合计数是否相等；利润表项目借方本期发生额合计数与贷方本期发生额合计数是否相等。针对具有明细分类或辅助核算的项目，主要核对总分类账各账户的期末余额与所属各明细分类账户的期末余额之和是否相等，总分类账各账户的本期发生额与所属各明细分类账户的本期发生额之和是否相等。

三、账证核对内容

审计实务操作中，审计人员将账证核对与证证核对同时进行，这两方面的核对是密不可分的，只有保证会计账簿与记账凭证、记账凭证与原始凭证相符，审计人员才能对被审计单位的数据进行进一步的分析，这是审计工作的前提。

四、证证核对内容

证证核对一般为账证核对的下一个操作步骤,审计人员进行账证核对无误后,进行证证核对,即检查其记账是否正确、是否存在财务舞弊,抽取记账凭证进行检查,此时不仅需要检查记账凭证与明细账记录事项是否相符,还应检查其记账凭证与原始凭证是否相符。

将记账凭证注明的所附原始凭证份数与所附的实际份数进行核对,以检查有无不相符的会计错弊。将记账凭证上所有的会计科目与原始凭证上所反映的业务内容相核对,检查有无错用会计科目或故意挤占成本、截留收入等会计舞弊。将记账凭证上所反映的金额与所属原始凭证上的金额合计数相核对,检查金额是否相符,从中发现会计舞弊问题或因工作失误而造成的会计错误。将记账凭证上的制证日期与原始凭证上的日期相核对,检查有无二者相距太远的情况。如某张付款凭证上的日期与支票存根和发票上的日期相距几个月甚至更长,说明被审计单位内部控制中在支票管理上存在问题;又如某张收款凭证上的日期与所附收取现金收据上的日期相距几个月甚至更长,可能说明被审计单位内部控制中在资金管理上存在问题。

除结账和更改错误的记账凭证外,其他所有的记账凭证必须附有原始凭证。在核对凭证时,应注意检查有无应附而未附原始凭证的记账凭证。如发现应附而未附原始凭证的记账凭证,应检查其原因,是否为虚记该项业务的问题。例如,付款凭证后未附原始凭证,应进一步检查其是否属于凭空付款进行贪污的问题。

科目汇总表与记账凭证也存在直接的对应关系,在编制科目汇总表时,也可能出现或多或少的会计错弊,所以也应将二者进行核对以查证有无会计错弊。

进行汇总记账凭证与记账凭证、科目汇总表与记账凭证的核对,基本上是按照编制汇总记账凭证和科目汇总表的方法,审计人员根据被审计单位提供的记账凭证进行编制,然后将审计人员编制的汇总记账凭证和科目汇总表与原汇总记账凭证或科目汇总表相对照,检查其是否一致,如不一致,一般说明被审计单位在这个环节存在会计错弊。

进行证证核对,不是盲目地核对,而是在审阅某账户或其他会计资料时发现了疑点或线索,或者为了弄清某些问题而对特定科目的账簿进行核对。如"库存商品"和"主营业务收入"明细账的核对,一般是根据审计工作方案中有关要查证产品销售是否真实、合理、正确的内容或其他查证过程中发现被审计单位有隐瞒销售收入问题的疑点后进行的。

在审计实操中,涉及的证证核对主要指记账凭证与原始凭证进行核对,通过检查原始资料，用以说明其会计分录编制正确。

五、账实核对内容

账实核对是指将会计记录中的账面余额与实际财产物资、债权债务等的实际数额进行比对，以确认它们之间的一致性。账实核对是会计和审计工作中的一项重要活动，旨在确保会计信息的准确性和真实性。其主要内容包括对现金日记账的账面余额与实际库存现金数额的每日核对、银行存款日记账的账面余额与银行对账单余额的核对、各种财产物资明细账的账面余额与实际财产物资数量的核对，以及应收账款、应付账款、银行借款等结算款项与对方单位账面记录的定期核对。通过这些核对活动，可以及时发现并纠正会计记录中的错误或舞弊行为，确保会计信息的真实性和准确性。

任务 4-1 账表核对

知识目标

理解账表核对的含义。

技能目标

通过账表核对，可以发现或查证账表不符或虽相符却不合理、不合法的会计错弊。

素养目标

在将审计证据上传平台的过程中，要保持严谨的工作态度。

业务操作

步骤1：了解总账与报表之间的勾稽关系。

下面以最新报表格式的要求，针对实务审计工作，对审计助理人员常用的报表项目进行介绍。

1. "货币资金"项目核对

资产负债表中，"货币资金"项目是审计的重点项目之一，也是审计助理常见的工作。资产负债表中"货币资金"项目对应总账中的"库存现金""银行存款""其他货币资金"账户的报表截止日余额合计数，审计人员在进行核对时，应对总账中对应账户进行简单加总后，进行比较。

2. "应收账款"项目核对

按照现行会计准则和会计制度的规定，企业根据谨慎性原则的要求，应当在期末或年终对存货和应收账款进行检查，合理地预计可能发生的损失，对可能发生的各项资产损失计提减值准备和坏账损失，以便减少企业风险成本。

因此，资产负债表中"应收账款"项目指的是应收账款的净值，即"应收账款原值—坏账准备"，这里讲的"应收账款原值"对应总账中"应收账款"账户，"坏账准备"对应总账中的备抵账户"坏账准备—应收账款"。审计人员在进行核对时，应对总账中对应账户进行简单相减后，进行比较。

3. "其他应收款"项目核对

与应收账款一样，其他应收款也应该按照相关政策的规定计提减值准备，因此，资产负债表中"其他应收款"项目指的是其他应收款的净值，即"其他应收款原值—坏账准备"，这里讲的"其他应收款原值"对应总账中"其他应收款"账户报表截止日余额，"坏账准备"对应总账中的备抵账户"坏账准备—其他应收款"报表截止日余额。审计人员在进行核对时，应对总账中对应账户进行简单相减后，进行比较。

4. "存货"项目核对

资产负债表中，"存货"项目是审计的重点项目之一，也是审计助理常见的工作。资产负债表中"存货"项目对应总账中的"原材料""材料采购（在途材料）""包装物""库存商品""在产品""低值易耗品""委托加工材料""自制半成品""产成品""生产成本"等账户报表截止日余额的合计数，审计人员在进行核对时，应对总账中对应账户进行简单加总后，进行比较。

5. "固定资产"项目核对

资产负债表中"固定资产"项目指的是固定资产的账面价值，即"固定资产原值—累计折旧—减值准备"，这里讲的"固定资产原值"对应总账中"固定资产"账户，"累计折旧"对应总账中的备抵账户"累计折旧"，"减值准备"对应总账"固定资产减值准备"账户。审计人员在进行核对时，应对总账中对应账户进行简单相减后，进行比较。

6. "无形资产"项目核对

无形资产报表项目与总账账户之间勾稽关系与固定资产相同，资产负债表中"无形资产"项目指的是无形资产的净值，即"无形资产原值—累计摊销—减值准备"，

智能审计基础操作

这里讲的"无形资产原值"对应总账中"无形资产"账户,"累计摊销"对应总账中的备抵账户"累计摊销","减值准备"对应总账"累计减值准备—无形资产"账户。审计人员在进行核对时,应对总账中对应账户进行简单相减后,进行比较。

7. "长期借款"项目核对

资产负债表中"长期借款"项目实际为剩余本金仍在一年以上的借款,针对分期偿还本金的长期借款,总账中"长期借款"账户核算的全部剩余借款本金,报表披露时,应将一年内偿还的本金部分在报表"一年内到期的非流动负债"项目列报。审计人员在进行账表核对时,应关注此部分差异。

8. "营业收入"项目核对

利润表中"营业收入"项目对应总账中"主营业务收入"和"其他业务收入"账户发生额的合计数。

9. "营业成本"项目核对

与营业收入相同,利润表中"营业成本"项目对应总账中"主营业务成本"和"其他业务成本"账户发生额的合计数。

步骤2:"账表核对"审计工作的前期准备。

(1) 取得企业的总账和企业的财务报表。审计人员进入被审计单位取得的报表在这里叫作未审报表,在编制工作底稿时,填在未审数对应的单元格内。

(2) 根据企业的总账进行登记整理,按照报表科目或会计记账科目编写各个科目的底稿,针对账表核对的内容,这里主要编写的是审定表。

步骤3:填制"账表核对"审计工作对应的审计底稿。

(1) 审计底稿—审定表中各项数据的含义及来源。

①第一部分为总账中的数据,"科目编码""项目名称"指资产负债表项目所对应的全部总账中的账户名称;"未审数"是指被审计单位提供数据,根据被审计单位提供的总账中的数据填列,资产负债表项目填制余额,利润表项目填制发生额;"账项调整""重分类调整"是指审计人员在审计过程中,针对审计发现问题进行调整的数据;"审定数"是指审计人员最终审计后确认的金额。②第二部分为报表中的数据,审计人员根据被审计单位提供的未审报表的数据填列至报表数对应未审数部分;根据审计后的报表,将相关数据填制报表数对应审定数部分。③第三部分为报表数据与总账数据的核对,查看是否存在差异。

应收账款审定表示例图如图4-1所示。

(2) 部分报表项目"账表核对"对应工作底稿编制的示例。审定表表头的填

图4-1 应收账款审定表示例图

制，填写基础信息：被审计单位为"湖北蓝天通信科技有限公司"，编制人为该审计工作底稿实际制作与核对的审计人员，复核人一般填写审计项目组负责人，一般情况下，复核时间应晚于编制时间，部分情况可以是同一天，最后，应将工作底稿编写索引号，索引号一般为底稿类型和连续数字的组合形式，如"货币资金"底稿的索引号可编写为"ZA-001、ZA-002、…""应收账款"底稿的索引号可编写为"ZE-001、ZE-002、…"。

(3)"货币资金"审定表的填制示例如下。

①填写项目名称、填制审定表时，应先在项目名称那里填写全部总账账户名称"库存现金""银行存款""其他货币资金"，并注明该科目的借贷方向。

②根据被审计单位提供的如图4-2所示总分类账示例图（从被审计单位财务软件中导出的科目余额表）、账簿（主要指手工账）或审计人员使用审计软件提取的账套填写"期末未审数"和"上期末未审数"，也就是本期的期末余额和期初余额，从鼎信诺审计系统中查看总分类账即为"账面期末余额""账面期初余额"，科目余额表示例图如图4-3所示。

图4-2 总分类账示例图

科目名称	方向	账面期初余额	未审借方发生额	未审贷方发生额	账面期末余额
库存现金	借	23,858.85	336,196.77	340,518.66	19,536.96
银行存款	借	1,061,693.75	31,196,669.79	31,024,293.53	1,234,070.01
中国银行股份有限公司常州城郊支行8873	借	66,655.05	1,115,921.53	1,178,706.57	3,870.01
中国农业银行股份有限公司开发区支行1481	借	131,367.28	5,006,589.90	5,137,957.18	—
中国建设银行股份有限公司湖北省分行营业部0987	借	28,842.29	203,063.10	231,705.39	200.00
中国建设银行股份有限公司常州支行0052	借	—	1,230,000.00	—	1,230,000.00
中国建设银行股份有限公司常州支行0345	借	834,829.13	23,641,095.26	24,475,924.39	—
其他货币资金	借				
承兑保证金	借				

图4-3 科目余额表示例图

③将审计工作中涉及的调整事项填制在审定表中,如示例中银行存款审计调整减少20.00元,填制审计调整列。

④审定表中,若借贷方向为"借方"的项目,期末审定数=期末未审数+账项调整借方数-账项调整贷方数+重分类调整借方数-重分类调整贷方数;若借贷方向为"贷方"的项目,期末审定数=期末未审数+账项调整贷方数-账项调整借方数+重分类调整贷方数-重分类调整借方数。如示例中"银行存款"项目借贷方向为"借方",银行存款审定期末数=期末未审数"1,234,070.01"+账项调整贷方数"20.00"=1,234,050.01。

⑤根据企业提供的未审报表对应项目金额(图4-4)填写在报表数-期末未审数列;根据审计人员审定后的报表对应项目金额填写在报表数-期末审定数列。

资产负债表			
单位:湖北蓝天通信科技有限公司		2018年12月31日	金额单位:元
资 产	行次	期末余额	年初余额
流动资产:	1		
货币资金	2	1,253,606.97	1,085,552.60
交易性金融资产	3		
应收票据	4	62,478,351.30	67,086,472.95
应收账款	5	31,551,954.11	75,919.59

图4-4 未审报表示例图

⑥审定表格式。图4-5为货币资金审定表示例图。

图4-5 货币资金审定表示例图

(4)"固定资产"审定表的填制示例。"固定资产"审定表的填制方法与"货币资金"审定表填制方法一致,这里主要介绍固定资产审定表样式,如图4-6所示。

固定资产审定表

被审计单位:湖北蓝天通信科技有限公司　编制:×××　日期:2×19年1月7日　索引号:ZP-00×
报表截止日:2×18年12月31日　　　　　复核:×××　日期:2×19年1月9日　项目:固定资产-审定表

科目编码	项目名称	借/贷	期末未审数	账项调整		重分类调整		期末审定数	索引号	上期末审定数	本期末审定数与上期末审定数的比较		本期审定数与上期审定数的比较	
				借方	贷方	借方	贷方				变动额	变动率	变动额	变动率
1601	固定资产	借	6,724,480.09	-	-	-	-	6,724,480.09		6,351,032.16	373,447.93	5.88%	373,447.93	5.88%
1602	累计折旧	贷	1,441,494.76	-	-	-	-	1,441,494.76		997,906.04	443,588.72	44.45%	443,588.72	44.45%
1603	固定资产减值准备	贷	-	-	-	-	-	-		-				
合　计			5,282,985.33 ∧	T/B	-	-	-	-	5,282,985.33 ∧	T/B	5,353,126.12 ∧ T/B	-70,140.79	-1.31%	-70,140.79	-1.31%
报表数:			5,282,985.33						5,282,985.33		5,353,126.12				
差异数:			-												

审计结论:
经审计,余额可以确认。

审计标识说明:
B:与上年数核对一致　　　　　　　　S:与明细账核对一致
G:与总分类账核对一致　　　　　　　∧:纵加核对
T/B:与试算平衡表核对一致　　　　　<:横加核对
　　　　　　　　　　　　　　　　　D:与明细表核对一致

图4-6　固定资产审定表样式

根据被审计单位提供的总账(从被审计单位财务软件中导出的科目余额表)、账簿(主要指手工账)或审计人员使用审计软件提取的账套填写或生成固定资产审定表,包括"固定资产原值""累计折旧""固定资产减值准备",审定表中"合计"指固定资产净值,即"合计"="1601固定资产"-"1602累计折旧"-"1603固定资产减值准备"。

根据被审计单位提供的未申报表中的固定资产金额与被审计单位提供的账簿金额进行核对,即报表中固定资产对应金额与审定表"合计"对应金额进行核对。

(5)"管理费用"审定表的填制示例。"管理费用"审定表的填制方法与"货币资金"审定表填制方法一致,这里主要介绍管理费用审定表样式,如图4-7所示。

根据被审计单位提供的总账(从被审计单位财务软件中导出的科目余额表)、账簿(主要指手工账)或审计人员使用审计软件提取的账套填写或生成管理费用审定表,本期数指的是管理费用本期发生额。

根据被审计单位提供的未申报表中的管理费用金额与被审计单位提供的账簿金额进行核对。

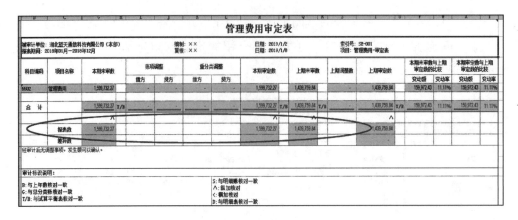

图 4-7 管理费用审定表样式

步骤 4：核对。

（1）账表核对。根据填制的审定表，检查审定表中总账金额与报表数是否存在差异，若存在差异，查找差异原因。审计实务中可能出现的较为容易发现的原因有：①是否为未审报表编制错误；导出科目余额表时是否正确，是否包含未结账凭证。②对于利润表中项目，本期发生额与总账中显示借贷方发生额是否一致，可能有未结转凭证、应红字冲减记账的凭证，在对方方向记账，导致借贷发生额同等增加。

（2）简单地分析。

（3）审定表填制完成后，本期数据相对于上期数据变动自动算出，即可发现变动情况，若变动较大，则应针对该方向进行进一步的审计程序。

步骤 5：审计说明及结论。

（1）审计说明。针对账表核对的审计说明，可以参照"审计说明：经检查，总账与报表数核对相符"。

（2）审计结论。对于资产负债表项目，审计结论一般为"审计结论：经审计，余额可以确认"；对于利润表项目，审计结论一般为"审计结论：经审计，发生额可以确认"。

步骤 6：注意事项。获取未审会计报表的重要性不言而喻，而现实工作中，偏偏真有这样一些审计人员，直到审计档案归档时才发现底稿里还没有未审报表。更有一些审计人员，直接把审定报表打印出来，写上"未审"二字来代替未审报表。

这样的事情，在不少事务所的审计人员身上发生过。这样的问题，看似是小问题，实际上是忽略了获取未审会计报表的重要性。为什么一定要获得未审会计报表呢？

首先，这是划分会计责任和未审责任的一个重要手段。

我们审核的会计报表，是由被审计单位编制的，并在此基础上进行调整后生成审定报表。编制未审报表是被审计单位管理层的责任。被审计单位管理层对报表的编制负有会计责任，就是说被审计单位管理层应按照其应执行的会计制度编制一套完整的会计报表，同时按照执行会计制度的要求作出各种披露和注释，提供有关的总账、明细账、记账凭证和其他会计记录等会计资料。

注册会计师的审计责任，是注册会计师遵循会计准则的规定及审计准则的要求，通过各种审计手段来验证被审计单位提供的会计报表和会计记录的正确性。注册会计师的验证工作，应该保留相应的检查记录，形成审计工作底稿。因此，被审计单位管理层的会计责任和注册会计师的审计责任，是不同的两种责任，两种责任不能相互替代。如果注册会计师既编制会计报表又审计会计报表，那就没有独立性可言了。

其次，未审会计报表是审计档案的重要组成部分，注册会计师应对未审会计报表进行分析，并作为确定重点审计领域的途径之一。

获取未审会计报表时，应将资产负债表科目的期末数与期初数进行比较，确定变动率，并对变动较大的科目变动情况进行分析。同时将利润表上的数据与上年同期数据进行比较，确定有无重大异常波动，并对波动情况进行分析。

需要强调的是，获得被审计单位的未审报表后，需由单位盖章进行确认。这也是为了保护我们注册会计师，进一步明确会计责任。

任务 4-2　账账核对

知识目标

理解账账核对的含义。

技能目标

通过账账核对，可以发现或查证账表不符或虽相符却不合理、不合法的会计错弊。

素养目标

在将审计证据上传平台的过程中,要保持严谨的工作态度。

业务操作

步骤1:总分类账户核对。通过对试算平衡表-资产负债表(图4-8)进行"平衡测试",可以检验报表是否满足"资产=负债+所有者权益"平衡公式,即"借方余额合计数=贷方余额合计数"。

图4-8 试算平衡表-资产负债表

步骤2:总账与明细账核对。总账与明细账核对一般采用编制货币资金账项明细表(图4-9)的方式。

(1)银行存款总账与明细账的核对。根据银行存款日记账、银行存款明细账填写银行存款明细项目,然后与审定表进行核对,明细表中合计数与审定表中银行存款对应金额是否一致。

货币资金账项明细表

| 被审计单位：湖北宜天通信科技有限公司 | | | | | 编制：×× | | 日期：2019-1-5 | | 索引号：ZA-002 | |
| 报表截止日：2018年12月31日 | | | | | 复核：×× | | 日期：2019-1-8 | | 项目：货币资金-账项明细 | |

科目编号	项目	币种	借贷方向	未审期初数	期初调整数	审定期初数	审定借方发生额	审定贷方发生额	未审期末数	期末调整数	审定期末数	索引号
1001	货币资金	人民币	借	23,858.85		23,858.85	336,196.77	340,518.66	19,536.96		19,536.96	
	现金小计			23,858.85	-	23,858.85	336,196.77	340,518.66	19,536.96	-	19,536.96	

科目编号	项目/开户银行	银行账号	币种	借贷方向	未审期初数	期初调整数	审定期初数	审定借方发生额	审定贷方发生额	未审期末数	期末调整数	审定期末数	索引号
100201	中国银行股份有限公司常州城郊支行	523500008873	人民币	借	66,655.05		66,655.05	1,115,921.53	1,178,706.57	3,870.01		3,870.01	
100202	中国农业银行股份有限公司开发区支行	15270201000001481	人民币	借	131,367.28		131,367.28	5,006,589.90	5,137,957.18	-		-	
100203	中国建设银行股份有限公司湖北省分行营业部	370018443300000 00987	人民币	借	28,842.29		28,842.29	203,063.10	231,705.39	200.00	-20.00	180.00	
100204	中国建设银行股份有限公司常州支行	370018443300000 00052	人民币	借				1,230,000.00		1,230,000.00		1,230,000.00	
100205	中国建设银行股份有限公司常州支行	370018443300000 00345	人民币	借	834,829.13		834,829.13	23,641,095.26	24,475,924.39	-		-	
	银行存款小计				1,061,693.75		1,061,693.75	31,196,669.70	31,024,293.53	1,234,070.01	-20.00	1,234,050.01	

科目编号	项目/开户银行	银行账号	币种	借贷方向	未审期初数	期初调整数	审定期初数	审定借方发生额	审定贷方发生额	未审期末数	期末调整数	审定期末数	索引号
	其他货币资金小计												
	货币资金合计				1,085,552.60	G	-	1,085,552.60	31,532,866.58	31,364,812.19	1,253,606.97	G	-20.00	1,253,586.97	G

审计说明：1、经检查，总账、明细账、报表数核对相符。

图 4-9 货币资金账项明细表

（2）往来账款总账与明细账的核对。应收账款明细表如图 4-10 所示，根据往来账款明细账、往来账款辅助核算表，填写往来账款明细表，然后与审定表进行核对，明细表中合计数与审定表中银行存款对应金额是否一致。

应收账款明细表

序号	科目编码	单位名称	应收账款期初余额			借方发生额	贷方发生额	应收账款期末余额				
								账署数	重分类调出	人	重接数	审计调整	审定数
1		JS通光光纤有限公司	7,251,018.02		7,251,018.02	7,251,018.02	57,908,291.44	56,746,600.70	8,412,698.76			8,412,698.76	8,412,698.76
2		SX吉河电力光缆有限公司	8,465,582.27		8,465,582.27	8,465,582.27	38,203,063.69	43,224,182.16	3,444,463.80			3,444,463.80	3,444,463.80
3		SC通源光通信有限公司	8,666,012.43		8,666,012.43	8,666,012.43	48,538,227.52	50,153,467.08	7,050,772.87			7,050,772.87	7,050,772.87
4		SC通光光缆有限公司	11,495,877.81		11,495,877.81	11,495,877.81	17,769,437.37	26,680,000.00	2,565,315.18			2,565,315.18	2,565,315.18
5		SX特发信息股份有限公司	6,293,144.66		6,293,144.66	6,293,144.66	27,731,322.56	28,118,541.62	5,905,925.60			5,905,925.60	5,905,925.60
6		JS亨通国际科技股份有限公司光通信分公司	6,386,905.49		6,386,905.49	6,386,905.49	3,365,050.77	9,339,949.63	412,007.63			412,007.63	412,007.63
7		M润通信技术有限公司											
8		SC电力有限公司	2,721.61		2,721.61	2,721.61	2,721.60	0.01				0.01	0.01
9		KM电力有限公司	225,807.88		225,807.88	225,807.88		25,762.55	200,045.33			200,045.33	200,045.33
10		HB电力有限公司	53,800.50		53,800.50	53,800.50		53,800.50					
11		JJ电力有限公司	15,839.21		15,839.21	15,839.21		15,839.21					
12		LJ电力有限公司	143,180.71		143,180.71	143,180.71		128,862.64	14,318.07			14,318.07	14,318.07
13		SX电力有限公司	370,134.44		370,134.44	370,134.44		370,134.44					

图 4-10 应收账款明细表

（3）管理费用总账与明细账的核对。管理费用明细表如图 4-11 所示，根据管理费用明细账填写管理费用明细项目，然后与审定表进行核对，明细表中合计数与审定表中管理费用对应金额是否一致。

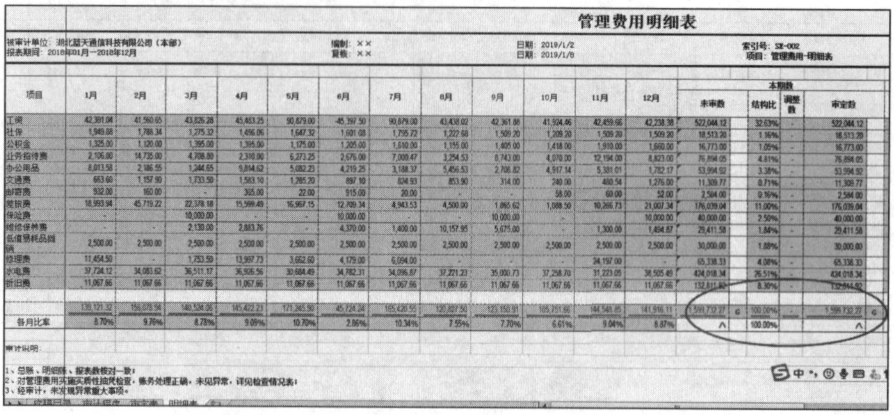

图 4-11 管理费用明细表

步骤 3：明细账与卡片账核对。对财产物资的明细分类账户和保管账（卡）进行核对，它可以将有关账户余额直接与保管账（卡）的余额核对。其主要涉及固定资产明细账与卡片账核对和存货明细账与存货保管台账进行核对。

现以固定资产明细账与卡片账核对为例，简单介绍审计实务操作中的核对方法。

（1）根据明细账填写固定资产的情况，包括固定资产原值、累计折旧、减值准备等情况，固定资产、累计折旧及减值明细表如图 4-12 所示。

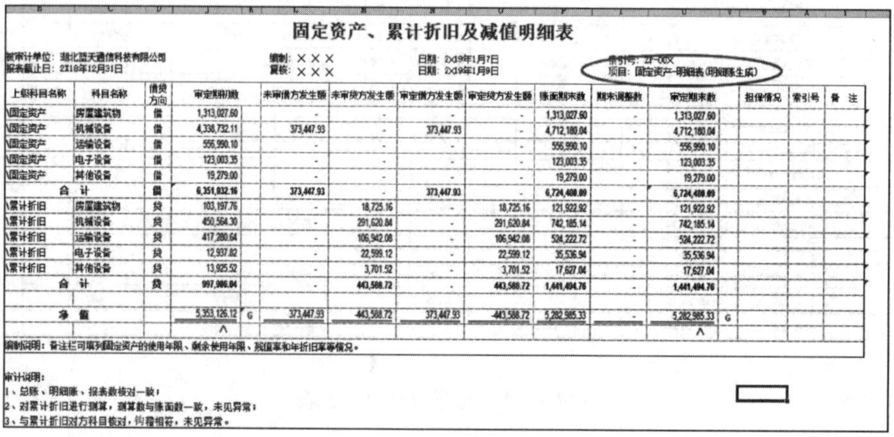

图 4-12 固定资产、累计折旧及减值明细表

(2) 取得固定资产卡片账如图4-13所示。

固定资产卡片账

截止日：2×18年12月31日

资产编号	资产名称	资产类别	使用部门	来源	使用状态	购置日期	资产原值	折旧方法	数量
01040100025	六车间活动房	土地、房屋及构筑物	生产办	购置	在用	2012/4/1	39,259.00	平均年限法（一）	1
01080400021	湘隆商品房两套	土地、房屋及构筑物	综合办公室	购置	在用	2012/6/1	1,273,768.60	平均年限法（一）	1
02000000013	3 4号冷拉	机器设备	冷拉工序	购置	在用	2016/11/1	4,130,949.35	平均年限法（一）	1
02010902018	5号冷拉	机器设备	冷拉工序	购置	在用	2018/5/25	373,447.93	平均年限法（一）	1
02040100056	液压打包机	机器设备	生产办	购置	在用	2006/7/31	86,080.00	平均年限法（一）	1
02040100127	螺杆式空压机（空压机房）	机器设备	生产办	购置	在用	2004/12/1	121,702.76	平均年限法（一）	1
03080100001	奥迪OE789	交通运输设备	高管	购置	在用	2013/4/12	510,170.00	平均年限法（一）	1
03140000401	轻型客车	交通运输设备	食堂	购置	在用	2015/2/28	46,820.10	平均年限法（一）	1
04010040001	电脑兼音	电子及通信设备	人力资源部	购置	在用	2011/6/24	5,300.00	平均年限法（一）	1
04010102006	LED显示屏P6	电子及通信设备	生产办	购置	在用	2017/7/22	93,227.35	平均年限法（一）	1
04010102034	食堂电视机顶盒	电子及通信设备	综合办公室	购置	在用	2017/11/25	24,476.00	平均年限法（一）	1
05080400074	家俱一套（湘隆1803室）	其他类	综合办公室	购置	在用	2014/4/7	13,759.00	平均年限法（一）	1
05100000004	大班台及班椅	其他类	财务部	购置	在用	2013/5/29	5,520.00	平均年限法（一）	1
合计							6,724,480.09		

图4-13 固定资产卡片账

（3）根据固定资产卡片账的信息登记固定资产明细表（卡片账），如图4-14所示。

固定资产明细表

项目	期初余额			借方发生数	贷方发生数	期末余额		
	调整前	审计调整	调整后			调整前	审计调整	调整后
一、原价合计	168,247,492.51	—	168,247,492.51	551,491.81		168,798,984.32		168,798,984.32
房屋及建筑物	34,415,238.04		34,415,238.04			34,415,238.04		34,415,238.04
机器设备	118,585,301.35		118,585,301.35	113,274.34		118,698,575.69		118,698,575.69
运输设备	2,466,466.20		2,466,466.20			2,466,466.20		2,466,466.20
电子设备	4,046,911.75		4,046,911.75	173,131.87		4,220,043.62		4,220,043.62
办公设备	8,733,575.17		8,733,575.17	265,085.60		8,998,660.77		8,998,660.77
二、累计折旧合计	95,638,803.12		95,638,803.12		8,873,392.04	104,512,195.16		104,512,195.16
房屋及建筑物	8,555,798.88		8,555,798.88		1,085,589.66	9,641,388.54		9,641,388.54
机器设备	75,300,028.52		75,300,028.52		6,580,727.52	81,880,56.04		81,880,756.04
运输设备	2,366,309.21		2,366,309.21		1,498.34	2,367,807.55		2,367,807.55
电子设备	2,811,721.43		2,811,721.43		438,193.47	3,249,914.90		3,249,914.90
办公设备	6,604,945.08		6,604,945.08		767,383.05	7,372,328.13		7,372,328.13

图4-14 固定资产明细表

（4）对由明细账生成的明细表与由卡片账生成的明细表进行检查，确定两个明细表登记的各项数据是否一致，若不一致，查找原因，是否存在部分新购入固定资产、已处置固定资产未入账，固定资产折旧、减值未入账等情况。

步骤4：审计说明。账账核对后，应对其核对过程及结果在明细表中予以说明。例如，"审计说明：经检查，总账与明细账核对相符。"在审计实务中可以将账表核对和账账核对一起予以说明。例如，"审计说明：经检查，总账、明细账、报表数核对相符。"

任务 4-3 账证核对

知识目标

理解账证核对的含义。

技能目标

通过账证核对，可以发现或查证账证不符或虽相符却不合理、不合法的会计错弊。

素养目标

在审计证据资料筛选整理、记录与汇总的过程中，充分发挥专业能力水平。

业务操作

账证核对主要包括顺查和逆查。

一、顺查

顺查是指审计人员随机抽取记账凭证，检查其记账凭证是否在会计账簿中已经记录。简单地说是从证到账。

二、逆查

逆查是指从会计账簿（包括总账、明细账及现金、银行存款日记账）中按照一定抽样的方法抽取一定比例的凭证进行检查，检查其记账凭证是否存在、会计账簿中记载的信息与记账凭证中抽取的信息是否一致。简单地说是从账到证。

任务 4-4 证证核对

知识目标

理解证证核对的含义。

技能目标

通过证证核对，可以发现或查证证证不符或虽相符却不合理、不合法的会计错弊。

素养目标

培养学生在审计过程中要秉承严谨细致的工作态度，务实认真地对待每一项审计内容。

业务操作

审计实操中，一般审计人员根据账证核对中抽取凭证的方法抽取一定比例的会计凭证进行检查，或随机查看被审计单位装订的会计凭证，检查其记账凭证记载的事项与后附原始凭证是否相符。

证证核对一般在审计实务操作中涉及检查情况表、截止测试、收入的完整性测试、收入发生测试。

步骤1：检查情况表。审计实务操作中，编制检查情况表是最为常见的证证核对的审计底稿的编制，应收账款检查情况表示例如图4-15所示。一般根据账证核对时抽取的会计凭证进行进一步检查，检查其原始凭证是否可以支撑其记账凭证的内容。对于一些经济业务，如采购付款业务，原始凭证中是否包括按照被审计单位会计制度的审批流程等。

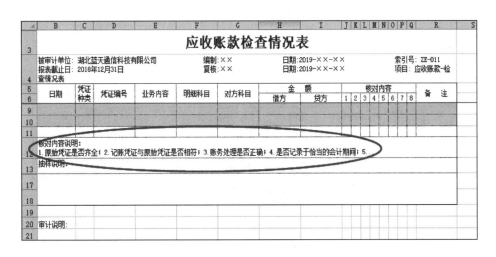

图4-15 应收账款检查情况表示例

（1）取得记账凭证，并查看其记账凭证中记载的内容。如"记账日期""凭证种类""凭证编号""业务内容"或"摘要"、会计分录使用的"科目名称"，金额。如示例中，针对只检查应收账款相关的会计凭证，"明细科目"是应收账款对应的下级科目或辅助科目，金额是应收账款的金额，其记账凭证的借贷方向。

(2) 根据记账时间、凭证编号找出其被审计单位的编制的凭证,检查其原始凭证。

①检查原始凭证是否齐全,即将记账凭证注明的所附原始凭证份数与所附的实际份数进行核对,检查后附资料数量与记账凭证记录是否相符;将记账凭证上所有的会计科目与原始凭证上所反映的业务内容相核对,检查原始资料是否能支撑其全部凭证记录的内容。②记账凭证与原始凭证是否相符,即将记账凭证上所有的会计科目与原始凭证上所反映的业务内容相核对,检查记账凭证与原始资料所记载的内容是否具有相关性。③财务处理是否正确,即将记账凭证上所反映的金额与所属原始凭证上的金额合计数相核对,检查其金额是否正确;将记账凭证上所有的会计科目与原始凭证上所反映的业务内容相核对,检查根据原始资料所记载的内容,其记账的会计分录是否正确。④是否记录于恰当的会计期间,即将记账凭证上的制证日期与原始凭证上的日期相核对,检查其原始资料的业务发生日期与记账凭证记账日期是否在同一会计期间内。⑤若需要检查其他事项,再根据实际检查并列明。

(3) 填制审计工作底稿。图 4-16 所示为银行存款收支检查情况表,该表对应其检查的内容说明,若检查无误,审计人员在编制审计底稿时,在"核对内容"部分填"√",若不符,在对应"核对内容"部分填"×"。若有其他需要说明的事项,可在备注栏予以说明。

银行存款收支检查情况表

被审计单位:湖北蓝天通信科技有限公司　编制:××　日期:2019-1-5　索引号:ZA-010
报表截止日:2018年12月31日　复核:××　日期:2019-1-6　项目:货币资金-银行存款收支检查情况表

日期	凭证种类	凭证编号	业务内容	明细科目	对方科目	金额借方	金额贷方	核对内容 1	2	3	4	备注
20181011	记账凭证	132	采购原材料	中国农业银行股份有限公司开发区支行	原材料	-	579,000.00	√	√	√		
20180920	记账凭证	131	中国建设银行股份有限公司常州支行贷款	中国建设银行股份有限公司常州支行	短期借款	10,000,000.00	-	√	√	√		
20181225	记账凭证	660	销售商品	中国农业银行股份有限公司开发区支行	主营业务收入	349,000.00		√	√	√		
20181225	记账凭证	660	采购原材料	中国农业银行股份有限公司开发区支行	原材料		235,800.00	√	√	√		
20171225	记账凭证	701	采购原材料	中国农业银行股份有限公司开发区支行	原材料	-	890,000.00	√	√	√		

核对内容说明:1.原始凭证是否齐全;2.记账凭证与原始凭证是否相符;3.账务处理是否正确;4.是否记录于恰当的会计期间;5.……
抽样说明:随机抽取

审计说明:经检查,未发现异常。

图 4-16　银行存款收支检查情况表

(4) 审计说明。证证核对后，对核对内容予以说明，如"审计说明：根据抽样方法抽取的凭证进行检查，其记账凭证与原始凭证相符，未发现异常"。

步骤2：截止测试表。审计实际操作中，针对部分报表项目采取的截止测试，实质上也包括证证核对的内容，其检查的主要侧重点在将记账凭证上的制证日期与原始凭证上的日期相核对，检查其原始资料的业务发生日期与凭证记账日期是否在同一会计期间内。

应收账款截止测试如图4-17所示，抽取截止日前后十天发生的记账凭证进行检查，因凭证数量巨大，除必要的情况，一般审计实务操作中，按照一定的重要性水平，选取金额大于重要性水平的凭证进行检查，填列至截止测试表中，检查其原始凭证，查看是否存在跨期现象。

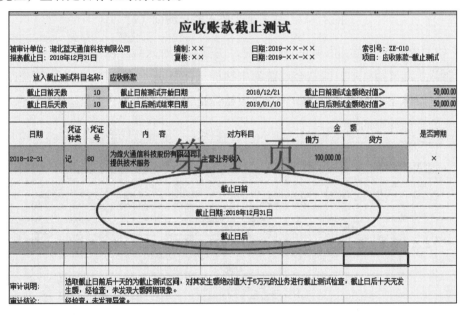

图4-17 应收账款截止测试

注：针对"主营业务收入"的截止测试主要包括以下两个部分检查。

(1) 从出库单到记账凭证进行检查，主营业务收入截止测试如图4-18所示，即按照截止测试抽样的方法从销售辅助功能的账簿（出库单明细账）中抽取一定数量的出库单，检查其是否已记账并确认收入，若发现未记账，查找原因：可能是商品已开出出库单，但尚未满足收入的确认条件，在发出商品中核算；也可能是被审计单位为避税未确认收入，检查其是否存在会计舞弊。

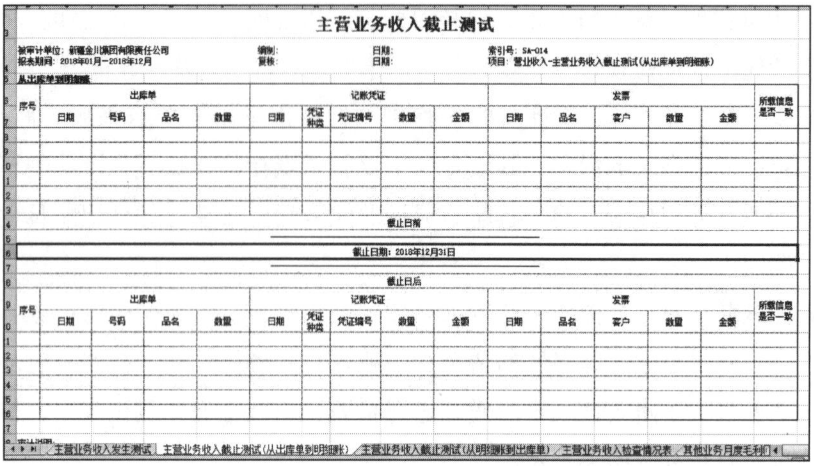

主营业务收入截止测试

被审计单位：新疆金川集团有限责任公司　编制：　日期：　索引号：SA-014
报表期间：2018年01月—2018年12月　复核：　日期：　项目：营业收入-主营业务收入截止测试（从出库单到明细账）

从出库单到明细账

序号	出库单				记账凭证					发票					所载信息是否一致
	日期	号码	品名	数量	日期	凭证种类	凭证编号	数量	金额	日期	品名	客户	数量	金额	

截止日前

截止日期：2018年12月31日

截止日后

序号	出库单				记账凭证					发票					所载信息是否一致
	日期	号码	品名	数量	日期	凭证种类	凭证编号	数量	金额	日期	品名	客户	数量	金额	

审计说明：

主营业务收入发生测试 / 主营业务收入截止测试（从出库单到明细账） / 主营业务收入截止测试（从明细账到出库单） / 主营业务收入检查情况表 / 其他业务月度毛利

图 4-18　主营业务收入截止测试（1）

（2）从记账凭证到出库单进行检查，主营业务收入截止测试如图 4-19 所示，即按照截止测试抽样的方法从会计账簿中抽取记账凭证，检查其记账凭证后附的出库单、发票等原始凭证，其记账凭证与原始凭证是否相符，从而检查其是否存在虚增收入的会计舞弊的情况。

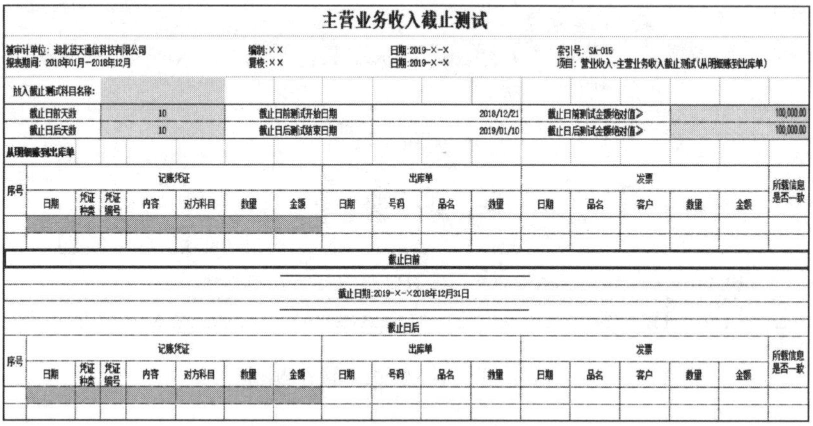

主营业务收入截止测试

被审计单位：湖北蓝天通信科技有限公司　编制：××　日期：2019-×-×　索引号：SA-015
报表期间：2018年01月—2018年12月　复核：××　日期：2019-×-×　项目：营业收入-主营业务收入截止测试（从明细账到出库单）

放入截止测试科目名称：				
截止日前天数	10	截止日前测试开始日期	2018/12/21	截止日前测试金额绝对值>	100,000.00
截止日后天数	10	截止日后测试结束日期	2019/01/10	截止日后测试金额绝对值>	100,000.00

从明细账到出库单

序号	记账凭证							出库单				发票					所载信息是否一致
	日期	凭证种类	凭证编号	内容	对方科目	数量	金额	日期	号码	品名	数量	日期	品名	客户	数量	金额	

截止日前

截止日期:2019-×-×2018年12月31日

截止日后

序号	记账凭证							出库单				发票					所载信息是否一致
	日期	凭证种类	凭证编号	内容	对方科目	数量	金额	日期	号码	品名	数量	日期	品名	客户	数量	金额	

图 4-19　主营业务收入截止测试（2）

步骤 3：其他检查表。除上述介绍的证证核对的检查表外，审计人员可根据需要，填写不同格式的检查表，用以记录审计过程中检查的内容。

（1）例如针对收入，可选取合同进行检查，即根据合同台账抽取一定数量的销售合同，检查其执行情况，若合同执行，是否已记账。主营业务细节测试如图 4-20 所示。

图 4-20 主营业务细节测试

（2）例如针对收入，可进行完整性测试检查，主营业务收入完整性测试如图 4-21 所示，即根据销售辅助功能的账簿（出库单明细账）按照抽样方法，随机抽取一定数量的出库单，检查其是否记账，保证收入的完整性。

图 4-21 主营业务收入完整性测试

（3）例如针对收入，可进行发生测试检查，主营业务收入发生测试如图 4-22 所示，即根据账簿按照抽样方法，随机抽取一定数量的记账凭证，检查其出库单、发票等原始凭证，检查其是否符合收入的确认条件。

图 4-22 主营业务收入发生测试

任务4-5 账实核对

知识目标

理解账实核对的含义。

技能目标

通过账实核对,可以发现或查证账实不符或虽相符却不合理、不合法的会计错弊。

素养目标

在审计过程中,贯穿了审计人精益求精的工匠精神、爱岗敬业的劳模精神,以及独立、诚信、客观、公正的职业道德。

业务操作

一、库存现金账实核对

对于库存现金的核对,不仅要将其现金日记账与总账进行核对,还应将其日记账余额与实物进行核对检查。库存现金账实核对指的是审计人员通过对被审计单位库存现金的监盘,核对库存现金账面余额是否与现金实有数一致。

审计人员执行完盘点过程后在明细表中对盘点的过程进行说明,现金盘点审计说明如图4-23所示。

10、2019年1月1日清晨未上班之前,对库存现金进行盘点,详见库存现金盘点表。

图4-23 现金盘点审计说明

现金盘点结束,需要填制库存现金监盘表,如图4-24所示。同时,需对盘点结果与账面进行账实核对,检查账面金额与实际库存是否相符。

项目4 整理审计资料

图 4-24 库存现金监盘表

二、银行存款账实核对

步骤1：根据银行存款明细账等信息，填写银行存款各个账户信息及账面余额。

步骤2：取得图4-25所示的全部银行账户对账单。检查对账单截止日金额，并填列在银行存款明细表"银行对账单余额"列。

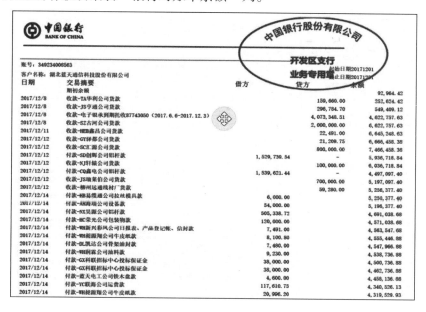

图 4-25 银行对账单样式

步骤3：银行存款账面余额与对账单核对如图4-26所示，检查是否存在差异，若存在差异，取得被审计单位编制的银行存款余额调节表。

银行存款明细表

开户银行	账号	币种	是否质押、冻结等不可变现有限制或存在境外的款项	银行存款明细账余额	银行对账单余额	差异	银行存款余额调节表索引
中国银行股份有限公司常州城郊支行	523600008873	人民币	正常	3,870.01	3,870.01	-	
中国农业银行股份有限公司开发区支行	15270201000001481	人民币	正常				本期已销户
中国建设银行股份有限公司湖北省分行营业部	370016443300000000987	美元	正常	200.00	180.00	20.00	
中国建设银行股份有限公司常州支行	370016443300000000052	人民币	质押	1,230,000.00	1,230,000.00	-	
中国建设银行股份有限公司常州支行	370016443300000000345	人民币	正常				
合计				1,234,070.01	1,234,050.01	20.00	

审计说明：
1、将银行开户信息与银行存款明细账核对，账面记录的银行账户信息完整、准确。
2、银行存款明细账各账户余额与银行对账单余额核对，对不一致的账户的余额调节表进行检查，未见异常。

图4-26 银行存款账面余额与对账单核对

需要注意：银行对账单余额的填列，审计人员需根据银行对账单填列正确的余额，部分银行对账单会显现"本对账单期末余额"（图4-27），审计人员只需找到对应报表截止日的对账单，将此显示余额填列在明细表中；部分银行对账单不显示本对账单的余额，只显示每笔交易后余额（图4-28），此时审计人员需查看报表截止日最后一笔交易显示的余额，可能同一天发生很多笔交易，审计人员可结合报表截止日后一天的第一笔交易进行查找。

图4-27 银行对账单（1）

2017/12/25	收款—美达公司货款		100,000.00	24,795,073.39
2017/12/25	付款—手续费	4,944.00	-	24,790,129.39
2017/12/25	中行转财务公司	10,000,000.00	-	14,790,129.39
2017/12/25	付款—中行手续费	200.00		14,789,929.39
2017/12/25	收款—SZ供电局货款		2,090.00	14,792,019.39
2017/12/25	收款—BN华通货款		200,000.00	14,992,019.39
2017/12/25	收款—LN中德货款		10,416.00	15,002,435.39
2017/12/25	收款—LN中德货款		29,768.00	15,032,203.39
2017/12/25	收款—SZ古河货款		2,800,000.00	17,832,203.39
2017/12/25	中行转保证金	8,100,000.00		9,732,203.39
2017/12/25	中行转财务公司	4,000,000.00		5,732,203.39
2017/12/25	付款—中行手续费	95.00		5,732,108.39
2017/12/25	收款—CZ分公司往来款		530,000.00	6,262,108.39
2017/12/25	中行转招行	500,000.00		5,762,108.39
2017/12/25	付款—WH运盛商贸货款	5,602,769.55		159,338.84
2017/12/31	收款—CD乾乾机电设备销售有限公司		847,588.99	1,006,927.83

图4-28　银行对账单（2）

三、存货账实核对

存货账实核对指的是对账面记录数量与盘点情况进行核对。

根据账面记录数量和盘点情况填制存货明细账与盘点记录核对表，可发现账面与盘点的差异，如图4-29所示。

图4-29　存货账面与盘点核对

四、固定资产账实核对

固定资产账实核对与存货账实核对方法一致。填制固定资产盘点检查情况表，如图4-30所示。

固定资产盘点检查情况表

序号	资产编号	资产名称	资产类别	使用部门	单价	账面结存		实际盘点		盈亏(+、-)	备注
						数量	金额	数量	金额		
1	01040100025	六车间活动房	土地、房屋及构筑物	生产办	39,259.00	1.00	39,259.00				
2	01080400021	湘隆商品房两套	土地、房屋及构筑物	综合办公室	1,273,768.60	1.00	1,273,768.60				
3	02000000013	3-4号冷拉	机器设备	冷拉工序	4,130,949.35	1.00	4,130,949.35				
4	02010902018	5号冷拉	机器设备	冷拉工序	373,447.93	1.00	373,447.93				
5	02040100056	液压打包机	机器设备	生产办	86,080.00	1.00	86,080.00				
6	02040100127	螺杆式空压机(空压机房)	机器设备	生产办	121,702.76	1.00	121,702.76				
7	03080100001	奥迪Q7 789	交通运输设备	高管	510,170.00	1.00	510,170.00				
8	03140000401	轻型客车	交通运输设备	食堂	46,820.10	1.00	46,820.10				
9	04010040001	电脑 兼容	电子及通信设备	人力资源部	5,300.00	1.00	5,300.00				
10	04010102006	LED显示屏F8	电子及通信设备	生产办	93,227.35	1.00	93,227.35				
11	04010102034	食堂电视机顶盒	电子及通信设备	综合办公室	24,476.00	1.00	24,476.00				
12	05080400074	家俱一套(湘隆1803室)	其他类	综合办公室	13,759.00	1.00	13,759.00				
13	05100000004	大班台及班椅	其他类	财务部	5,520.00	1.00	5,520.00				
		合计					6,724,480.09				

被审计单位：湖北蓝天通信科技有限公司　　编制：×××　　日期：2×19年1月7日　　索引号：ZP-00×
报表截止日：2×18年12月31日　　复核：×××　　日期：2×19年1月9日　　项目：固定资产-盘点检查表

检查时间：　　检查地点：　　检查人：　　盘点检查比例：100%

图4-30　固定资产盘点检查情况表

项目5　分析审计证据

项目导语

证据是证明事实的依据。审计证据是指审计人员获取的能够为审计结论提供合理基础的全部事实，包括审计人员调查了解被审计单位及其相关情况和对确定的审计事项进行审查所获取的证据。分析审计证据是审计的主要方法之一。

项目提要

分析审计证据是审计的基础，也是在审计工作底稿和审计证据之间建立起联系的桥梁。通过本项目实操训练，让学生掌握财务报表结构分析、趋势分析、指标分析等审计证据分析方法。

项目思维导图

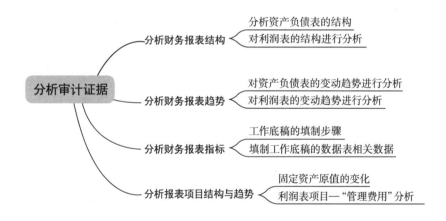

知识准备

一、审计证据的定义

审计证据是审计人员表示审计意见和得出审计结论所必须具备的依据。在审计活动结束时，审计人员要对被审计单位的经济活动是否合法、合规、合理，会计资料及其他资料是否真实、正确，依照一定的审计标准发表审计意见和得出审计结论。为了保证审计意见和结论的稳妥可靠，审计人员必须获取足够的证据。

二、审计证据的作用

（1）审计证据是审计意见的支柱。

（2）审计证据是审计人员形成审计结论的基础。

（3）审计证据是解除或追究被审计人经济责任的依据。

（4）审计证据是控制审计工作质量的关键。

三、审计证据的分类

为使审计证据的收集、整理和评价工作更为有效，也为了审计目标的顺利实现，审计证据按其存在形式（或称按其外形特征）分为实物证据、书面证据、口头证据和环境证据。

四、审计证据的获取方法

在审计过程中可以采用检查、监盘、观察、查询及函证、计算、分析性复核等审计程序（或审计方法）来获取审计证据。

五、审计证据的整理评价步骤

（一）分类整理

将分散的、零碎不全的审计证据按照不同的审计目标进行分类。

（二）核实评价

根据分类的结果，对有关审计证据进行复核，并就其证明力进行分析和评价，确定是否取舍或补充审计证据。

（三）补充取证

注册会计师对审计证据评价后可能形成以下几种结果。

（1）审计证据充分适当。

（2）形成新的有价值的证据。

（3）发现新问题应补充取证。对于补充取证要采用科学的审计程序结合审计目标进行。

(四) 综合归纳

对于经评价认为审计证据充分适当，注册会计师应将全部证据归纳，形成局部审计意见，最后形成整体的审计意见。

任务 5-1　分析财务报表结构

知识目标

能说出财务报表结构分析法的含义及操作步骤。

技能目标

能应用财务报表结构分析法衡量企业财务状况及经营成果，判断企业需审计的方向与重点。

素养目标

培养学生认真谨慎、实事求是的审计工作态度。

业务操作

一、分析资产负债表的结构

步骤 1：将期初、期末报表数填入底稿。

步骤 2：公式算出结构比及结构比增减情况。

步骤 3：对报表进行分析并撰写说明。

资产负债表结构分析 - 流动资产中，流动资产占总资产绝大部分，比例为 71.43%，其中应收票据、应收账款合计占资产的 49.61%，如图 5-1 所示，说明被审计单位尚未收回的销售商品的应收款余额较大，一方面可能是由于账期较长，造成应收账款余额较大；另一方面，大量的票据结算方式导致应收票据余额较大，造成了大量的资金占用。被审计单位另一项占资产总额较大的流动资产为存货，占比 12.82%，在比较正常的范围内。

资产负债表趋势分析表(未审)

被审计单位：湖北蓝天通信科技有限公司　　编制：××　日期：2×19-1-5　　索引号：AF-×××
报表截止日：2×18年12月31日　　　　　　　复核：××　日期：2×19-1-8　　项目：趋势分析表(未审)-资产负债表趋势分析表(未审)

单位：元　　　　　　　　　　　　　　　　　　　　　　　　　　　　　　　　　　　　报警比例：10.00%

会计报表项目	期初数 金额①	结构比% ②	期末数 金额③	结构比% ④	结构比增减 ⑦=④-②	说明
货币资金	41,102,810.85	7.52%	16,557,151.78	3.10%	-4.42%	
以公允价值计量且其变动计入当期损益的金融资产	-	0.00%	-	0.00%	0.00%	
衍生金融资产	-	0.00%	-	0.00%	0.00%	
应收票据	133,750,278.07	24.47%	145,664,892.27	27.30%	2.83%	
应收账款	142,156,566.11	26.01%	119,005,727.50	22.31%	-3.70%	
预付款项	36,550,280.01	6.69%	22,172,231.71	4.16%	-2.53%	
应收利息	-	0.00%	-	0.00%	0.00%	
应收股利	5,794,083.89	1.06%	5,794,083.89	1.09%	0.03%	
其他应收款	2,434,373.68	0.45%	3,507,971.45	0.66%	0.21%	
存货	60,286,423.13	11.03%	68,397,842.50	12.82%	1.79%	
持有待售资产	-	0.00%	-	0.00%	0.00%	
一年内到期的非流动资产	-	0.00%	-	0.00%	0.00%	
其他流动资产	-	0.00%	-	0.00%	0.00%	
流动资产合计	422,074,815.74	77.21%	381,099,900.90	71.43%	-5.78%	

图 5-1　资产负债表结构分析——流动资产

资产负债表结构分析——非流动资产中，长期资产占资产总额比例较大的项目为固定资产，占比15.42%，如图 5-2 所示。作为一家工业企业，该比例在行业中较低，但并不意味被审计单位生产效率高，因为被审计单位受较高的应收账款和应收票据影响，导致固定资产占资产总额较低，该固定资产规模的同行业企业的收入与被审计单位差异不大，故被审计单位的固定资产规模比较正常。

会计报表项目	期初数 金额①	结构比% ②	期末数 金额③	结构比% ④	结构比增减 ⑦=④-②	说明
可供出售金融资产	-	0.00%	-	0.00%	0.00%	
持有至到期投资	-	0.00%	-	0.00%	0.00%	
长期应收款	-	0.00%	-	0.00%	0.00%	
长期股权投资	16,575,847.68	3.03%	16,636,057.75	3.12%	0.09%	
投资性房地产	-	0.00%	-	0.00%	0.00%	
固定资产	88,150,790.85	16.13%	82,278,040.55	15.42%	-0.70%	
在建工程	2,844,447.95	0.52%	-	0.00%	-0.52%	
工程物资	-	0.00%	-	0.00%	0.00%	
固定资产清理	-	0.00%	-	0.00%	0.00%	
生产性生物资产	-	0.00%	-	0.00%	0.00%	
油气资产	-	0.00%	-	0.00%	0.00%	
无形资产	14,148,959.71	2.59%	13,735,886.11	2.57%	-0.01%	
开发支出	-	0.00%	-	0.00%	0.00%	
商誉	-	0.00%	-	0.00%	0.00%	
长期待摊费用	2,373,199.31	0.43%	2,456,847.27	0.46%	0.03%	
递延所得税资产	467,342.36	0.09%	820,667.96	0.15%	0.07%	
其他非流动资产	-	0.00%	36,495,048.39	6.84%	6.84%	
非流动资产合计	124,560,587.86	22.79%	152,422,548.03	28.57%	5.78%	
资产总计	546,635,403.60	100.00%	533,522,448.93	100.00%	0.00%	

图 5-2　资产负债表结构分析——非流动资产

资产负债表结构分析——负债中，主要的负债为应付账款、应付债券和短期借款。其中，短期借款比期初增加14.21%，应付票据比期初减少13.61%，被审计单位通过短期借款的增加，仍然维持了与上年末相当的流动负债比例，如图 5-3 所示。

会计报表项目	期初数 金额①	结构比%②	期末数 金额③	结构比%④	结构比增减 ⑦=④-②	说明
短期借款	75,000,000.00	13.72%	149,000,000.00	27.93%	14.21%	
以公允价值计量且其变动计入当期损益的金融负债	-	0.00%	-	0.00%	0.00%	
衍生金融负债		0.00%		0.00%	0.00%	
应付票据	108,831,000.00	19.91%	33,613,231.20	6.30%	-13.61%	
应付账款	46,873,770.74	8.57%	19,820,405.66	3.72%	-4.86%	
预收款项	14,415,626.14	2.64%	5,810,750.52	1.09%	-1.55%	
应付职工薪酬	155,385.61	0.03%	139,149.62	0.03%	0.00%	
应交税费	3,225,981.20	0.59%	3,018,467.78	0.57%	-0.02%	
应付利息		0.00%		0.00%	0.00%	
应付股利	8,412,741.38	1.54%	13,637,996.40	2.56%	1.02%	
其他应付款	44,058,256.73	8.06%	47,113,894.68	8.83%	0.77%	
持有待售负债	-	0.00%		0.00%	0.00%	
一年内到期的非流动负债		0.00%		0.00%	0.00%	
其他流动负债		0.00%		0.00%	0.00%	
流动负债合计	300,972,761.80	55.06%	272,153,895.86	51.01%	-4.05%	
长期借款		0.00%		0.00%	0.00%	
应付债券		0.00%		0.00%	0.00%	
长期应付款		0.00%		0.00%	0.00%	
长期应付职工薪酬		0.00%		0.00%	0.00%	
专项应付款		0.00%		0.00%	0.00%	
预计负债		0.00%		0.00%	0.00%	
递延收益		0.00%		0.00%	0.00%	
递延所得税负债		0.00%		0.00%	0.00%	
其他非流动负债		0.00%		0.00%	0.00%	
非流动负债合计		0.00%		0.00%	0.00%	

图 5-3 资产负债表结构分析——负债

资产负债表结构分析——所有者权益中，所有者权益中实收资本、资本公积均无变化，盈余公积和未分配利润的增加均与本年净利润增加对应，如图 5-4 所示。

会计报表项目	期初数 金额①	结构比%②	期末数 金额③	结构比%④	结构比增减 ⑦=④-②	说明
实收资本（或股本）	138,000,000.00	25.25%	138,000,000.00	25.87%	0.62%	
其他权益工具		0.00%		0.00%	0.00%	
资本公积	194,914.98	0.04%	194,914.98	0.04%	0.00%	
减：库存股		0.00%		0.00%	0.00%	
其他综合收益		0.00%		0.00%	0.00%	
专项储备						
盈余公积	12,463,090.01	2.28%	14,556,206.64	2.73%	0.45%	
未分配利润	95,004,636.81	17.38%	108,617,431.45	20.36%	2.98%	
归属于母公司所有者权益合计	245,662,641.80	44.94%	261,368,553.07	48.99%	4.05%	
*少数股东权益		0.00%		0.00%	0.00%	
所有者权益（或股东权益）合计	245,662,641.80	44.94%	261,368,553.07	48.99%	4.05%	
负债和所有者权益（或股东权益）总计	546,635,403.60	100.00%	533,522,448.93	100.00%	0.00%	

图 5-4 资产负债表结构分析——所有者权益

二、对利润表的结构进行分析

步骤 1：将期初、期末报表数填入底稿。

步骤 2：公式算出结构比及结构比增减情况。

步骤 3：对报表进行分析并撰写说明。

利润表结构分析（1）、利润表结构分析（2）中被审计单位利润表各项目结构比增减变化均较小，这是由于各项目基数较大，但个别项目本期比上期增长的比例依然较大，故仍需寻找原因，该原因在任务 5－2“分析财务报表趋势”中详细阐述，如图 5－5、图 5－6 所示。

损益表趋势分析表(未审)

被审计单位:湖北蓝天通信科技有限公司　　编制:××　　日期: 2×19-1-5　　索引号:AF-×××
报表截止日:2×18年12月31日　　复核:××　　日期: 2×19-1-6　　项目: 趋势分析表(未审)-损益表趋势分析表(未审)

单位：元　　实际执行的重要性: -　　报警比例: 5.00%

会计报表项目	上期数		本期数		比上期增长		结构比增减 ⑦=④-②	说明
	金额 ①	结构比% ②	金额 ③	结构比% ④	金额 ⑤=③-①	横比% ⑥=⑤/①		
一、营业收入	719,168,519.20	100.00%	736,867,781.39	100.00%	17,699,262.19	2.46%	0.00%	
减：营业成本	659,291,582.20	91.67%	661,067,218.52	89.71%	1,775,636.32	0.27%	-1.96%	
税金及附加	2,798,016.58	0.39%	2,890,713.63	0.39%	92,697.05	3.31%	0.00%	
销售费用	21,628,259.30	3.01%	25,841,844.71	3.51%	4,213,585.41	19.48%	0.50%	
管理费用	11,683,627.54	1.62%	13,016,143.04	1.77%	1,332,515.50	11.40%	0.14%	
财务费用	6,118,916.67	0.85%	6,318,916.67	0.86%	200,000.00	3.27%	0.01%	
资产减值损失	153,486.00	0.02%	167,056.14	0.02%	13,570.14	8.84%	0.00%	
加：公允价值变动收益（损失以“-”号填列）	-	0.00%	-	0.00%	-		0.00%	
投资收益（损失以“-”号填列）	58,275.00	0.01%	60,210.07	0.01%	1,935.07	3.32%	0.00%	
其中：对联营企业和合营企业的投资收益	-	0.00%	-	0.00%	-		0.00%	
资产处置收益（损失以“-”号填列）	-	0.00%	-	0.00%	-		0.00%	
其他收益	-	0.00%	-	0.00%	-		0.00%	
二、营业利润(亏损以“-”号填列)	17,552,905.91	2.44%	27,626,098.75	3.75%	10,073,192.84	57.39%	1.31%	
加：营业外收入	300,000.00	0.04%	399,906.42	0.05%	99,906.42	33.30%	0.01%	
减：营业外支出	800.00	0.00%	25,840.20	0.00%	25,040.20	3130.03%	0.00%	
三、利润总额(亏损总额“-”号填列)	17,852,105.91	2.48%	28,000,164.97	3.80%	10,148,059.06	56.85%	1.32%	
减：所得税费用	6,131,327.15	0.85%	7,068,998.68	0.96%	937,671.53	15.29%	0.11%	
四、净利润(净亏损以“-”号填列)	11,720,778.77	1.63%	20,931,166.29	2.84%	9,210,387.53	78.58%	1.21%	
1. 少数股东损益(净亏损以“-”号填列)	-	0.00%	-	0.00%	-		0.00%	
2. 归属于母公司所有者的净利润(净亏损以“-”号填列)	11,720,778.77	1.63%	20,931,166.29	2.84%	9,210,387.53	78.58%	1.21%	

图 5－5　利润表结构分析（1）

会计报表项目	上期数		本期数		比上期增长		结构比增减 ⑦=④-②	说明
	金额 ①	结构比% ②	金额 ③	结构比% ④	金额 ⑤=③-①	横比% ⑥=⑤/①		
五、其他综合收益的税后净额	-	0.00%	-	0.00%	-		0.00%	
归属于母公司所有者的其他综合收益的税后净额	-	0.00%	-	0.00%	-		0.00%	
(一)以后不能重分类进损益的其他综合收益	-	0.00%	-	0.00%	-		0.00%	
1. 重新计量设定受益计划净负债或净资产的变动	-	0.00%	-	0.00%	-		0.00%	
2. 权益法下在被投资单位不能重分类进损益的其他综合收益中享有的份额	-	0.00%	-	0.00%	-		0.00%	
(二)以后将重分类进损益的其他综合收益	-	0.00%	-	0.00%	-		0.00%	
1. 权益法下在被投资单位以后将重分类进损益的其他综合收益中享有的份额	-	0.00%	-	0.00%	-		0.00%	
2. 可供出售金融资产公允价值变动损益	-	0.00%	-	0.00%	-		0.00%	
*归属于少数股东的其他综合收益的税后净额	-	0.00%	-	0.00%	-		0.00%	
六、综合收益总额	11,720,778.77	1.63%	20,931,166.29	2.84%	9,210,387.53	78.58%	1.21%	
归属于母公司所有者的综合收益总额	11,720,778.77	1.63%	20,931,166.29	2.84%	9,210,387.53	78.58%	1.21%	
*归属于少数股东的综合收益总额	-	0.00%	-	0.00%	-		0.00%	
七、每股收益：								
(一)基本每股收益	-	0.00%	-	0.00%	-		0.00%	
(二)稀释每股收益	-	0.00%	-	0.00%	-		0.00%	

图 5－6　利润表结构分析（2）

任务 5－2　分析财务报表趋势

知识目标

能说出财务报表趋势分析法的含义及操作步骤。

项目5　分析审计证据

技能目标

能应用财务报表趋势分析法衡量企业财务状况及经营成果，判断企业需审计的方向与重点。

素养目标

培养学生认真谨慎、实事求是的审计工作态度。

业务操作

一、对资产负债表的变动趋势进行分析

步骤1：将期初、期末报表数填入底稿。

步骤2：公式算出报表项目增减情况。

步骤3：对报表进行趋势分析并撰写说明。

以下以被审计单位湖北蓝天通信科技有限公司报表为例进行趋势分析。

（一）流动资产

资产负债表趋势分析——流动资产中，货币资金期末数比期初数减少59.72%，主要是由于期末2 000万元的理财产品到期造成的。应收账款比期初数减少16.29%，说明本年回款情况较好，资金利用率得到了提高。预付款项比期初数减少39.34%，主要是由于期初预付工程款金额较大，本期在建工程均已完工转固定资产，故期末预付款项余额较期初减少较多，如图5-7所示。

资产负债表趋势分析表（未审）

被审计单位：湖北蓝天通信科技有限公司　　编制：×× 日期：2×19-1-5　　索引号：AP-×××
报表截止日：2×18年12月31日　　复核：×× 日期：2×19-1-6　　项目：趋势分析表（未审）-资产负债表趋势分析表（未审）
单位：元　　　　　　　　　　　　　　　　　　　　　　　实际执行的重要性：　-　　报警比例：10.00%

会计报表项目	期初数 金额 ①	结构比% ②	期末数 金额 ③	结构比% ④	比期初增长 金额 ⑤=③-①	横比% ⑥=⑤/①	结构比增减 ⑦=④-②	说明
货币资金	41,102,810.85	7.52%	16,557,151.78	3.10%	-24,545,659.07	-59.72%	-4.42%	
以公允价值计量且其变动计入当期损益的金融资产	-	0.00%	-	0.00%			0.00%	
衍生金融资产								
应收票据	133,750,278.07	24.47%	145,664,892.27	27.30%	11,914,614.20	8.91%	2.83%	
应收账款	142,156,566.11	26.01%	119,005,727.50	22.31%	-23,150,838.61	-16.29%	-3.70%	
预付款项	36,550,280.01	6.69%	22,172,231.51	4.16%	-14,378,048.50	-39.34%	-2.53%	
应收利息	-		-	0.00%			0.00%	
应收股利	5,794,083.89	1.06%	5,794,083.89	1.09%	-	0.00%	0.03%	
其他应收款	2,434,373.68	0.45%	3,507,971.45	0.66%	1,073,597.77	44.10%	0.21%	
存货	60,286,423.13	11.03%	68,397,842.50	12.82%	8,111,419.37	13.45%	1.79%	
持有待售资产	-		-	0.00%			0.00%	
一年内到期的非流动资产	-		-	0.00%			0.00%	
其他流动资产	-		-	0.00%			0.00%	
流动资产合计	422,074,815.74	77.21%	381,099,900.90	71.43%	-40,974,914.84	-9.71%	-5.78%	

图5-7　资产负债表趋势分析——流动资产

(二) 非流动资产

资产负债表趋势分析——非流动资产中，上年未完工的在建工程均于本年完工达到预计可使用状态，并转入固定资产，故期末在建工程余额较期初减少100%，如图5-8所示。

会计报表项目	期初数 金额 ①	结构比% ②	期末数 金额 ③	结构比% ④	比期初增长 金额 ⑤=③-①	横比% ⑥=⑤/①	结构比增减 ⑦=④-②	说明
可供出售金融资产	-	0.00%	-	0.00%	-		0.00%	
持有至到期投资	-	0.00%	-	0.00%	-		0.00%	
长期应收款	-	0.00%	-	0.00%	-		0.00%	
长期股权投资	16,575,847.68	3.03%	16,636,057.75	3.12%	60,210.07	0.36%	0.09%	
投资性房地产	-	0.00%	-	0.00%	-		0.00%	
固定资产	88,150,790.85	16.13%	82,278,040.55	15.42%	-5,872,750.30	-6.66%	-0.70%	
在建工程	2,844,447.95	0.52%	-	0.00%	-2,844,447.95	-100.00%	-0.52%	
工程物资	-	0.00%	-	0.00%	-		0.00%	
固定资产清理	-	0.00%	-	0.00%	-		0.00%	
生产性生物资产	-	0.00%	-	0.00%	-		0.00%	
油气资产	-	0.00%	-	0.00%	-		0.00%	
无形资产	14,148,959.71	2.59%	13,735,886.11	2.57%	-413,073.60	-2.92%	-0.01%	
开发支出	-	0.00%	-	0.00%	-		0.00%	
商誉	-	0.00%	-	0.00%	-		0.00%	
长期待摊费用	2,373,199.31	0.43%	2,456,847.27	0.46%	83,647.96	3.52%	0.03%	
递延所得税资产	467,342.36	0.09%	820,667.96	0.15%	353,325.60	75.60%	0.07%	
其他非流动资产	-	0.00%	36,495,048.39	6.84%	36,495,048.39		6.84%	
非流动资产合计	124,560,587.86	22.79%	152,422,548.03	28.57%	27,861,960.17	22.37%	5.78%	
资产总计	546,635,403.60	100.00%	533,522,448.93	100.00%	-13,112,954.67	-2.40%	0.00%	

图5-8 资产负债表趋势分析——非流动资产

(三) 流动负债

资产负债表趋势分析——流动负债显示，由于截至本期末到期的应付票据较多，被审计单位取得短期借款用于补充流动资金，故期末短期借款增加较多、应付票据减少较多。期末应付账款的减少也是由于在建工程完工，工程款已基本结清，如图5-9所示。

会计报表项目	期初数 金额 ①	结构比% ②	期末数 金额 ③	结构比% ④	比期初增长 金额 ⑤=③-①	横比% ⑥=⑤/①	结构比增减 ⑦=④-②	说明
短期借款	75,000,000.00	13.72%	149,000,000.00	27.93%	74,000,000.00	98.67%	14.21%	
以公允价值计量且其变动计入当期损益的金融负债	-	0.00%	-	0.00%	-		0.00%	
衍生金融负债	-	0.00%	-	0.00%	-		0.00%	
应付票据	108,831,000.00	19.91%	33,613,231.20	6.30%	-75,217,768.80	-69.11%	-13.61%	
应付账款	46,873,770.74	8.57%	19,820,405.66	3.72%	-27,053,365.08	-57.72%	-4.86%	
预收款项	14,415,626.14	2.64%	5,810,750.52	1.09%	-8,604,875.62	-59.69%	-1.55%	
应付职工薪酬	155,385.61	0.03%	139,149.62	0.03%	-16,235.99	-10.45%	0.00%	
应交税费	3,225,981.20	0.59%	3,018,467.78	0.57%	-207,513.42	-6.43%	-0.02%	
应付利息	-	0.00%	-	0.00%	-		0.00%	
应付股利	8,412,741.38	1.54%	13,637,996.40	2.56%	5,225,255.02	62.11%	1.02%	
其他应付款	44,058,256.73	8.06%	47,113,894.68	8.83%	3,055,637.95	6.94%	0.77%	
持有待售负债	-	0.00%	-	0.00%	-		0.00%	
一年内到期的非流动负债	-	0.00%	-	0.00%	-		0.00%	
其他流动负债	-	0.00%	-	0.00%	-		0.00%	
流动负债合计	300,972,761.80	55.06%	272,153,895.86	51.01%	-28,818,865.94	-9.58%	-4.05%	

图5-9 资产负债表趋势分析——流动负债

(四) 非流动负债和所有者权益

资产负债表趋势分析——非流动负债和所有者权益中,被审计单位本年期初、期末非流动资产均无余额。期末盈余公积和未分配利润的变化均由本期净利润产生,如图 5-10 所示。

会计报表项目	期初数 金额 ①	结构比% ②	期末数 金额 ③	结构比% ④	比期初增长 金额 ⑤=③-①	横比% ⑥=⑤/①	结构比增减 ⑦=④-②	说明
长期借款	-	0.00%	-	0.00%	-		0.00%	
应付债券	-	0.00%	-	0.00%	-		0.00%	
长期应付款	-	0.00%	-	0.00%	-		0.00%	
长期应付职工薪酬	-	0.00%	-	0.00%	-		0.00%	
专项应付款	-	0.00%	-	0.00%	-		0.00%	
预计负债	-	0.00%	-	0.00%	-		0.00%	
递延收益	-	0.00%	-	0.00%	-		0.00%	
递延所得税负债	-	0.00%	-	0.00%	-		0.00%	
其他非流动负债	-	0.00%	-	0.00%	-		0.00%	
非流动负债合计		0.00%		0.00%			0.00%	
负债合计	300,972,761.80	55.06%	272,153,895.86	51.01%	-28,818,865.94	-9.58%	-4.05%	
实收资本(或股本)	138,000,000.00	25.25%	138,000,000.00	25.87%		0.00%	0.62%	
其他权益工具		0.00%		0.00%			0.00%	
资本公积	194,914.98	0.04%	194,914.98	0.04%		0.00%	0.00%	
减:库存股	-		-					
其他综合收益		0.00%		0.00%			0.00%	
专项储备		0.00%		0.00%			0.00%	
盈余公积	12,463,090.01	2.28%	14,556,206.64	2.73%	2,093,116.63	16.79%	0.45%	
未分配利润	95,004,636.81	17.38%	108,617,431.45	20.36%	13,612,794.64	14.33%	2.98%	
归属于母公司所有者权益合计	245,662,641.80	44.94%	261,368,553.07	48.99%	15,705,911.27	6.39%	4.05%	
*少数股东权益		0.00%		0.00%			0.00%	
所有者权益(或股东权益)合计	245,662,641.80	44.94%	261,368,553.07	48.99%	15,705,911.27	6.39%	4.05%	
负债和所有者权益(或股东权益)总计	546,635,403.60	100.00%	533,522,448.93	100.00%	-13,112,954.67	-2.40%	0.00%	

图 5-10 资产负债表趋势分析——非流动负债和所有者权益

二、对利润表的变动趋势进行分析

步骤 1:将期初、期末报表数填入底稿。

步骤 2:公式算出报表项目增减情况。

步骤 3:对报表进行趋势分析并撰写说明。

下面以被审计单位湖北蓝天通信科技有限公司报表为例进行趋势分析,如图 5-11 所示。

(一) 销售费用

本期销售费用比上期增长 19.48%,主要由本年运输成本上升所导致。

(二) 管理费用

本年人工成本涨幅较大,故本期管理费用比上期增长 11.40%。

图 5-11 利润表趋势分析

(三) 资产减值损失

资产减值损失均为坏账损失,全部按账龄分析法计提,部分应收款项账龄在本年达到 5 年以上,按期末余额的 100% 计提,故本年资产减值损失较去年略有增长。

(四) 营业外收支

营业外收支均为不经常发生的业务,本年营业外收入全部为政府补助,无异常。上年营业外支出较少,故比较的基数很小,本年增长幅度较大。

任务 5-3 分析财务报表指标

知识目标

能说出审计中应重点关注的财务报表指标。
能正确填列审计工作底稿。

技能目标

能正确计算重要的财务报表指标。

素养目标

培养学生认真谨慎、实事求是的审计工作态度。

业务操作

步骤1：根据被审计单位提供的未审报表，填制审计工作底稿的数据表相关数据，该数据为计算各项财务指标相关的数据。

步骤2：审计工作底稿根据填列的基础数据自动生成指标比率，若无法自动生成，审计人员应根据指标计算方法进行计算。

步骤3：对重要的财务指标进行比较分析，主要分析财务指标反映的企业经营情况及本期财务指标与上期指标相比的变动情况。

根据数据表中的财务数据，如图5-12所示，计算相关财务指标，图5-13为财务指标分析表。

C	D	E	F
货币资金	15,798,563.78	16,557,151.78	41,102,810.85
货币资金-现金	20,457.50	23,858.85	19,536.96
以公允价值计量且其变动计入当期损益的金融资产			
应收账款	130,048,431.50	119,005,727.50	142,156,566.11
存货	61,647,429.00	68,397,842.50	60,286,423.13
流动资产合计	369,036,363.90	381,099,900.90	422,074,815.74
固定资产	82,971,912.54	82,278,040.55	88,150,790.85
无形资产	13,849,941.50	13,735,886.11	14,148,959.71
资产总计	482,494,275.69	533,522,448.93	546,635,403.60
流动负债合计	263,179,269.70	272,153,895.86	300,972,761.80
非流动负债合计	1,000,000.00		
负债合计	264,179,269.70	272,153,895.86	300,972,761.80
所有者权益合计	218,315,005.99	261,368,553.07	245,662,641.80
		发生额	发生额
营业收入	742,790,244.60	719,168,519.20	736,867,781.39
其中:销售原材料收入			
人工成本所配比的收入			
营业成本	669,989,632.50	657,291,582.20	661,067,218.52
其中:原材料成本			
人工成本			
成本费用总额	713,422,744.10	692,275,940.27	708,867,616.42
销售费用	26,182,430.32	21,628,259.30	25,841,844.71
管理费用	13,911,421.34	11,683,627.54	13,016,143.04
利息支出	2,144,512.00	1,045,193.30	1,318,916.67
利润总额	29,367,500.50	26,892,578.93	28,000,164.97
净利润	22,025,625.38	20,169,434.20	20,931,166.29
员工人数			
生产员工人数			

图5-12 数据表

图 5-13 财务指标分析表

任务 5-4 分析报表项目结构与趋势

知识目标

能说出报表结构分析和趋势分析的含义及分析方法。

技能目标

能应用报表结构分析和趋势分析明确审计的重点与方向。

素养目标

培养学生认真谨慎、实事求是的审计工作态度。

业务操作

现以资产负债表项目——"固定资产"和利润表项目——"管理费用"为例，对报表进行趋势分析。

操作步骤：根据固定资产分析性复核，如图 5-14 所示，对"固定资产"项目进行趋势分析，可根据进行检查的内容制作"固定资产分析性复核"工作底稿，通过工作底稿，可以清晰地显示本期与上期各项目的变化情况。

固定资产分析性复核

类别	固定资产原值				固定资产折旧						固定资产修理及维护费用				固定资产减值准备				备注
	期末	期初	变动额	变动率	本期计提		上期计提		累计折旧		本期		上期		本期		上期		
					折旧额	占原值的比例	折旧额	占原值的比例	折旧额	占原值的比例	金额	占原值的比例	金额	占原值的比例	金额	占原值的比例	金额	占原值的比例	
房屋建筑物	1,313,027.60	1,313,027.60	-	0.00%	18,725.16	1.43%	18,725.16	1.43%	121,922.92	9.29%	-	0.00%	-	0.00%	-	0.00%	-	0.00%	
机械设备	4,712,180.04	4,338,732.11	373,447.93	8.61%	291,620.84	6.19%	277,678.80	6.40%	742,185.14	15.75%	-	0.00%	-	0.00%	-	0.00%	-	0.00%	
运输设备	556,990.10	556,990.10	-	0.00%	106,942.06	19.20%	106,942.06	19.20%	524,222.72	94.12%	-	0.00%	-	0.00%	-	0.00%	-	0.00%	
电子设备	123,003.35	123,003.35	-	0.00%	22,599.12	18.37%	7,849.82	6.38%	35,536.94	28.89%	-	0.00%	-	0.00%	-	0.00%	-	0.00%	
其他设备	19,279.00	19,279.00	-	0.00%	3,701.52	19.20%	3,701.52	19.20%	17,527.04	91.43%	-	0.00%	-	0.00%	-	0.00%	-	0.00%	
合计	6,724,480.09	6,351,032.16	373,447.93	5.88%	443,588.72	6.60%	414,897.38	6.53%	1,441,494.76	21.44%	-	0.00%	-	0.00%	-	0.00%	-	0.00%	

图 5-14 固定资产分析性复核

一、固定资产原值的变化

通过各固定资产项目本期期末原值与上期期末原值的比较，可以看出，本期机器设备增加。审计人员应检查本期被审计单位是否购置机器设备，进一步检查固定资产购置是否符合内部控制的规定，其金额是否正确。

（1）本期机器设备计提折旧较上期相比变动较大，通过检查发现这一变化，审计人员应查找原因，原因为本期存在固定资产购置，本期及其设备计提折旧的变化与原值的变化相勾稽匹配，可以相互印证。

（2）本期电子设备计提折旧与上期计提折旧相比变化较大，通过检查发现这一变化，审计人员应根据这一变化查找原因，是否计提折旧存在异常，如被审计单位为控制成本费用，增大利润，人为控制折旧的计提，不计提或少计提折旧，本部分分析可与固定资产折旧测算部分进行勾稽验证。本案例中，电子设备本期计提折旧与上期计提折旧差异较大的原因为：2017 年 11 月，被审计单位新购进一批电子设备，2017 年该批电子设备计提折旧仅为 1 个月，2018 年计提折旧为 12 个月，因此，虽然电子设备本期原值未发生变化，但折旧与上期相比，增加比例较大，通过查找原因，为正常业务导致的差异，无异常。

二、利润表项目——"管理费用"分析

步骤 1：针对"管理费用"项目结构分析。管理费用结构分析如图 5-15 所示。首先，查看其管理费用各项目占的比例，检查其重要的费用项目，针对占比较大的费用项目进行重点审计。其次，通过其结构分析，可与被审计单位的经营情况进行检验。

管理费用明细表

被审计单位：湖　　日期：2019/1/2　　索引号：SE-002
报表期间：2018　　日期：2019/1/8　　项目：管理费用-明细表

报警比率：10%

项目	9月	10月	11月	12月	本期数 未审数	结构比	调整数	审定数	上期数 未审数	结构比	调整数	审定数	变动额	变动率	索引号	备注
工资	42,361.88	41,924.46	42,459.66	42,238.38	522,044.12	32.63%	-	522,044.12	455,679.80	31.65%	-	455,679.80	66,364.32	14.56%		
社保	1,509.20	1,209.20	1,509.20	1,509.20	18,513.20	1.16%	-	18,513.20	18,637.00	1.29%	-	18,637.00	-123.80	-0.66%		
公积金	1,405.00	1,418.00	1,910.00	1,660.00	16,773.00	1.05%	-	16,773.00	15,676.00	1.09%	-	15,676.00	1,097.00	7.00%		
业务招待费	8,743.00	4,070.00	12,194.00	8,823.00	76,894.05	4.81%	-	76,894.05	73,890.30	5.13%	-	73,890.30	3,003.75	4.07%		
办公用品	2,708.82	4,917.14	5,381.01	1,782.17	53,994.92	3.38%	-	53,994.92	51,990.74	3.61%	-	51,990.74	2,004.18	3.85%		
交通费	314.00	240.00	480.54	1,276.00	11,309.77	0.71%	-	11,309.77	10,420.10	0.72%	-	10,420.10	889.67	8.54%		
邮寄费	-	58.00	60.00	52.00	2,584.00	0.16%	-	2,584.00	2,500.00	0.17%	-	2,500.00	84.00	3.36%		
差旅费	1,865.62	1,088.50	10,266.73	21,007.34	176,039.04	11.00%	-	176,039.04	172,070.00	11.95%	-	172,070.00	3,969.04	2.31%		
保险费	10,000.00	-		10,000.00	40,000.00	2.50%	-	40,000.00		0.00%	-	-	40,000.00			
维修保养费	5,675.00	-	1,300.00	1,494.87	29,411.58	1.84%	-	29,411.58	28,000.00	1.94%	-	28,000.00	1,411.58	5.04%		
低值易耗品摊销	2,500.00	2,500.00	2,500.00	2,500.00	30,000.00	1.88%	-	30,000.00	30,000.00	2.08%	-	30,000.00	-	0.00%		
修理费	-	-	24,197.00	-	65,338.33	4.08%	-	65,338.33	61,050.00	4.24%	-	61,050.00	4,288.33	7.02%		
水电费	35,000.73	37,258.70	31,223.05	38,505.49	424,018.34	26.51%	-	424,018.34	410,045.90	28.48%	-	410,045.90	13,972.44	3.41%		
折旧费	11,067.66	11,067.66	11,067.66	11,067.66	132,811.92	8.30%	-	132,811.92	109,800.00	7.63%	-	109,800.00	23,011.92	20.96%		
	123,150.91	105,751.66	144,548.85	141,916.11	1,599,732.27 G	100.00%	-	1,599,732.27 G	1,439,759.84 G	100.00%	-	1,439,759.84 G	159,972.43	11.11%		
各月比率	7.70%	6.61%	9.04%	8.87%	^	100.00%		^	^			^				

图 5－15　管理费用结构分析

步骤 2：针对“管理费用”项目趋势分析。

（一）本期管理费用各项目金额与上期金额进行比较

审计人员应将“管理费用”按项目对本期金额与上期金额进行比较，并计算变动比率，通过比率分析，检查其是否存在与上期相比，变动异常的情况。

依据管理费用趋势分析，如图 5－16 所示，其“工资”和“折旧费”项目本期与上期相比，变动异常，针对异常项目，审计人员应进行进一步的检查。如针对“工资”项目，审计人员应检查对应“应付职工薪酬”项目，检查计提的工资是否正确，是否存在多计提或少计提的情况；检查工资分配是否正确，是否存在应计入成本的工资计入管理费用的差错；同时可检查被审计单位人员的变动，“工资”项目的差异，是否为被审计单位人员的较大变动造成的影响，若为职工人员的变动，其变动的原因是否与生产经营存在联系等。审计人员应根据这些异常因素进行分析，检查是否存在经营风险，是否存在会计差错、舞弊的情况。

表

被审计单位：湖　　索引号：SE-002
报表期间：2018　　项目：管理费用-明细表

报警比率：10%

项目	本期数 未审数	结构比	调整数	审定数	上期数 未审数	结构比	调整数	审定数	变动额	变动率	索引号	备注
工资	522,044.12	32.63%	-	522,044.12	455,679.80	31.65%	-	455,679.80	66,364.32	14.56%		
社保	18,513.20	1.16%	-	18,513.20	18,637.00	1.29%	-	18,637.00	-123.80	-0.66%		
公积金	16,773.00	1.05%	-	16,773.00	15,676.00	1.09%	-	15,676.00	1,097.00	7.00%		
业务招待费	76,894.05	4.81%	-	76,894.05	73,890.30	5.13%	-	73,890.30	3,003.75	4.07%		
办公用品	53,994.92	3.38%	-	53,994.92	51,990.74	3.61%	-	51,990.74	2,004.18	3.85%		
交通费	11,309.77	0.71%	-	11,309.77	10,420.10	0.72%	-	10,420.10	889.67	8.54%		
邮寄费	2,584.00	0.16%	-	2,584.00	2,500.00	0.17%	-	2,500.00	84.00	3.36%		
差旅费	176,039.04	11.00%	-	176,039.04	172,070.00	11.95%	-	172,070.00	3,969.04	2.31%		
保险费	40,000.00	2.50%	-	40,000.00		0.00%	-	-	40,000.00			
维修保养费	29,411.58	1.84%	-	29,411.58	28,000.00	1.94%	-	28,000.00	1,411.58	5.04%		
低值易耗品摊销	30,000.00	1.88%	-	30,000.00	30,000.00	2.08%	-	30,000.00	-	0.00%		
修理费	65,338.33	4.08%	-	65,338.33	61,050.00	4.24%	-	61,050.00	4,288.33	7.02%		
水电费	424,018.34	26.51%	-	424,018.34	410,045.90	28.48%	-	410,045.90	13,972.44	3.41%		
折旧费	132,811.92	8.30%	-	132,811.92	109,800.00	7.63%	-	109,800.00	23,011.92	20.96%		
	1,599,732.27 G	100.00%	-	1,599,732.27 G	1,439,759.84 G	100.00%	-	1,439,759.84 G	159,972.43	11.11%		
各月比率	^	100.00%		^	^			^				

图 5－16　管理费用趋势分析（1）

(二) 本期管理费用各项目按月进行比较

审计人员应将"管理费用"经常发生的项目按月进行比较,检查其是否出现月度间变动异常的情况,正常型企业,正常经营具有稳定连续性,其费用的发生也应该保持平稳。

根据管理费用趋势分析,如图5-17所示,对"管理费用"各项目按月进行检查发现:"工资"项目5月、6月、7月变动异常,其他月份"工资"项目比较平稳。根据趋势分析发现的异常,审计人员应重点检查被审计单位5月、6月、7月工资的计提与分配,检查其是否存在差错。

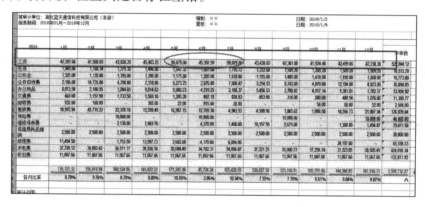

图5-17 管理费用趋势分析 (2)

项目6　实施函证

项目导语

函证函证，就是发函求证。如果从被审计单位取得的审计证据说服力不强，我们就考虑从外部独立第三方（被询证者）获取审计证据。

项目提要

函证的实施以获取外部审计证据为目的，通过本项目实操训练，让学生掌握银行存款、有价证券和往来款项等方面函证的实施程序和操作要点。

项目思维导图

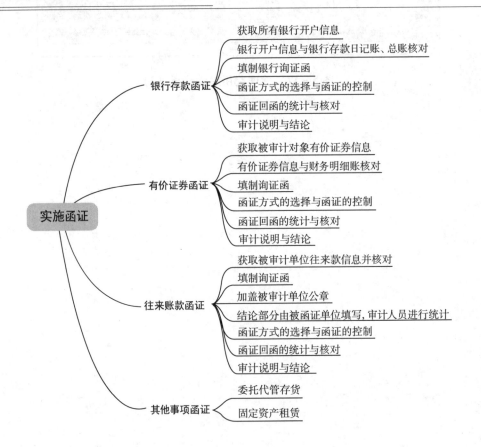

知识准备

一、函证的定义

函证是指注册会计师为了获取影响财务报表或相关披露认定的项目的信息,通过直接来自第三方对有关信息和现存状况的声明,获取和评价审计证据的过程,如对应收账款余额或银行存款的函证。函证是注册会计师获取审计证据的重要程序,多用于执行审计和验资业务。通过函证获取的证据可靠性较高,因此,函证是受到高度重视并经常被使用的一种重要程序。

二、函证的作用

函证可以为审计师获取认定层次的充分、适当的审计证据,以降低检查风险至可接受的水平。

三、函证的分类

函证分为肯定式函证和否定式函证。

(1) 肯定式函证是向债务人发出询证函,要求其证实所函证的欠款是否正确,无论对错都要求复函。

(2) 否定式函证是向债务人发出询证函,但所函证的款项相符时不必复函,只有不符时才要求债务人复函。

这两种方式各有优缺点,前者所获取的审计证据较为可靠,但审计成本较高;后者因不可知因素的存在,所获取的审计证据较前者来说不可靠,但成本相对较低。这里值得注意的是,对于重要的应收账项不应以审计成本的高低作为减少审计程序的理由。

具体采用哪种方式应根据不同情况作出选择:当个别账户欠款金额较大,或有理由相信欠款可能会存在争议、差错等问题时采用肯定式函证。当符合以下所有条件时,可采用否定式函证:相关的内部控制是有效的;预计差错率较低;欠款余额小的债务人数量很多;有理由确信大多数被函证者能认真对待询证函,并对不正确的情况予以反馈。

任务6-1 银行存款函证

知识目标

学生能够对所有银行存款进行函证。选取适当的函证方式及函证控制方法,实施全程函证控制,并对回函结果进行分析,填制货币资金函证控制表、函证地址检查表。

技能目标

能够对银行存款、银行业务流程选取适当的函证方式及函证控制方法,实施全过程函证控制,对回函结果进行分析,填写询证过程说明。

素养目标

培养学生认真谨慎、实事求是的审计工作态度。

业务操作

步骤1:获取所有银行开户信息。审计实务中,一般会通过取得"已开立银行结算账户清单"的途径获取所有银行的开户信息,取得"已开立银行结算账户清单"主要有两种方式。

(1)自企业基本户开户行处取得。通常情况下,被审计单位可以在银行开立一个基本户和若干个一般户。除了提取现金以外,审计人员还可以通过基本户开户行查询被审计单位在中国人民银行报备的全部银行账户信息。因此,审计人员可以要求被审计单位财务人员带领其至基本户开户行,持相关证件(如"银行开户许可证"等,不同银行要求有差异)、凭开户密码,当场打印已开立银行账户结算清单,如图6-1所示。

科目编码	开户银行	银行账号	币种	性质	用途	账户状态
100205	中国银行开发区支行美元币户39152	0200058071200039152	人民币	美元户	款项收支	正常
100203	建行北京菅体南路支行8543	0100058071200738543	人民币	基本户	款项收支	正常
100204	建行屯口支行6622	0100060538400634662	人民币	一般户	款项收支	正常
100202	中国银行开发区支行人民币72150	0200058071200072150	人民币	一般户	款项收支	正常
100201	招商银行循礼门支行810001	105807120810001	美元	一般户	款项收支	正常

图6-1 已开立银行账户结算清单

（2）自中国人民银行网点处取得。审计人员与被审计单位财务人员一同前往当地中国人民银行的网点，被审计单位财务人员需持相关证件（如"银行开户许可证"等，不同地区不尽相同）、凭开户密码，当场打印"已开立银行账户结算清单"。

在实际业务中，开户密码并不常用，如果因为被审计单位财务人员的更换导致开户密码遗失，则需由被审计单位财务人员前往当地人民银行重置密码（注意：基本户开户行没有该项业务）。可以提醒被审计单位财务人员，提前通过电话咨询办理重置密码业务需要携带的证件，待被审计单位财务人员完成重置密码业务后，与被审计单位财务人员一同前往基本户开户行或人民银行取得"已开立银行账户结算清单"。

另外，取得银行开户信息时，还需注意以下事项。

（1）审计的截止日期。财务报表审计最终确认的是报表截止日的各项目金额，需要通过函证程序核实的也是截止日时点的银行存款信息，故一定要取得审计截止日的银行账户开立信息。

（2）如果遇到银行不能打印"已开立银行账户结算清单"的情况，可以要求银行将查询结果截图，打印后加盖银行公章确认。

（3）在实施该项审计程序时，注意保持控制与独立性。保持控制与独立性的目的是保证审计人员取得的外部证据的真实性，防止被审计单位篡改、伪造银行账户信息等。审计人员可以通过亲自前往银行等方式保持对审计过程的控制和独立性。

步骤2：银行开户信息与银行存款日记账、总账核对。

（1）银行存款总账、日记账核对。银行存款明细表的填制 - 第一步如图6-2所示。该步骤需要根据被审计单位提供的银行存款日记账，填写"银行存款明细表"中开户银行、账号、币种和银行存款明细账余额四列数据，将银行存款日记账余额汇总数与总账中"银行存款"科目的余额核对，保证总账、日记账记载的金额一致。

被审计单位：湖北蓝天通信科技有限公司			编制：××	日期：2x19/1/5	索引号：ZA-003		
报表截止日：2x18年12月31日			复核：××	日期：2x19/1/6	项目：货币资金-银行存款明细表		
开户银行	账号	币种	是否质押、冻结等对实现和限制或存在境外的款项	银行存款明细账余额	银行对账单余额	差异	银行存款余额调节表索引	备注
中国银行股份有限公司常州城郭支行	5235000088873	人民币		3,870.01				
中国农业银行股份有限公司开发区支行	1527020100001481	人民币						本期已销户
中国建设银行(中国)有限公司湖北省分行营业部	37001844330000000987	美元		200.00				
中国建设银行股份有限公司常州支行	37001844330000000052	人民币		1,230,000.00				
中国建设银行股份有限公司常州支行	37001844330000000345	人民币		-				
合计				1,234,070.01	-	-		

图6-2 银行存款明细表的填制 - 第一步

（2）银行开户信息与银行存款日记账核对。将取得的"已开立银行结算账户清单”中的银行账户信息，与“银行存款明细表”中的银行账户信息逐一核对，确保“银行账项明细表”中涵盖被审计单位开立的全部银行账户（完整性），且这些银行账户全部真实存在（发生）。需要注意的是，零余额的账户和本期无发生额的账户均需列示在“银行存款明细表”中，并实施函证程序。

（3）银行存款日记账与银行对账单核对。将取得的银行对账单，如图6－3所示的期末余额，分别填入“银行存款明细表”中“银行对账单余额”栏。银行存款明细表的填制－第三步如图6－4所示。“差异”一栏列示的是银行存款日记账余额与银行对账单余额之间的差异，若两者之间有差异，则需检查取得的银行存款余额调节表，确保已将账面数和银行存款余额调整至一致。

中国银行股份有限公司存款交易明细对账单

1 账号 Account No. 523500008873　账户名称 Account Name 湖北蓝天通信科技有限公司　开户行 Bank Name 中国银行常州湖塘支行　起始日期 From(YYYYMMDD) 20171201 第 8 页/共 8 页 Page 8 of 8
币种 Currency 人民币(CNY)　账户类型 Account Type 单位人民币活期基本账户存款　承前页余额 Previous Page Balance 64,038.22　截止日期 To(YYYYMMDD) 20181231 出账周期 Reconciliation Period 月

序号 No.	记账日 Bk.D.	起息日 Val.D.	交易类型 Type	凭证 Vou.	凭证号码/业务编号/用途/摘要 Vou. No./Trans. No./Details	借方发生额 Debit Amount	贷方发生额 Credit Amount	余额 Balance	机构/柜员/流水 Reference No.	备注 Notes
1	171229	171229	转账支出		招待费/OBSS007309931131GIR000000000000	2,723.00		61,315.22	00638/9880100/71380306	杨玉
2	171229	171229	转账支出		借支业务费用/OBSS007309941032GIR000000000000	10,457.00		50,858.22	00638/9880100/71414339	杨玉
3	171229	171229	小额普通		BEPS104304081114 2017122951044621	7,088.95		43,769.27	00638/9880100/77626386	江苏幸昌盛金属有限公司/中国民生银行股份有限公司常州
4	171229	171229	大额支付		HVPS305304037027 2017122913958086/货款		5,612.46	49,381.73	00293/9880809/81160454	江苏骏美兴和新材料有限公司/中国民生银行股份有限公司
5	171229	171229	转账支出		借支业务费用/OBSS007311474431GIR000000000000	15,368.00		34,013.73	00638/9880100/83817027	张红霞
6	171229	171229	大额支付		HVPS102641000032 2017122976791456		500,000.00	534,013.73	00293/9880809/88709405	海南威特电气集团有限公司/中国工商银行股份有限公司海
7	171229	171229	转账支出		OBSS007314669065GIR000000000000	530,000.00		4,013.73	00638/9880100/121204439	湖北蓝天通信科技有限公司
8	171229	171229	转账支出		企业网银手续费	43.12		3,970.61	00638/9770100/129285024	
9	171229	171229	转账支出		企业网银手续费	15.00		3,955.61	00638/9770100/129319137	
10	171229	171229	转账支出		企业网银手续费	15.00		3,940.61	00638/9770100/129326210	
11	171229	171229	转账支出		企业网银手续费	60.60		3,880.01	00638/9770100/129328986	
12	171229	171229	转账支出		企业网银手续费	10.00		3,870.01	00638/9770100/129835373	

借方合计 Debit Total 565,780.67　贷方合计 Credit Total 505,612.46　本页余额 Current Page Balance 3,870.01　本对账期末余额 Balance At the End of the Period 3,870.01

1. 余额前面标注“-”代表借方金额，没有标注的则代表贷方金额。“-” mark represents debit amount; otherwisely represents credit amount. 2. 对账单中如出现错误或遗漏情况，请于收到后的七日内通知我行，否则将视同此对账单无误。请妥善保管对账单，并在您的地址/联系电话发生变更时，及时书面通知我行。For any error or omission in this statement, please kindly notify within 7 days after receipt, otherwise it would be deemed as agreed. Please keep this statement properly and timely inform us with written notice of address or contact number change.

图6－3　银行对账单

银行存款明细表

被审计单位：湖北蓝天通信科技有限公司　编制：××　日期：20X9/1/5　索引号：ZA-003
报表截止日：20X8年12月31日　复核：××　日期：20X9/1/6　项目：货币资金-银行存款明细表

开户银行	账号	币种	是否系质押、冻结等对变现有限制或存在境外的款项	银行存款明细账余额	银行对账单余额	差异	银行存款余额调节表索引	备注
中国银行股份有限公司常州城郊支行	523500008873	人民币	正常	3,870.01	3,870.01	-		
中国农业银行股份有限公司开发区支行	1527020100001481	人民币	正常	-	-	-		本期已销户
中国建设银行股份有限公司湖北省分行营业部	37001844330000000987	美元	正常	200.00	180.00	20.00		
中国建设银行股份有限公司常州支行	37001844330000000052	人民币	正常	1,230,000.00	1,230,000.00	-		
中国建设银行股份有限公司常州支行	37001844330000000345	人民币	正常	-	-	-		
合计				1,234,070.01	1,234,050.01	20.00		

审计说明：
1、将银行开户信息与银行存款明细账核对，账面记录的银行账户信息完整、准确；
2、银行存款明细账各账户余额与银行对账单余额核对，对不一致的账户的余额调节表进行检查，未见异常。

图6－4　银行存款明细表的填制－第三步

步骤3：填制银行询证函。银行函证是注册会计师独立审计的核心程序之一，银行回函对于注册会计师在审计工作中识别财务报表错误与舞弊行为至关重要。2016年7月12日财政部、银监会发布的《关于进一步规范银行函证及回函工作的通知》（财会〔2016〕13号），进一步规范了银行函证及回函工作，并对银行函证的格式进行了规范。

下面以财政部发布的《审计业务银行询证函（通用格式）》为例，对银行询证函如何填制进行介绍。

（1）根据银行询证函模板，填制基本信息，如图6-5所示，基本信息如下。

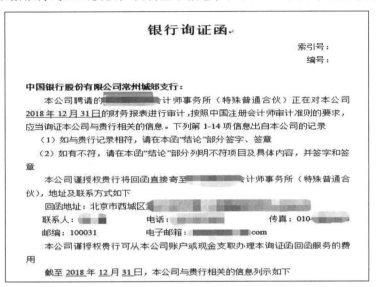

图6-5 银行函证基础信息

①询证函抬头。填写正确的银行名称，应明确至××支行等具体银行营业网点，例：中国银行股份有限公司常州城郊支行。

②中介机构。填写正确的会计师事务所名称，例：××会计师事务所（特殊普通合伙）。

③报表截止日期。填写正确的审计需确定的报表截止日，例：2022年12月31日。

④回函地址及联系人信息。填写正确的收函地址及联系人，此信息为会计师事务所的地址及会计师姓名及联系电话，例：回函地址：×××，联系人：×××，电话：×××等。

⑤回函服务费收取方式。对于回函服务费的收取方式，财政部银行函证通用版模板中的文字描述为"本公司谨授权贵行可从本公司××账户支取办理本询证函回函服务的费用"，在实际操作中，部分被审计单位可通过在银行开立的账户直接扣款，填写时可直接填写该账户；如果被审计单位开立的账户无余额或其他原因无法扣款，可直接通过现金付款，或通过其他银行账户扣款，审计人员在填写函证基础信息时，可模糊填写，例："本公司谨授权贵行可从本公司账户或现金支取办理本询证函回函服务的费用"。

注意：该部分内容为财政部发布的模板样式，不得随意更改、删除内容，在实务审计操作中，部分银行对更改、删除部分函证内容（非填列项）拒绝函证。

（2）根据银行询证函模板，如图6-6、图6-7所示，填制"银行存款"信息。

账户名称	银行账号	币种	利率	账户类型	余额	起止日期	是否用于担保或存在其他使用限制	备注
湖北蓝天通信科技有限公司	523500008873	人民币		一般户	3,870.01	活期	否	

除上述列示的银行存款外，本公司并无在贵行的其他存款。

注："起止日期"一栏仅适用于定期存款，如为活期或保证金存款，可只填写"活期"或"保证金"字样；"账户类型"列列明账户性质，如基本户、一般户等。

图6-6 银行询证函示例（1）

借款人名称	借款账号	币种	余额	借款日期	到期日期	利率	抵（质）押品/担保人	备注

除上述所示的银行借款外，本公司并无在贵行的其他借款。

3. 自__年__月__日起至__年__月__日期间内注销的银行存款账户

账户名称	银行账号	币种	注销账户日

除上述所示的注销账户外，本公司在此期间并未在贵行注销其他账户。

图6-7 银行询证函示例（2）

①账户名称。填写正确的账户名称，函证中，账户名称应填列被审计单位名称，例："湖北蓝天通信科技有限公司"。

②银行账号。填写正确的银行账号，函证中，银行账号应填列被审计单位在该函证银行开立的账号。可根据取得的开户清单、银行日记账、银行对账单或直接询问被审计单位财务人员获得银行账号信息。

③币种。填写对应账户的币种，如人民币、美元、欧元等。

④利率。填写正确的利率，实务操作中，利率确认比较困难，可空白不填。

⑤账户类型。账户类型是指账户性质，如基本户、一般户、临时户、专用户等。

⑥余额。填写各账户对应的银行存款余额，实务操作中，余额填列银行对账单余额；一般情况下，银行存款账目余额与银行对账单余额一致，不一致时，已填制银行存款余额调节表，调整后一致。

⑦起止日期。起止日期的填制分两种情况：①若为定期存款，填写真实的存款起止日，如2×18年×月×日至2×18年×月×日；②若为活期存款或保证金存款，

不需填列日期,直接标明"活期"或"保证金"字样。

⑧是否用于担保或存在其他使用限制。核实该银行账户是否存在限制,限制包括用于担保、冻结等,若有,此部分填写"是",若没有限制,填写"无"。

⑨备注。若有其他事项,可在备注中说明。

注意:对于询证函中列示的事项,如果有,如实填写,如果没有,空白处就以斜杠划去,也可以不划,有的银行会帮着划的。(询证函中其他函证事项相同做法)

(3)根据银行询证函模板,如图6-8所示,填制"银行借款"信息。

2. 银行借款

(1)截止至2018年12月31日的银行借款

借款人名称	银行账号	币种	余额	借款日期	到期日期	利率	抵(质)押品/担保人	备注
湖北蓝天通信科技有限公司	3700184 4330000 000345	人民币	10,000,000.00	2018/9/20	2019/9/18	4.35%	抵押物:常州公司全部厂房及设备 担保人:王善缘	

除上述列示的银行借款外,本公司并无自贵行的其他借款。
注:如存在本金或利息逾期未付行为,在"备注"栏中予以说明。

图6-8 银行询证函示例(3)

①需要明确填列函证数据的基准日期,例"(1)截止至2018年12月31日的银行借款"。

②填写正确的借款人名称及账号。借款人名称为被审计单位,例:"湖北蓝天通信科技有限公司";账号为取得借款时,银行对应该笔借款的银行账号,可通过银行开户清单、银行贷款放款时开具的借据、询问被审计单位会计人员等方式获得。

③银行借款相关信息。查看借款合同,如图6-9、图6-10所示,合同中规定了借款的金额、借款起止日期、利率、借款类型等信息,根据合同约定的内容及借据,可以填列询证函中关于借款的"余额""借款日期""到期日期""利率"信息。值得注意的是,此部分列示的余额为报表截止日实际银行借款剩余未还本金,应关注此部分借款合同的实际放款金额和截止日是否存在提前还款的情况。核对方式:通过被审计单位"短期借款""长期借款"科目期末余额及银行借据、银行还款回单等进行核查。

④抵(质)押/担保人。取得担保合同、抵押合同等,合同中规定了详细的保

图6-9 借款合同(1)

图6-10 借款合同(2)

证人或抵押物,根据合同约定的内容,可以填列询证函关于"抵(质)押/担保人"的相关信息。

⑤备注。如存在逾期未支付本金或利息等其他重要事项,应在备注中填列,如无其他事项,可不填。

（4）根据银行询证函模板，如图 6－11 所示，填“3. 自 2×18 年 1 月 1 日起至 2×18 年 12 月 31 日期间内注销的账户”信息。

3. 自 2×18 年 1 月 1 日起至 2×18 年 12 月 31 日期间内注销的账户

账户名称	银行账号	币　种	注销账户日
湖北蓝天通信科技有限公司	15270201000001481	人民币	2018 年 4 月 21 日

除上述列示的注销账户外，本公司在此期间并未在贵行注销其他账户。

图 6－11　银行询证函示例（4）

①需要明确填列函证数据的基准日期，例：“3. 自2×18 年 1 月 1 日起至 2×18 年 12 月 31 日期间内注销的账户”。

②填列注销账户信息。根据被审计单位销户时从银行取得的销户资料，填列注销账户信息。函证中，账户名称应填列被审计单位名称，例：“湖北蓝天通信科技有限公司”；账号为注销账户对应的账号。

从销户资料中提取信息，主要的销户资料如图 6－12 和图 6－13所示。

附式9：

撤销银行结算账户申请书

账户名称			
开户银行名称			
开户银行代码		账号	
账户性质	基本（　）专用（　）一般（　）临时（　）个人（　）		
开户许可证核准号			
销户原因			

本存款人申请撤销上述银行账户，承诺所提供的证明文件真实、有效。 存款人（签章） 年　月　日	开户银行审核意见： 经办人（签章） 开户银行（签章） 年　月　日

填表说明：

1、带括号的选项填“√”。

2、本申请书一式三联，一联存款人留存，一联开户银行留存，一联中国人民银行当地分支行留存，带括号的选项填“√”。

图 6－12　银行账号销户申请书

图 6－13　银行销户回执单

（5）根据银行询证函模板，填"7. 本公司为出票人且由贵行承兑而尚未支付的银行承兑汇票"信息，如图 6－14 所示。

银行承兑汇票号码	承兑银行名称	结算账户账号	票面金额	出票日	到期日
13041610357892018 1226345729020	中国建设银行股份有限公司常州支行	37001844330000 0000052	230,000.00	2018-12-26	2019-6-26
13041610357892018 1226345729021	中国建设银行股份有限公司常州支行	37001844330000 0000052	1,000,000.00	2018-12-26	2019-6-26
合计			1,230,000.00		

除上述列示的银行承兑汇票外，本公司并无由贵行承兑而尚未支付的其他银行承兑汇票。

图 6－14　银行询证函示例（5）

取得被审计单位银行承兑汇票台账、银行承兑协议等，台账中详细记录承兑汇票相关信息，根据银行承兑汇票台账及账面金额填写询证函相关信息。

（6）根据银行询证函模板，填"13. 本公司购买的由贵行发行的未到期银行理财产品"信息，如图 6－15 所示，此部分信息可由产品说明书、购买和赎回时的回

产品代码	产品名称	认购金额	购买日	到期日	币种
B160C0140	共赢稳健步步高 A	500,000.00	2018-3-26	随时赎回	人民币

除上述列示的银行理财产品外，本公司并无购买其他由贵行发行的理财产品。

图 6－15　银行询证函示例（6）

单、被审计单位网银中查询。银行理财网银查询示例如图6-16所示。

图6-16 银行理财网银查询示例

（7）记得盖上公司预留在银行的印鉴，并填写经办人姓名、电话等被审计单位预留印鉴盖章，如图6-17所示。审计人员需注意，不同银行要求企业预留的印鉴可能不一致，有些银行预留印鉴可能为法定代表人人名章及财务专用章，有些银行预留印鉴可能为法定代表人人名章及公章，此部分需被审计单位财务人员与银行提前核实；经办人及电话为被审计单位的人员。

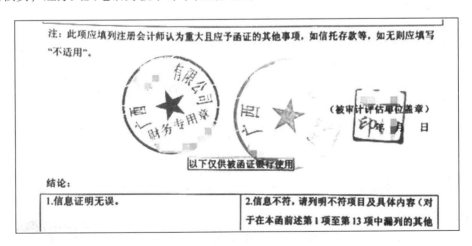

图6-17 被审计单位预留印鉴盖章

（8）函证最后一页为被函证银行工作人员填写内容，审计人员不需要填写。审计人员需要知道，若函证内容与银行工作人员查询的内容一致，银行工作人员在第一栏"经本行核对，所函证项目与本行记载信息相符。特此函复"中签字盖章；若函证内容与银行工作人员查询的内容不一致，银行工作人员在第二栏"经本行核对，存在以下不符之处"列明不符事项并签字盖章。银行函证回函页示例如图6-18所示。

注1：* 适用于拟设立公司。注2：# 适用于外商投资企业（外方出资）。

以下由被询证银行填列

结论：

经本行核对，所函证项目与本行记载信息相符。特此函复。

年　月　日　经办人：　职务：　电话：
　　　　　　　复核人：　职务：　电话：
　　　　　　　　　　　　（银行盖章）

经本行核对，存在以下不符之处。

年　月　日　经办人：　职务：　电话：
　　　　　　　复核人：　职务：　电话：
　　　　　　　　　　　　（银行盖章）

图6-18　银行函证回函页示例

注意：最后被审计单位需要盖骑缝公章，部分银行要求会计师事务所加盖公章及盖骑缝章。

附件一：审计业务银行询证函（通用格式），如图6-19~图6-24所示。

银行询证函

索引号：

致： ××（银行）××（分支机构，如适用）（以下简称“贵行”，即“函证收件人”） 编号：

本公司聘请的××会计师事务所（特殊普通合伙）正在对本公司___年度（或期间）的财务报表进行审计，按照中国注册会计师审计准则的要求，应当询证本公司与贵行相关的信息。下列第1-14项及附表（如适用）信息出自本公司的记录：

（1）如与贵行记录相符，请在本函“结论”部分签字和签章；

（2）如有不符，请在本函“结论”部分列明不符项目及具体内容，并签字和签章。

本公司谨授权贵行将回函直接寄至××会计师事务所（特殊普通合伙）[或直接转交××会计师事务所（特殊普通合伙）函证经办人]，地址及联系方式如下：

回函地址：

联系人： 电话： 传真： 邮编：

电子邮箱：

本公司谨授权贵行可从本公司××账户支取办理本询证函回函服务的费用（如适用）。

截至____年__月__日（即“函证基准日”），本公司与贵行相关的信息列示如下：

1.银行存款

账户名称	银行账号	币种	利率	账户类型	账户余额	是否属于资金归集（资金池或其他资金管理）账户	起始日期	终止日期	是否存在冻结、担保或其他使用限制（如是，请注明）	备注

除上述列示的银行存款（包括余额为零的存款账户）外，本公司并无在贵行的其他存款。

图 6－19　审计业务银行询证函（通用格式）第一页

2.银行借款

借款人名称	借款账号	币种	余额	借款日期	到期日期	利率	抵（质）押品/担保人	备注

除上述列示的银行借款外，本公司并无自贵行的其他借款。

3.自___年_月_日起至___年_月_日期间内注销的银行存款账户

账户名称	银行账号	币种	注销账户日

除上述列示的注销账户外，本公司在此期间并未在贵行注销其他账户。

4.本公司作为委托人的委托贷款

账户名称	银行结算账号	资金借入方	币种	利率	余额	贷款起止日期	备注

除上述列示的委托贷款外，本公司并无通过贵行办理的其他以本公司作为委托人的委托贷款。

5.本公司作为借款人的委托贷款

账户名称	银行结算账号	资金借出方	币种	利率	余额	贷款起止日期	备注

除上述列示的委托贷款外，本公司并无通过贵行办理的其他以本公司作为借款人的委托贷款。

图 6－20　审计业务银行询证函（通用格式）第二页

6. 担保

(1) 本公司为其他单位提供的、以贵行为担保受益人的担保

被担保人	担保方式	币种	担保余额	担保到期日	担保合同编号	备注

除上述列示的担保外，本公司并无其他以贵行为担保受益人的担保。

(2) 贵行向本公司提供的担保（如保函业务、备用信用证业务等）

被担保人	担保方式	币种	担保金额	担保到期日	担保合同编号	备注

除上述列示的担保外，本公司并无贵行提供的其他担保。

7. 本公司为出票人且由贵行承兑而尚未支付的银行承兑汇票

银行承兑汇票号码	结算账户账号	币种	票面金额	出票日	到期日	抵（质）押品

除上述列示的银行承兑汇票外，本公司并无由贵行承兑而尚未支付的其他银行承兑汇票。

8. 本公司向贵行已贴现而尚未到期的商业汇票

商业汇票号码	承兑人名称	币种	票面金额	出票日	到期日	贴现日	贴现率	贴现净额

除上述列示的商业汇票外，本公司并无向贵行已贴现而尚未到期的其他商业汇票。

图 6-21　审计业务银行询证函（通用格式）第三页

9. 本公司为持票人且由贵行托收的商业汇票

商业汇票号码	承兑人名称	币种	票面金额	出票日	到期日

除上述列示的商业汇票外，本公司并无由贵行托收的其他商业汇票。

10. 本公司为申请人，由贵行开具的、未履行完毕的不可撤销信用证

信用证号码	受益人	币种	信用证金额	到期日	未使用金额

除上述列示的不可撤销信用证外，本公司并无由贵行开具的、未履行完毕的其他不可撤销信用证。

11. 本公司与贵行之间未履行完毕的外汇买卖合约

类别	合约号码	贵行卖出币种	贵行买入币种	未履行的合约买卖金额	汇率	交收日期

除上述列示的外汇买卖合约外，本公司并无与贵行之间未履行完毕的其他外汇买卖合约。

12. 本公司存放于贵行托管的证券或其他产权文件

证券或其他产权文件名称	证券代码或产权文件编号	数量	币种	金额

除上述列示的证券或其他产权文件外，本公司并无存放于贵行托管的其他证券或其他产权文件。

图 6-22　审计业务银行询证函（通用格式）第四页

13. 本公司购买的由贵行发行的未到期银行理财产品

产品名称	产品类型（封闭式/开放式）	币种	持有份额	产品净值	购买日	到期日	是否被用于担保或存在其他使用限制

除上述列示的银行理财产品外，本公司并未购买其他由贵行发行的理财产品。

14.其他

附表　　资金归集（资金池或其他资金管理）账户具体信息

序号	资金提供机构名称(即拨入资金的具体机构)	资金提供机构账号	资金使用机构名称(即向该具体机构拨出资金)	资金使用机构账号	币种	截至函证基准日拨入或拨出资金余额(拨出填列正数，拨入填列负数)	备注

（预留签章）

____年__月__日

经办人：

职 务：

电 话：

图 6－23　审计业务银行询证函（通用格式）第五页

以下由被询证银行填列

结论：

经本行核对，所函证项目与本行记载信息相符。特此函复。

______　年__月__日　经办人：　职务：　电话：

复核人：　职务：　电话：

（银行盖章）

经本行核对，存在以下不符之处。

______　年__月__日　经办人：　职务：　电话：

复核人：　职务：　电话：

（银行盖章）

图 6－24　审计业务银行询证函（通用格式）第六页

步骤4：函证方式的选择与函证的控制。

1. 函证方式的选择

函证方式分为肯定式函证和否定式函证。审计人员可采用肯定的或否定的函证方式实施函证，也可将两种方式结合使用。询证函的发出和收回可以采用邮寄、跟函、电子形式函证（包括传真、电子邮件、直接访问网站等）等方式。

针对银行询证函，审计人员只能采取肯定的函证方式。一般情况下，以纸质询证函的形式进行跟函或邮寄的方式函证。

2. 函证的控制

为使函证程序有效地实施，在询证函发出前，审计项目组需要对询证函上的各项资料进行充分核对并形成核对底稿，注意事项包括：

（1）银行询证函填列时，需要银行确认的信息是否与银行对账单等保持一致。

（2）银行询证函填列时，注册会计师回函的地址一般情况下应为本事务所的地址。

（3）银行函证前，核实被询证银行的名称及地址，如图6-25及图6-26所示。从被审计单位处获得被询证银行的名称、地址，并对该信息的真实性进行核对，主要方法为：通过拨打银行公共查询电话核实被询证银行的名称和地址；通过被询证银行的网站或其他公开网站核对被询证银行的名称和地址；将被询证银行的名称和地址信息与被审计单位持有的文件核对。

图6-25　被询证银行地址信息官网查询

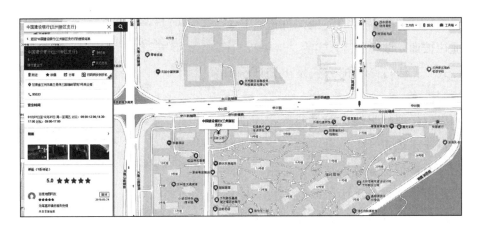

图 6-26 被询证银行地址信息地图查询

3. 函证过程的控制

方式一：通过邮寄方式发出询证函时采取的控制措施。

（1）审计项目组寄发询证函应坚持独立性原则，不得由任何单位代替审计项目组寄发询证函。

（2）在发出函证及银行回函两个过程中，应根据快递回单查询快递物流信息并装订至底稿中。

（3）银行回函时，要求银行按照函证上填列的回函地址将函证寄回会计师事务所，快递物流信息如图 6-27 所示，不得由被审计单位代收。如果被询证银行将回函寄至被审计单位，由被审计单位将其转交审计人员，该回函不能视为可靠的审计证据。在这种情况下，审计人员需要被询证银行直接书面回复。

（4）被询证银行确认询证函是否原件，是否与审计人员发出的询证函是同一份。需要注意的是，其中部分银行将询证函原件留存，回函为复印件，部分银行收到银行询证函后，回函按照银行自有格式进行回复，若符合此部分情况，核对回函事项与发出函证事项是否一致。

（5）寄给审计人员的回邮信封或快递信封中记录的发件方名称、地址是否与银行询证函发出时的询证银行名称、地址一致。需要注意的是，部分银行实际业务发生为下级营业网点，因此函证寄出时的地址为业务发生的网点，但被询证银行核对询证信息可能在上级或其他营业网点，故银行询证函寄出地址与回函寄回地址存在差异，若符合此部分情况，需查实真实性。

（6）被询证银行加盖在询证函上的印章以及签名中显示的被询证银行名称是否与询证函中记载的被询证银行名称一致。在认为必要的情况下，审计人员还可以进一步与被审计单位持有的其他文件进行核对或亲自前往被询证银行进行核实等。

方式二：通过跟函的方式发出询证函时采取的控制措施。

如果审计项目组认为跟函的方式（即审计人员独自或在被审计单位员工的陪伴下亲自将询证函送至被询证银行，在被询证银行核对并确认回函后，亲自将回函带回的方式）能够获取可靠信息，可以采取该方式发送并收回询证函。跟函过程中审计人员需要保持对询证函的控制，同时，对被审计单位和被询证者之间串通舞弊的风险保持警觉。

（1）跟函过程中，审计人员应对到达的银行网点进行核对，并在银行网点带标志地方拍照进行留痕记录。

（2）了解被询证银行处理函证的通常流程和处理人员。

（3）确认处理询证函人员的身份和处理询证函的权限，如索要名片、观察员工卡或姓名牌等。观察处理询证函的人员是否按照处理函证的正常流程认真处理询证函，例如，该人员是否在其计算机系统或相关记录中核对相关信息。

（4）应填制跟函记录，跟函记录样式如图6-28所示。记录被询证银行接待人员的信息等。

步骤5：函证回函的统计与核对。

1. 确认回函的独立性

对于审计人员亲自前往银行进行函证的银行账户，在函证中已经可以确认其回函的独立性；对于以邮寄方式收到的银行询证函，需查询回函快递单物流信息，确保回函未被拦截、

图6-27 快递物流信息

函证控制程序-审计人员亲自前往询证工作记录

一、被询证银行情况
1. 银行名称：　　　　　　　　　　询证内容：
2. 地址：　　市　　　县　　　街（路）　　　号。
与被审计单位是否同城：
实施现场询证日期：20XX 年 X 月 X 日
3. 接待人员：姓名：　　　工号：　　　确认签字：　　　日期：
接待人员确认的回函方式：　　　现场回复（　）　　邮寄回函（　）
二、被审计单位陪同情况
1. 陪同人员姓名：　　　　职务：　　　身份证号：
2. 陪同人员声明：
我在此签字表明我确认本人陪同审计人员　　　　一同前往被询证单位实施函证。
签字：　　　　　　　　　日期：
三、亲自前往函证回函的获取方式确认：由银行工作人员直接面交（　）邮寄回函（　）
四、获得的回函案引号：
五、回函结果不符情况描述：
六、审计人员实施函证过程说明
审计人员声明：
我在此签字表明：我确认是本人与陪同人员：　　　　一同前往被询证单位实施函证。本函证由
本人于　　年　　月　　日，面交银行工作人员（工号：　　　）
回函于　　年　　月　　日由银行工作人员（工号：　　　）面交本人。
回函于　　年　　月　　日由银行邮寄本所。
签字：　　　　　　　　　日期：

图 6-28　跟函记录样式

篡改，并将物流信息截图打印后作为审计证据附在底稿中。

2. 回函的核对与汇总

将回函按照询证函编号梳理，再次核对每一份询证函的开户银行名称、银行账号、币种、对账单余额和函证日期，将"银行存款（其他货币资金）函证结果汇总表"中"回函日期""回函金额"栏填制完整。注意仔细检查是否有回函不符的情况（不仅要检查结论页，有时银行人员也会在有差异的项目处直接标记差异，并签字或盖章以确认真伪），若有回函不符的情况，应及时联系银行落实差异原因，当遇到无法解决的问题时，应尽早向项目负责人汇报并寻求帮助。

3. 回函的整理

将每一份询证函按照银行询证函、跟函记录（或寄出及回函快递查询信息）、工作记录照片、银行网点核实记录的顺序分别装订并编制索引号。若银行未回函，则需将银行询证函与替代测试资料整理汇总并编制索引号，编制银行存款（其他货币资金）函证结果汇总表，如图6-29所示。

银行存款（其他货币资金）函证结果汇总表

被审计单位：湖北蓝天通信科技有限公司（本部）　　编制：XX　　日期：2X19/2/5　　索引号：ZA-005
报表截止日：2X18年12月31日　　复核：XX　　日期：2X19/2/6　　项目：货币资金-银行存款（其他货币资金）函证结果汇总表

询证函编号	开户银行	账号	币种	函证情况					银行询证函索引	冻结、质押等事项说明	函证结果调节表索引号	最终可确认金额	备注
				对账单余额	函证日期	回函日期	回函金额	金额差异					
YH-01	中国银行股份有限公司常州城郊支行	523500008873	人民币	3,870.01	2X19/1/5	2X19/1/5	3,870.01	-	ZA-005-1	无		3,870.01	跟函
YH-02	中国农业银行股份有限公司开发区支行	15270201000001481	人民币	-	2X19/1/5	2X19/1/20	-	-	ZA-005-2	无		-	跟函
YH-03	中国建设银行股份有限公司湖北省分行营业部	37001844330000000987	美元	180.00	2X19/1/8	2X19/1/8	180.00	-	ZA-005-3	无		180.00	邮寄
YH-04	中国建设银行股份有限公司常州支行	37001844330000000052	人民币	1,230,000.00	2X19/1/8	2X19/1/8	1,230,000.00	-	ZA-005-4	无		1,230,000.00	跟函
YH-05	中国建设银行股份有限公司常州支行	37001844330000000345	人民币	-	2X19/1/8	2X19/1/8	-	-	ZA-005-5	无		-	跟函
共 5 行				1,234,050.01			1,234,050.01					1,234,050.01	

1. 没有实施函证的项目及理由
已对全部银行账户实施函证。

2. 对询证函保持控制的说明
1、我事务所所审计人员在被审计单位会计人员的陪同下，亲自到银行进行跟函证，并形成跟函记录，亲自寄回询证函，保持控制与独立性。
2、对于距离较远，无法亲自到银行进行函证的银行账户，由我所审计人员员亲自寄出询证函，并由被函证银行直接寄至我所，我所审计人员已检查寄出与寄回函的快递单号，可以保证对函证程序进行有效的控制。

3. 对以传真或电子邮件形式收到的回函的可靠性的考虑
不适用

审计说明：已对全部银行账户实施函证程序，回函数与银行对账单一致，未见异常。

图6-29　银行存款（其他货币资金）函证结果汇总表

步骤6：审计说明与结论。

关于银行函证程序的审计说明主要包括以下内容。

（1）说明函证的范围。填写"没有实施函证的项目及理由"项目。在实务中，通常对被审计单位全部银行账户实施函证，包括零余额和本期无发生额的账户，填写"已对所有银行账户实施函证"即可。若存在未函证的银行账户，应在此处列出未函证的银行账户，并说明未实施函证的原因。

（2）对询证函保持控制的说明。描述在函证程序的执行过程是如何对函证保持控制的。

①审计人员亲自跟函的情况下，审计人员当场确认函证结果、取得回函并拍照留痕。

②以邮寄方式函证的情况下，说明无法亲自跟函的原因，描述由审计人员直接发函、银行直接回复至会计师事务所、检查物流信息及其他为保持控制而实施的程序。

（3）对以传真或电子邮件形式收到的回函的可靠性的考虑。描述审计负责人如何设计相关程序以保证传真或电子邮件形式收到的回函的可靠性。

（4）对回函情况的说明。根据统计出的回函结果，描述回函情况，主要存在以下三种情况。

①若全部回函且回函一致，填写"回函率100%，且回函一致"即可。

②若存在未回函的银行，统计未回函部分占总额的比例，并描述实施了何种替代测试。

③若存在回函不一致的情况，统计该部分占总额的比例，并说明回函不一致的原因及确认"最终可确认金额"的依据。

在完成以上操作步骤并取得适当的审计证据后，可以得出审计结论，并确认各银行账户的"最终可确认金额"。

任务6-2　有价证券函证

知识目标

说出有价证券函证的含义、函证方式和函证控制方法的内容。

技能目标

能够针对有价证券选取适当的函证方式及函证控制方法，实施全程函证控制，对回函结果进行分析，填写询证过程说明。

素养目标

培养学生认真谨慎、实事求是的审计工作态度。

业务操作

步骤1：获取被审计对象有价证券信息。

1. 获取股票账户信息

制作股票账户的函证之前，需要获取被审计对象股票账户信息、购买股票金额及结余等信息，该信息由被审计单位财务人员从申购股票系统中导出，导出资料包括股票账户资金明细表和股票账户交易流水表，如图6-30及图6-31所示。这两项资料均以Excel格式显示，可以搜索加工相关需要的股票信息。股票账户资金明细表为企业股票资金账户全部资金交易的流水明细，包括资金转入账户、购买股票资金流出、卖出股票资金流入等，交易日期最后一天的"剩余金额"为股票账户资金余额；股票账户交易流水表为企业每次对股票进行交易的流水明细，该明细表中包括的重要信息有证券的名称、买卖标志（买卖标志主要指定交易、申购配号、交收资金冻结、交收资金冻结取消、市值申购中签、市值申购中签扣款、市值申购中签扣款回冲、托管转出、证券买入、证券卖出、股息入账、新股入账等，本书只涉及证券买入和证券卖出）、交易价格、成交数量、佣金、印花税、过户费、交易税费等。

成交日期	证券代码	证券名称	成交价格	成交数量	业务名称	发生金额	剩余金额	股东代码	币种	备注
20180502			0	0	银行转存	10,000.00	10,000.00		人民币	correct_balance=0
20180503			0	0	银行转存	1,580,000.00	1,590,000.00		人民币	correct_balance=0
20180504	600879	航天电子	8.01	30000	证券买入	-240,424.65	1,349,575.35	B882061514	人民币	证券买入
20180504	600879	航天电子	8.01	30000	证券买入	-240,424.65	1,109,150.70	B882061514	人民币	证券买入
20180507	600879	航天电子	8.01	-50000	证券卖出	399,891.68	1,509,042.38	B882061514	人民币	证券卖出
20180607	300251	光线传媒	9.89	30000	证券买入	-296,942.90	1,212,099.48	800366594	人民币	证券买入
20180608	300251	光线传媒	10.13	-20000	证券卖出	202,231.54	1,414,331.02	800366594	人民币	证券卖出

图 6 – 30　股票账户资金明细表

成交日期	成交时间	证券代码	证券名称	买卖标志	成交价格	成交数量	成交编号	委托编号	股东代码	成交金额	净佣金	印花税	过户费	其他费	备注	交易税费
20180504	10:26:14	600879	航天电子	证券买入	8.01	30,000.00	3281585	1229	B882061514	240,300.00	103.3	0	4.81	0	证券买入	16.54
20180504	10:29:23	600879	航天电子	证券买入	8.01	30,000.00	3382985	1268	B882061514	240,300.00	103.33	0	4.81	0	证券买入	27.66
20180507	10:30:58	600879	航天电子	证券卖出	8.01	-50,000.00	3266737	2003	B882061514	400,500.00	172.07	400.49	8.1	0	证券卖出	27.66
20180607	14:17:35	300251	光线传媒	证券买入	9.89	30,000.00	102000009794569	2795	800366594	296,700.00	216.59	0	5.93	0	证券买入	20.38
20180608	10:14:38	300251	光线传媒	证券卖出	10.13	-20,000.00	103000004043295	821	800366594	202,600.00	147.9	202.6	4.04	0	证券卖出	13.92

图 6 – 31　股票账户交易流水表

2. 获取其他股权投资信息

制作长期股权投资的函证之前，需要获取长期股权投资信息，主要为取得股金、股权认购协议等，如图 6 – 32 所示。通过取得的资料，提取相关审计需要的信息，主要包括投资对象、投资金额、持股比例等。

图 6 – 32　股金证

步骤 2：有价证券信息与财务明细账核对。

将前述取得的信息与财务明细账进行核对，该部分内容与银行存款的核对内容一致。

1. 股票账户的函证

将被审计单位财务人员登记的股票台账与申购股票系统中股票账户信息进行核对，台账信息应包含全部股票的买入、卖出、公允价值等，如可供出售金融资产明细表，如图6-33所示。

可供出售金融资产明细表

项目名称	借贷方向	附注分类	未审期初数	期初调整数	审定期初数	审定本期增加	审定本期减少	未审期末数	期末调整数	审定期末数	索引号
可供出售金融资产	借	可供出售权益工具-按成本计量的	5,000,000.00	-	5,000,000.00			5,000,000.00		5,000,000.00	
合计			5,000,000.00 G	-	5,000,000.00 G			5,000,000.00 G		5,000,000.00 G	

审计说明：经检查，总账、明细账、报表数核对相符。

被审计单位：湖北蓝天通信科技有限公司　编制：××　日期：2019-×-×　索引号：ZK-002
报表截止日：2018年12月31日　复核：×××　日期：2019-×-×　项目：可供出售金融资产明细表

图6-33　可供出售金融资产明细表

2. 其他股权投资的函证

对被审计单位其他股权投资的账面信息与取得的资料进行核对，保证账面记载与股权投资的资料显示的金额、投资比例等相符。

步骤3：填制询证函。

1. 股票账户的函证

财政部没有对有价证券函证的模板形式作出规定，实务操作中，审计人员根据自己需要核实的内容进行函证，如图6-34所示。

有价证券询证函

索引号：
编号：

东方证券湖北武汉证券营业部：

　　本公司聘请的××××会计师事务所（特殊普通合伙）正在对本公司2×18年度财务报表进行审计，在审计过程中需要询证贵公司代理本公司办理的有价券交易的功能事项。下列信息出自本公司账簿记录，如与贵公司记录相符，请在本函下端"信息证明无误"处签章证明；如有不符，请在"信息不符"处列明不符项目；如存在与本公司有关的未列入本函的其他项目，也请在"信息不符"处列出这些项目的金额及详细资料。回函请直接寄至××××会计师事务所（特殊普通合伙）。

　　回函地址：北京市××区复××大街××号××　　邮编：××
　　电话：×××××××　　传真：010-××　　联系人：××

图6-34　股票账户询证函（1）

(1) 填制基本信息。该部分内容与银行存款函证的填制内容类似,包括的要素基本相同。

①询证函抬头。填写正确的开户证券公司名称,应明确至××具体营业网点,例:东方证券湖北武汉证券营业部。

②中介机构。填写正确的会计师事务所名称,例:××会计师事务所(特殊普通合伙)。

③报表截止日期。填写正确的审计需确定的报表截止日,例:2018年12月31日,或2018年度。

④回函地址及联系人信息。填写正确的收函地址及联系人,此信息为会计师事务所的地址及会计师姓名及联系电话,例:回函地址:×××,联系人:×××,电话:×××等。

(2) 填制需要核实的财务信息。因该部分的函证格式没有具体要求,审计人员可根据需要进行列示,针对股票账户,在实务操作中主要关注以下两个信息,即报表截止日剩余股票情况和报表截止日证券资金账户剩余资金。

①报表截止日剩余股票情况,根据股票账户交易流水,按证券代码(证券名称)统计其买入及卖出股票数量,计算出报表截止日剩余股票的数量。其具体操作为:某证券股票报表截止日剩余股票数量 = 期初剩余股票数量 + 本期买入股票数量 − 本期卖出股票数量。

根据股票账户交易流水中的数据统计的证券投资账项的信息如图6-35所示。

1.截至2018年12月31日,本公司的证券投资账项列示如下:

股东账号	证券名称	证券代码	数量
B882061514	航天电子	600879	10000
800366594	光线传媒	300251	10000

图6-35 股票账户询证函(2)

②报表截止日证券资金账户剩余资金,根据股票账户资金明细剩余金额项填列。股票账户资金明细中的数据统计的证券投资账户资金的信息如图6-36所示。

2.截止2017年12月31日，本公司资金余额如下：

账户名称	资金账户名称	资金账号	资金余额
湖北蓝天通信科技有限公司	湖北蓝天通信科技有限公司	002929116789	1,414,331.02

截至2018年12月31日止，上述资金账号的资金划回不受任何限制

图6-36 股票账户询证函（3）

（3）加盖被审计单位公章，如图6-37所示。

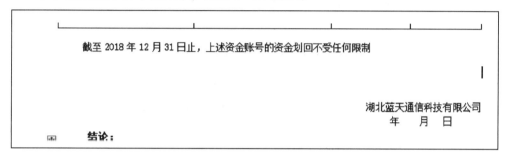

图6-37 股票账户询证函（4）

（4）结论部分由被函证单位填写，审计人员根据被函证单位填写的结论进行统计，如图6-38所示。

结论：	
1.信息证明无误。 （被询证单位盖章） 年 月 日 经办人：	2.信息不符，请列明不符项目及具体内容。 （被询证单位盖章） 年 月 日 经办人：

图6-38 股票账户询证函（5）

2. 其他股权投资的函证

（1）填制基本信息，如图6-39所示。

图6-39 其他股权投资询证函（1）

（2）填制需要核实的财务信息。因该部分的函证格式没有具体要求，审计人员可根据需要进行列示，针对股权投资，在实务操作中主要关注以下两个信息，即投资的金额和持股比例，如图6-40所示。

图6-40 其他股权投资询证函（2）

（3）加盖被审计单位公章，如图6-41所示。

图6-41 其他股权投资询证函（3）

（4）结论部分由被函证单位填写，审计人员根据被函证单位填写的结论进行统计，如图6-42所示。

结论:	
1. 信息证明无误。	2. 信息不符,请列明不符项目及具体内容(或在本函背面说明)。
(公司盖章) 年　月　日 经办人:	(公司盖章) 年　月　日 经办人:

第 1 页 共 2 页

图 6-42　其他股权投资询证函(4)

附件一:证券投资询证函样示,如图 6-43 所示。

图 6-43　证券投资询证函

附件二：其他股权投资的询证函可参照长期股权投资询证函样示，如图 6-44 所示。

长期股权投资询证函

_____(公司)：

_____公司（以下简称"本公司"）聘请的XXXX会计师事务所（特殊普通合伙）正在对本公司财务报表进行审计，按照中国注册会计师审计准则的要求，应当询证本公司与贵公司的长期股权投资等事项。下列信息出自本公司账簿记录，如与贵公司记录相符，请在本函下端"信息证明无误处"签章证明，如有不符，请在"信息不符"签章，并列明不符项目。如存在与本公司有关的未列入本函的其他项目，也请在"信息不符"处列出项目的金额及详细资料。回函请直接寄至XXXX会计师事务所（特殊普通合伙）。

回函地址：_____   邮编：_____
电话：_____   传真：_____
联系人：审计——部 _____   项目处项目负责人：_____

1.截至 年 月 日止，本公司对贵公司的长期股权投资账面列示如下：

被投资单位名称	注册资本	投资期限	主管业务	所占比例	初限投资金额	累计盈亏金额	期末余额

2.其他事项

（公司盖章）
年 月 日

结论：

1. 信息证明无误。	2. 信息不符，请列明不符项目及具体内容（或在本函背面说明）。
（公司盖章） 年 月 日 经办人：	（公司盖章） 年 月 日 经办人：

图 6-44 长期股权投资询证函

步骤4：函证方式的选择与函证的控制。有价证券函证方式的选择与发函回函的控制和银行存款函证的方式与控制方法相同。审计人员在实务操作中可以参照银行存款函证方式的选择和函证的控制的要求进行操作。

步骤5：函证回函的统计与核对。有价证券函证回函的统计与核对和银行存款函证的方法相同。审计人员在实务操作中可以参照银行存款函证要求的步骤进行操作。

股票账户的函证回函的整理。将每一份股票账户询证函信息记录制作函证情况汇总表，并按照询证函、跟函记录（或寄出及回函快递查询信息）、工作记录照片、开户证券机构网点核实记录的顺序分别装订并编制索引号。若被询证单位未回函，则需将股票账户询证函与替代测试资料整理汇总并编制索引号。编制函证情况汇总表，如图6－45所示。

交易性金融资产函证情况汇总表

被审计单位：高康资本投资管理有限公司　　编制：朱哲　　日期：2018-1-11　　索引号：ZB-003
报表截止日：2017年12月31日　　复核：张全成　　日期：2018-1-15　　项目：交易性金融资产-函证情况汇总表

项目名称	证券名称、代码	资金账号	开户名称	账面结存数量	回函确认数量	差异	询证函索引	发函日期		回函日期	替代测试索引
								第一次发函日期	第二次发函日期		
证券投资	航天电子，600879	2929116789	东方证券湖北武汉证券营业部	10,000.00	10,000.00	-	ZB-003-1	2019-××-××		2019-××-××	
证券投资	光线传媒、300251	2929116789	东方证券湖北武汉证券营业部	10,000.00	10,000.00	-	ZB-003-1	2019-××-××		2019-××-××	
审计说明	对股票账户进行函证，经函证，账面记载事项与回函相符，账面股票结存数量可以确认，未发现异常。										

图6－45　函证情况汇总表

根据每一份股权投资询证函信息记录制作函证结果汇总表，并按照询证函、跟函记录（或寄出及回函快递查询信息）、工作记录照片、开户证券机构网点核实记录的顺序分别装订并编制索引号。若被询证单位未回函，则需将账户询证函与替代测试资料整理汇总并编制索引号。编制函证结果汇总表，如图6－46所示。

可供出售金融资产函证结果汇总表

被审计单位：湖北蓝天通信科技有限公司　　编制：××　　日期：2019-××-××　　索引号：ZK-03
报表截止日：2018年12月31日　　复核：×××　　日期：2019-××-××　　项目：可供出售金融资产-函证结果汇总表

询证函编号	收函单位名称	收函地址	产品名称/证券名称	数量	账存单价/面值	折合账面金额	函证方式	函证日期	回函日期	回函可以确认金额					备注
										回函直接确认数量	调节后可以确认数量	回函可以确认金额	调节表索引号	争议未决数量	
1	湖北武汉农村商业银行股份有限公司	湖北武汉×××街××××	-			5,000,000.00	跟函		2019/2/22	2019/2/22		5,000,000.00			
共 1 行				-		5,000,000.00				43,518	-	5,000,000.00		-	

抽取样本的总金额：	5,000,000.00	回函可以确认金额	5,000,000.00	争议未决金额	
企业期末总金额：	5,000,000.00	占发函样本的比例	100.00%	占发函样本的比例	0.00%
抽取样本占年末总额的比例：	100.00%				

第1页

二、对误差的分析

项　目	金　额
1. 已识别的误差	
2. 推断出的总体误差（扣除已识别的误差）	

审计说明　已对该投资进行函证，采用现场跟函的方式，已形成跟函记录并取得函证回函，详见ZK-003-1

图6－46　函证结果汇总表

步骤6：审计说明与结论。有价证券函证的审计说明和审计结论与银行存款函证的方法相同。审计人员在实务操作中可以参照银行存款函证要求的步骤进行操作。

举例如下。

审计说明:"对股票账户全部进行函证,经函证,账面记载事项与回函相符,账面股票结存数量可以确认。"

任务6-3 往来账款函证

知识目标

说出往来账款函证的含义、函证方式和函证控制方法的内容。

技能目标

能够针对往来账款选取适当的函证方式及函证控制方法,实施全程函证控制,对回函结果进行分析,填写询证过程说明。

素养目标

培养学生认真谨慎、实事求是的审计工作态度。

业务操作

步骤1:获取被审计单位往来款信息并核对。取得被审计单位往来账款明细账及其账龄明细表,检查明细表与总账是否一致,检查其债权人、债务人名称是否正确,编制往来科目明细表底稿,如图6-47所示。

图6-47 往来科目明细表底稿

(1)可取得相关合同,检查账面记载金额与合同是否一致。

(2)检查相关银行回单,查看银行回单中记录信息是否与账面记载一致。

（3）可登录企业工商信息查询界面检查往来单位的真实性。

步骤2：填制询证函。财政部没有对往来账款函证的模板形式作出规定，实务操作中，审计人员根据自己的需要核实的内容进行函证，该示例可供参考。

1. 填制基本信息

询证函基本信息的填制样式基本相同，实务操作步骤可参考银行询证函和有价证券函证的操作步骤方法。

2. 填制需要核实的财务信息

因该部分的函证格式没有具体要求，审计人员可根据需要进行列示，在实务操作中主要包括两种类型的询证函：一种是只函证往来科目余额，另一种是既函证余额又函证其交易发生额。

（1）只函证往来科目余额。下面以应收账款科目为例进行说明，其他往来科目的函证与应收账款科目函证相同，如图6-48和图6-49所示。一般情况下，函证

图6-48 往来科目询证函样示（1）

审计期间的期初余额和期末余额如图 6-48 中"截止日期"栏;"贵公司欠"表示被询证单位欠被审计单位的款,被审计单位为债权人(即在 2018 年 12 月 31 日结束时江苏通光光缆有限公司欠湖北蓝天通信科技有限公司 5 606 017.04 元),"贵公司欠"主要涉及应收账款、预付账款、其他应收款的借方余额;"欠贵公司"表示被审计单位欠被询证单位款项,被审计单位为债务人,主要涉及科目为应付账款、预收账款、其他应付款。

联系人:审计____部_____			项目组项目负责人:_____		
1. 本公司与贵公司的往来账项列示如下:					
截止日期: 年 月 日					单位:元
项目	本公司账面金额	如金额不符,请列明贵公司账面记录的金额(注)	项目	本公司账面金额	如金额不符,请列明贵公司账面记录的金额(注)
应收贵公司金额	5,606,017.0		应付贵公司金额		
• 应收账款	5,606,017.0		• 应付账款		
• 其他应收款			• 其他应付款		
• 收票据			• 应付票据		
预付贵公司金额			预收贵公司金额		
除以上所列结存或结欠贵公司之款额,本公司并无其他结存或结欠贵公司之款额。					
† 此栏由被询证者在函证金额不符的情况下填写。					

图 6-49 往来科目询证函样示(2)

(2)既函证余额又函证其交易发生额。下面以应收账款科目为例进行说明,其他往来科目的函证与应收账款科目函证相同。对于交易金额重大或交易较特殊的往来,审计人员根据重要性的要求,可能会选择既函证其截止日余额又函证其交易的发生额,这部分函证的余额项与"(1)只函证往来科目余额"中列示相同,只是增加了发生额的相关函证内容,

根据交易的不同性质进行列示,可以检查其往来交易的款项性质,如图 6-50 所示。

(3)针对特殊重大交易或审计认为其他有必要的情况下,可以更加详细地与对方单位进行确认,函证截止日余额、款项性质、收付款情况、销售(采购)情况等信息,如图 6-51、图 6-52 及图 6-53 所示。

2. 本公司与贵公司的交易发生额列示如下：

会计期间: 年 月 日至 年 月 日		单位：元
项目	本公司账面金额	如金额不符，请列明贵公司账簿记录的金额*
本公司向贵公司销售商品的金额		
本公司向贵公司提供劳务的金额	5,606,017.04	
本公司从贵公司采购的金额		
本公司从贵公司接受劳务的金额		
本公司从贵公司承包工程的金额		
本公司向贵公司分包工程的金额		
本公司向贵公司租赁的金额		
本公司从贵公司承租的金额		
贵公司对本公司已验工金额		
本公司向贵公司提供担保金额		
贵公司向本公司提供担保金额		
本公司向贵公司提供资金金额		
贵公司向本公司提供资金金额		

*此栏由被询证者在函证金额不符的情况下填写。

图6-50 往来科目询证函样示（3）

企业询证函

编号：

江苏宏图高科技股份有限公司光电线缆分公司：

　　本公司聘请的××××会计师事务所（特殊普通合伙）正在对本公司截止2018年12月31日财务报表进行审计，按照中国注册会计师审计准则的要求，应当询证本公司与贵公司的往来账项等事项。下列信息出自本公司账簿记录，如与贵公司记录相符，请在本函下端"信息证明无误"处签章证明；如有不符，请在"信息不符"处列明不符项目。如存在与本公司有关的未列入本函的其他项目，也请在"信息不符"处列出这些项目的金额及详细资料。回函请直接寄至××××会计师事务所（特殊普通合伙）收。

回函地址：北京市×××区×××大街××号××××　　　邮编：1×××××
电话：1×××××××　　　传真：010-×××××　　　联系人：××

1. 本公司及集团内其他公司与贵公司的往来账项列示如下：

单位：元

我方单位	贵公司欠		欠贵公司		备注
	2018/12/31	2017/12/31	2018/12/31	2017/12/31	
湖北蓝天通信科技有限公司	5,606,017.04	-	895,383.04		货款
总　计	5,606,017.04		895,383.04	-	

2. 其他事项。

图6-51 详细函证第一页

江苏宏图高科技股份有限公司光电线缆分公司：

下列信息出自本公司账簿记录，请贵公司核对。

1、收款信息：

(1) 贵公司及贵公司下游客户汇款金额汇总：

2018年收到货款汇总

收款单位	付款单位	金额	备注
湖北蓝天通信科技有限公司	江苏宏图高科技股份有限公司光电线缆分公司	32,940,343.15	
合计		32,940,343.15	

(2) 贵公司及贵公司下游客户汇款金额明细如下：

2018年收到货款明细

收款单位	客户名称	时间	金额	备注
湖北蓝天通信科技有限公司	江苏宏图高科技股份有限公司光电线缆分公司	2018-02-26	1,095,300.00	农行收货款
湖北蓝天通信科技有限公司	江苏宏图高科技股份有限公司光电线缆分公司	2018-06-14	12,077,000.00	农行收货款
湖北蓝天通信科技有限公司	江苏宏图高科技股份有限公司光电线缆分公司	2018-08-21	1,120,800.00	农行收货款
湖北蓝天通信科技有限公司	江苏宏图高科技股份有限公司光电线缆分公司	2018/9/3	5,159,232.79	农行收货款
湖北蓝天通信科技有限公司	江苏宏图高科技股份有限公司光电线缆分公司	2018-10-15	10,600,000.00	农行收货款
湖北蓝天通信科技有限公司	江苏宏图高科技股份有限公司光电线缆分公司	2018-12-26	2,888,010.36	农行收货款
合计			32,940,343.15	

图 6-52　详细函证第二页

2、(1) 2018年湖北蓝天通信科技有限公司给贵公司发货汇总情况：

发达面粉集团股份有限公司2018年发货汇总表

客户名称	存货名称	件数（包）	数量（公斤）	金额	备注
江苏宏图高科技股份有限公司光电线缆分公司	光缆	19,722.00	19,722,000.00	29,574,600.00	
江苏宏图高科技股份有限公司光电线缆分公司	电线	10,270.00	10,270,000.00	7,145,800.00	
江苏宏图高科技股份有限公司光电线缆分公司	配件			950.66	
合计		29,992.00	29,992,000.00	36,721,350.66	

2、(2) 2018年湖北蓝天通信科技有限公司给贵公司发货明细表：

发达面粉集团股份有限公司2018年发货明细

客户名称	销售出库日期	存货名称	规格型号	件数（包）	数量（米）	单价	金额
江苏宏图高科技股份有限公司光电线缆分公司	2018/2/26	光缆	GUANGLAN-001	150.00	150,000.00	0.90	135,000.00
江苏宏图高科技股份有限公司光电线缆分公司	2018/3/1	光缆	GUANGLAN-015	12.00	12,000.00	0.80	9,600.00
江苏宏图高科技股份有限公司光电线缆分公司	2018/6/14	电线	DIANXIAN-006	170.00	170,000.00	0.74	125,800.00
江苏宏图高科技股份有限公司光电线缆分公司	2018/6/20	光缆	GUANGLAN-015	1,800.00	1,800,000.00	0.80	1,440,000.00
江苏宏图高科技股份有限公司光电线缆分公司	2018/8/21	电线	DIANXIAN-027	2,100.00	2,100,000.00	0.60	1,260,000.00
江苏宏图高科技股份有限公司光电线缆分公司	2018/8/30	光缆	GUANGLAN-001	300.00	300,000.00	0.90	270,000.00
江苏宏图高科技股份有限公司光电线缆分公司	2018/9/3	电线	DIANXIAN-016	8,000.00	8,000,000.00	0.72	5,760,000.00
江苏宏图高科技股份有限公司光电线缆分公司	2018/9/6	光缆	GUANGLAN-061	7,000.00	7,000,000.00	2.00	14,000,000.00
江苏宏图高科技股份有限公司光电线缆分公司	2018/10/15	光缆	GUANGLAN-015	6,000.00	6,000,000.00	0.80	4,800,000.00
江苏宏图高科技股份有限公司光电线缆分公司	2018/10/15	配件					950.66
江苏宏图高科技股份有限公司光电线缆分公司	2018/12/26	光缆	GUANGLAN-061	4,460.00	4,460,000.00	2.00	8,920,000.00
合计				29,992.00	29,992,000.00		36,721,350.66

图 6-53　详细函证第三页

步骤3：加盖被审计单位公章。

步骤4：结论部分由被函证单位填写，审计人员根据被函证单位填写的结论进行统计。

附件一：往来款项询证函余额项样式，如图6-54所示。

企业询证函

询证函编号：hz-1

本公司聘请的××会计师事务所(特殊普通合伙)正在对本公司××年度财务报表进行审计，按照中国注册会计师审计准则的要求，应当询证本公司与贵公司的往来账项等事项。下列信息出自本公司账簿记录，如与贵公司记录相符，请在本函下端"信息证明无误"处签章证明；如有不符，请在"信息不符"处列明不符项目。如存在与本公司有关的未列入本函的其他项目，也请在"信息不符"处列出这些项目的金额及详细资料。回函请直接寄至××会计师事务所（特殊普通合伙）。

回函地址： 邮编：
电话： 联系人：
1. 本公司××年××月××日与贵公司的往来账项列示如下：

图6-54　往来款项询证函样式（1）

附件二：往来款项询证函余额项样式，如图6-55所示。

1. 本公司××年××月××日与贵公司的往来账项列示如下：		
		单位：人民币元
往来账项	金　额	备注
应收账款	－	
应付账款	－	
预付账款	－	
预收账款	－	
其他应收款	－	
其他应付款	－	
应收票据	－	
应付票据	－	
合　　计	－	

图6-55　往来款项询证函样式（2）

附件三：往来款项询证函交易式样式，如图6-56及图6-57所示。

2. 其他事项		

本函仅为复核账目之用，并非催款结算。若款项在上述日期之后已经付清，仍请及时函复为盼。

被审计单位（签章）

20××/××/××

结论：

1. 信息证明无误	2. 信息不符，请列明不符的详细情况
（签章）	（签章）
经办人：	经办人：
日期：　年　月　日	日期：　年　月　日

图6-56　往来款项询证函样式（3）

企业询证函——函证账户余额及交易			
会计期间： 年 月 日至 年 月 日			单位：元
项目：	本公司账面金额	如金额不符，请列明贵公司账簿记录的金额	
贵公司对本公司已验工金额：			
本公司向贵公司提供担保金额：			
贵公司向本公司提供担保金额：			
本公司向贵公司提供资金金额：			
贵公司用本公司提供资金金额：			

1. 其他事项：

本函仅为复核账目之用，并非催款结算，若款项在上述日期之前已经付清，仍请及时回复为盼。

（公司盖章）

年 月 日

以下仅供被询证方使用：	
1. 信息证明无误。 确认上述 贵公司账面金额与本公司账目相符。 （公司盖章） 承办人： 年 月 日	2. 信息不符，请列明不符项目及具体内容（或在本函背面说明）。 （公司盖章） 承办人： 年 月 日

图 6-57 往来款项询证函样式（4）

步骤 5：函证方式的选择与函证的控制。往来款项函证方式的选择与银行存款类似，即可以选择审计人员跟函、邮寄、电子邮件、传真等方式。

为使函证程序有效地实施，在询证函发出前，审计项目组需要对询证函上的各项资料进行充分核对并形成审计底稿，主要注意事项如下。

1. 发出函证前的控制

(1) 询证函中填列的被询证单位（个人）的信息是否与被审计单位账簿中的有关记录保持一致。

(2) 选择的被询证单位是否适当，包括被询证单位对被函证信息是否知情、是否具有客观性、是否拥有回函的授权等。

(3) 是否已在询证函中正确填列被询证单位直接向注册会计师回函的地址（回函地址应当为会计师事务所）。

(4) 是否已将被询证单位的名称、地址与被审计单位有关记录进行核对，以确保询证函中的名称、地址等内容的准确性。

可以执行的程序包括但不限于：通过拨打公共查询电话核实被询证单位的名称和地址；通过被询证者单位网站或其他公开网站核对被询证者的名称和地址；将被询证单位的名称和地址信息与被审计单位持有的相关合同等文件核对；对于供应商或客户，可以将被询证单位的名称、地址与被审计单位收到或开具的增值税专用发票中的对方单位名称、地址进行核对。

如果发现企业提供的地址与项目组查询出来或者开具的增值税专用发票不一致的情况，务必追查原因，并请企业做书面说明。

需要特别注意的是，如果被询证的对象为个人，则需要核对被询证者的身份，如要求提供被询证者身份证复印件等。

2. 不同函证方式的控制

根据注册会计师对舞弊风险的判断，以及被询证者的地址和性质、以往回函情况、回函截止日期等因素，询证函的发出和收回可以采用邮寄、跟函、电子形式函证（包括传真、电子邮件、直接访问网站等）等方式。

(1) 通过邮寄方式发出询证函时采取的控制措施。为避免询证函被拦截、篡改等舞弊风险，在邮寄询证函时，审计项目组务必在核实由被审计单位提供的被询证单位（个人）的联系方式后，独立寄发询证函（不得由被审计单位代替邮寄询证函）。

(2) 通过跟函的方式发出询证函时采取的控制措施。如果项目组认为跟函的方式（即审计人员独自或在被审计单位员工的陪伴下亲自将询证函送至被询证单位（个人），在被询证单位（个人）核对并确认回函后，亲自将回函带回的方式）能够获取可靠信息，可以采取该方式发送并收回询证函。跟函过程中审计人员需要保持对询证函的控制，同时，对被审计单位和被询证单位（个人）之间串通舞弊的风险保持警觉。跟函过程中，审计人员需记录跟函过程，形成往来款项函证的跟函记录并存放于底稿中，如图6-58所示。

中兴财光华会计师事务所
审计人员亲自前往询证（跟函）工作记录

| 客户名称： | 湖北蓝天通信科技有限公司 | 编制人： | 日期： | 索引号： |
| 截止日： | 2018/12/31 | 复核人： | 日期： | 页　次： |

一、
1. 被询证单位名称：　　　　　　　　询证内容：
2. 地址：　　　市　　　县　　　街（路）　　　号
   与被审计单位是否同城：　　　　　　实施现场询证日期：
3. 接待人员：姓名：　　　　工号：　　　　日期：
   接待人员确认的回函方式：　　　现场回复（　）　　邮寄回函（　）

二、被审计单位陪同情况
   陪同人员姓名：　　　　职务：　　　　身份证号：

三、亲自前往函证（跟函）回函的获取方式确认：由被询证单位工作人员直接面交（　）邮寄回函（　）

四、取得的回函索引：

五、回函结果不符情况描述：

六、审计人员实施函证过程说明
   审计人员声明：
   我在此签字表明：我确认是本人与陪同人员　　　　　　　　　一同前往被询证单位实施函
   本函证由本人于　年　月　日面交被询证单位工作人员（姓名/工号：　　　　　），
   回函于　年　月　日由被询证单位工作人员（姓名/工号：　　　　　）面交本人\由被
   询证单位邮寄本所。

   签字：　　　　　　　　日期：

图6-58 往来款项函证的跟函记录样式

注意：在我国目前的实务操作中，由于被审计单位之间的商业惯例还比较认可印章原件，所以邮寄和跟函方式更为常见。如果审计人员根据具体情况选择通过电子方式发送询证函，在发函前可以基于对特定询证方式所存在风险的评估，采取相应的控制措施，记录于底稿评估过程并说明能够采用电子方式发送询证函的合理理由。

项目组应当对往来账款进行函证，"回函+替代程序"的比例要达到应收账款期末余额的70%以上。在具体实施过程中，要将函证样本的抽样方法详细记录于底稿中，发函的样本量要控制在期末余额的80%以上，以便保证回函率。如果发函率较低，请将发函率较低、回函率较低依然能够达到审计目的的原因详细记录在底稿中，并结合审计经验、其他审计证据写明原因。对于当年交易较为频繁、大额或者新增的交易、事项，项目组还应该考虑对发生额进行函证，以获取更为可靠的外部证据支持审计结论。

实务中，表明往来款函证很可能无效的情况包括以下方面。

（1）以往审计业务经验表明回函率很低。

（2）某些特定行业的客户通常不对应收账款询证函回函，如电信行业的个人客户。

（3）被询证者系出于制度的规定不能回函的单位。

如果存在上述情况，需要在底稿中进行详细的说明，并在底稿中记录实施的其他替代程序以支持审计结论。

步骤6：函证回函的统计与核对。

1. 函证的独立性检查

收到回函后，根据函证控制的要求检查回函是否具有独立性，是否真实。此部分检查方法与银行询证函一致，实际操作可参考银行询证函。

2. 函证基础信息的统计

通过检查，回函符合对函证的控制要求，函证的真实性可以确认后，审计人员应根据发函及回函情况进行统计。其主要统计内容有：被询证单位（个人）的名称、询证函编号、抽取该样本时考虑的样本特征（如余额大、交易频繁、重大交易、异常交易、关联方、随机、其他等）、账面金额、回函金额、发函日期、回函日期等基础信息。

注意：函证基础信息的统计可根据询证函填写，若回函相符，示例中"回函确认金额"与账面金额一致，即询证函中函证的截止日金额；若回函不相符，"回函确认金额"应填写"被询证单位回函不符"栏列示的金额。实务操作中，若回函不符，被询证单位通常填写自己账面金额，若回函未填写被询证单位账面金额，再次函证，或实施其他询问程序，了解并核对对方单位账面信息。

3. 函证内容的核对

通过记录的函证基础信息，如图6-59所示，可以比较检查被审计单位账面记载金额与被询证单位（个人）回函金额是否一致，如图6-59中"差异"所示，"差异"=账面金额-回函确认金额。并且可以统计出函证样本比例占总账面记载的比例，查看函证比例是否符合函证的要求。

应收账款函证结果汇总表

单位名称	询证函编号	样本特征	币种	账面金额	回函确认金额	差异	差异调节表索引	函证方式	回函形式 纸质原件	传真件	电子邮件	其他介质	函证日期 第一次	第二次	回函日期	替代测试索引号
江苏通光光缆有限公司	YSZK-1	余额较大	人民币	5,606,017.04	5,606,017.04	-		邮寄	√				2019/1/9		2019/1/20	
深圳市特发信息股份有限公司东莞分公司	YSZK-2	余额较大	人民币	7,245,607.35	7,245,607.35	-		邮寄	√				2019/1/9		2019/1/16	
江苏宏图高科技股份有限公司光电线缆分公司	YSZK-3	余额较大	人民币	7,888,510.11	7,888,510.11	-		邮寄	√				2019/1/9		2019/2/3	
烽火通信科技股份有限公司	YSZK-4	余额较大	人民币	6,166,639.95	6,066,639.95	100,000.00	ZE-003-1	邮寄	√				2019/1/9		2019/2/9	
国网湖北省电力公司物资公司	YSZK-5	账龄较长	人民币	574,010.04				走访					2019/1/9		2019/2/5	
共 5 行				27,480,784.49	27,380,784.49	100,000.00										

样本特征	样本户数	样本金额	样本特征	样本户数	样本金额
余额较大	4.00	26,906,774.45	异常交易	-	-
账龄较长	1.00	574,010.04	重大交易	-	-
交易频繁	-	-	其他	-	-
关联方	-	-	随机	-	-
样本合计	5.00	27,480,784.49	企业期末户数及金额	15.00	33,530,961.52
抽取样本占报表的比例	0.33	0.82			

二、审计说明
1. 选样方法及样本量说明。
按照期末余额较大、往来账款账龄较长、交易频繁等特点选取样本，充分考虑各个因素，函证样本占总金额80%，样本数量占总样本30%。

图6-59　往来款项函证汇总表

4. 差异的处理

通过函证的统计与核对，若账面金额与被询证单位（个人）回函确认的金额存在差异，需实行进一步的检查程序，查找差异的原因，从而核实是否存在差错或舞弊的现象。

针对存在差异的往来客户，审计人员应在审计底稿中填制函证差异调节检查表、函证结果检查表，实物操作中，没有统一的模板要求，下面以鼎信诺审计软件自带的底稿模板为示例，介绍存在回函差异时应进行检查的内容。审计人员在实务操作中，可根据自己的需要和审计思路进行设计。

1）应收账款函证差异调节表检查

（1）对被询证方回函余额进行调节。

①调节表中应先列示被询证方回函余额（A）。

②本公司已记录应收账款增加而被询证方尚未确认的应收账款合计（B）。

通过被审计单位记载的明细账与被询证单位记载的明细账进行核对，查明是否存在被审计单位应收账款借方已记录增加，但对方单位尚未记账的情况。若存在上述情况，应详细记录其凭证信息，并检查其后附原始资料是否支撑记账凭证的记载，检查合同等信息，检查业务发生的时间是否应归属于审计期间等。若记账正确且属于审计期间发生的业务，则该项差异事项成立且不需要进行调整；若通过检查，发现记账错误、往来事项不属于被审计期间或者存在其他差错或舞弊的情况，审计人员应对其进行调整。

③本公司已记录收回应收账款而被询证方尚未确认的应收账款合计（C）。

④调节后的被询证方余额（D）。

调节后的被询证方余额（D）=调节表中应先列示被询证方回函余额（A）+本公司已记录应收账款增加而被询证方尚未确认的应收账款合计（B）-本公司已记录收回应收账款而被询证方尚未确认的应收账款合计（C）。

（2）被审计单位账面金额进行调节。

①本公司账面记录余额（E）。

②被询证方已记录应收账款增加而本公司尚未确认的应收账款合计（F）。

③被询证方已记录支付应收账款而本公司尚未收到的应收账款合计（G）。

④调整后本公司账面余额（H）。

调整后本公司账面余额（H）=本公司账面记录余额（E）+被询证方已记录应收账款增加而本公司尚未确认的应收账款合计（F）-被询证方已记录支付应收账款而本公司尚未收到的应收账款合计（G）。

（3）比较。调节后的被询证方余额（D）与调整后本公司账面余额（F）进行比较，若无差异，则调整结束；若调节后仍有差异，继续对双方往来明细账进行检查，查看是否存在同一笔交易，双方记账金额不一致的情况，进一步核实。编制应收账款函证差异调节表检查如图6-60所示。

注意：在调节过程中，应查找出产生差异的原因，如果被审计单位结账正确，不需要进行调整；但可能存在被审计单位记账错误或其他原因的情况，则需要进行调整。这是发现错报、舞弊的一个重要方法。

2）应收账款函证结果调节表

应收账款函证结果调节表是对"应收账款函证差异调节表检查"的汇总整理，如图6-61所示，使差异的检查更为直观。以被询证单位回函金额为基数，"调节后金额"等于"被询证单位回函金额"减去"被询证单位已记录事项"加上"被审计单位已记录事项"，将调整后的金额与被审计单位账面金额进行比较，直到显示"不存在差异"。

应收账款函证结果调节表

被审计单位：北京金山科技股份有限公司　编制：费梦珂　日期：2020年1月17日　索引号：ZE-010
报表截止日：2020年12月31日　复核：　日期：　项目：应收账款-函证结果调节表

被询证单位：SC汇源光通信有限公司
回函日期：2020-01-09
1. 被询证单位回函余额：6,539,920.54
2. 减：被询证单位已记录项目

序号	日期	摘要（运输途中、存在争议的项目等）	凭证号	金额
1				
2				
3				
合计				-

3. 加：被审计单位已记录项目

序号	日期	摘要（运输途中、存在争议的项目等）	凭证号	金额
1	2019.12.25	销售四川汇源铝包钢单丝一批68751	记字534	510,852.33
2				
3				
合计				510,852.33

4. 调节后金额：7,050,772.87
5. 被审计单位账面余额：7,050,772.87
6. 调节后是否存在差异，差异金额：不存在差异

审计说明：

图 6-60　应收账款函证差异调节表检查

应收账款函证结果调节表

被审计单位：湖北蓝天通信科技有限公司　编制：××　日期：2019-××-××　索引号：ZE-006
报表截止日：2018年12月31日　复核：××　日期：2019-××-××　项目：应收账款-函证结果调节表

被询证单位：烽火通信科技股份有限公司
回函日期：2019-02-09
1. 被询证单位回函余额：6,066,639.95
2. 减：被询证单位已记录项目

序号	日期	摘要（运输途中、存在争议的项目等）	凭证号	金额
1				
2				
3				
合计				-

3. 加：被审计单位已记录项目

序号	日期	摘要（运输途中、存在争议的项目等）	凭证号	金额
1	2018-12-31	为烽火通信科技股份有限公司提供技术服务	记-60#	100,000.00
2				
3				
合计				100,000.00

4. 调节后金额：6,166,639.95
5. 被审计单位账面余额：6,166,639.95
6. 调节后是否存在差异，差异金额：不存在差异

审计说明：通过调节，与烽火通信科技股份有限公司往来账款不存在差异

图 6-61　应收账款函证结果调节表

5. 替代测试

对于未收到回函或无法发函的往来客户应对其进行替代测试，替代测试的内容为检查其交易发生额及期后事项，用于核实其发生额及余额的准确性。

替代结果汇总表和替代测试表以鼎信诺软件底稿模板中替代测试的内容为例，如图6-62及图6-63所示，可以为审计人员在做替代测试时提供工作思路。

替代结果汇总表

被审计单位: 湖北蓝天通信科技有限公司	编制: ××	日期: 2019-××-××	索引号: ZE-007
报表截止日: 2018年12月31日	复核: ××	日期: 2019-××-××	项目: 应收账款-替代结果汇总表

替代测试索引号	债务人名称	币种	原币金额	通过替代测试可以确认金额	备注
	共0行			-	-
审计说明:					

图6-62　替代结果汇总表

被审计单位: 北京金山通信科技股份有限公司			索引号: Z5-2-3		页次:
项目: 应收账款未回函替代测试表			编制人:		日期:
财务报表截止日: 2019/12/31			复核人:		日期:
顾客名称:	JS通光光缆有限公司				

年初余额	借方发生额	贷方发生额	年末余额
7,251,018.02	57,908,281.44	56,746,600.70	8,412,698.76

1、期末余额的支持证据检查

		入账金额				检查内容			
序号	日期	凭证号	摘要	金额	1	2	3		
1	2019/1/18	117	销售JS通光铝包钢单架一批73163	895,370.68	√	√	√		
2	2019/1/25	323	销售JS通光铝包钢单架一批66578-66579	1,289,221.36	√	√	√		
3	2019/1/25	373	销售JS通光铝包钢单架一批73164-73169	1,990,744.63	√	√	√		
4	2019/1/25	423	销售JS通光铝包钢单架一批66462-66464	555,536.98	√	√	√		
5	2019/1/25	436	销售JS通光铝包钢单架一批66603-66605	248,061.88	√	√	√		
6	2019/2/14	4	销售JS通光铝包钢单架一批66614-66616	251,546.85	√	√	√		
7	2019/2/15	14	收款-JS通光贷款	1,000,000.00	√	√	√		
8	2019/2/25	169	销售JS通光铝包钢单架一批66665-66666 66668	813,090.21	√	√	√		

图6-63　替代测试表

步骤7：审计说明与结论。往来账款函证的审计说明与结论和银行存款函证的编制内容类似，主要包括函证范围的选择、函证方式及函证的控制、函证结果的核对等信息，如图6-64所示。

注意：实务操作中，可能会遇到往来账款函证的数量巨大且只函证余额的情况，这种方式模板比较固定，只需填列截止日余额，所以审计人员可批量生成询证函，主要方法有Word中合并邮件或运用简单的小程序。

图6-64 往来款项函证审计说明和结论

任务6-4 其他事项函证

知识目标

说出委托代管存货及固定资产租赁函证的含义、函证方式和函证控制方法的内容。

技能目标

能够针对委托代管存货及固定资产租赁选取适当的函证方式及函证控制方法，实施全程函证控制，对回函结果进行分析，填写询证过程说明。

素养目标

培养学生认真谨慎、实事求是的审计工作态度。

业务操作

一、委托代管存货

委托代管存货主要包括代加工存货、代销售存货、代保管存货。

步骤1：获取信息并核对。取得相关合同及明细表、被审计单位代管存货明细账等财务信息，核对账面存货明细与合同是否一致。

步骤2：填制询证函。审计人员可以根据自己需要了解、核实的信息编制函证，基础信息，如委托代管存货的类别、名称、规格型号、数量等信息；其他需要关注的内容，如是否具有留置权等。

附件一：委托代管存货询证函样式，如图6－65所示。

委托代管存货询证函

编号：

（公司）：

本公司聘请的××××会计师事务所（特殊普通合伙）正在对本公司财务报表进行审计，按照中国注册会计师审计准则的要求，应当20××年×月×由贵公司持有、代本公司加工、销售或保管的存货的详细资料，下列数据出本公司账簿记录，如与贵公司记录相符，请在本函下端"询证事项证明无误"处签章证明，如有不符，请在"询证事项不符"处签章，并列明不符情况。寄回请直接寄至××××会计师事务所（特殊普通合伙）。

寄回地址： I 邮编：

电话：

联系人：审计_部_ _ _ _ _ _ _ _ _ _ _ _负责人_ _ _ _ _ _ _

截至20xx年x月x日止由贵公司持有，代本公司加工，销售或保管的存货列示如下：

类别	品名	数量	是否有处置权	备注
1．代加工存货：	2. 代销售存货：		3．带保管存货：	

本账仅为核对账目之用，请及时回复为盼。

公司（签票）：

结论： 年 月 日

1． 信息证明无误。 （公司盖章） 年 月 日 经办人：	2．信息不符，请列明不符项目及具体内容（或在本函背面说明）。 （公司盖章） 年 月 日 经办人：

图6－65 委托代管存货询证函

二、固定资产租赁

步骤1：获取信息并核对。取得相关固定资产租赁合同及固定资产明细表、被审计单位固定资产台账等财务信息并核对是否一致，如图6－66所示。

甲方：湖北蓝天通信科技有限公司　　合同编号：CT-GF-YX-17-0001

乙方：邢台通利光缆材料科技有限公司　签订地点：湖北省武汉市

甲方因生产经营需要，需将淬火生产线外迁，乙方作为甲方长期的淬火钢丝供应商，双方有很好的合作基础，甲乙双方在2016年合作框架协议、2016年12月28日洽谈备忘录的基础上，本着互惠互利、合作共赢的原则，经友好协商，就甲方淬火生产线搬迁至乙方事宜，达成以下协议，供双方共同遵守。

一、合作形式

甲方将2#淬火生产线的24头收放线、1#炉的超声波清洗线、1#炉的铅锅、2#五模拉丝机以经营性租赁形式租赁给乙方使用，乙方保证向甲方供应每月1000-1200吨左右淬火钢丝。

二、设备租赁期限及费用

设备租赁期限3年（2015年6月1日至2018年5月31日），租赁费90万元/年。

图6－66　固定资产租赁协议

步骤2：填制询证函。审计人员可以根据自己需要了解、核实的信息编制函证，基础信息包括固定资产明细、租赁时间、租金等。如租入固定资产，可根据询证内容核实企业成本费用支出情况的合理性，生产能力与企业资产的匹配性。审计人员可能会发现，企业账面生产性资产的占比很小，但存货的生产及销售情况与生产性资产的规模并不匹配，这种情况就需要考虑是否存在资产租赁的情况，且租入成本或费用的租金是否合理。若出租固定资产，可根据函证的内容，不仅可核实固定资产账面数量真实存在，还可以通过函证进一步验证当期计入收入的金额是否合理，计提折旧分配计入相应的成本的金额是否匹配。

项目7 监盘及实地勘察

项目导语

资产审计是审计工作极为重要的内容。资产审计中采用的方法较多,其中对存货、固定资产的监盘以及对在建工程、无形资产的实地勘察等是证实客观事物行之有效的方法,这对于提高审计效率和效果具有非常重要的作用。

项目提要

通过本项目实操训练,让学生在回顾监盘及实地勘察等准备知识的基础上掌握库存现金监盘、应收票据监盘、存货与工程物资监盘、在建工程实地勘察、固定资产监盘、无形资产实地勘察等业务操作方法和具体实施步骤。

项目思维导图

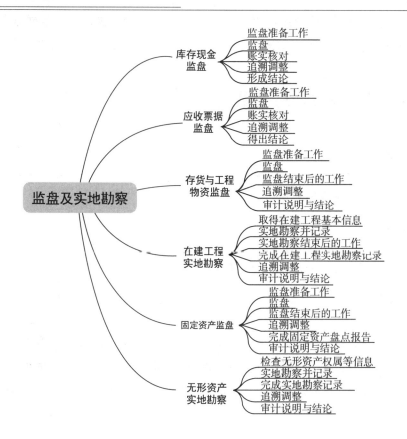

智能审计基础操作

知识准备

一、监盘及实地勘察的定义

监盘是审计人员通过现场监督被审计单位对各类实物资产及现金、有价证券的盘点，并进行适当抽查而取得审计证据的方法。

实地勘察是审计人员深入被审计单位在建工程等现场进行实地的丈量、实物的观察、环境的检测等以掌握其一线原始数据和资料证据的方法。

二、监盘及实地勘察的作用

通过监盘及实地勘察主要是确定存货、在建工程是否真实存在，是否账实相符，以实现资产真实性、完整性等目标，这对于提高审计质量、降低审计风险具有重要的作用。

三、监盘及实地勘察的分类

（1）按监盘及实地勘察的形式，其可分为突击性监盘及实地勘察和抽查性监盘及实地勘察。

（2）按监盘及实地勘察的对象，其可分为库存现金监盘、应收票据监盘、存货与工程物资监盘、在建工程实地勘察、固定资产监盘、无形资产实地勘察等。

任务 7-1　库存现金监盘

知识目标

描述库存现金监盘的概念。

技能目标

设计库存现金监盘的流程；填制现金监盘表。

素养目标

通过库存现金监盘相关知识学习与技能的训练，充分认识到库存现金管理在货币资产管理中的地位，提高识别各种舞弊行为与现金的关联度；通过库存现金监盘相关知识学习与技能的训练，养成规范保管库存现金的习惯，严格遵守现金管理制度。

业务操作

步骤1：监盘准备工作。

1. 制订现金监盘计划

审计项目现场负责人与被审计单位相关人员沟通，确定监盘时间、范围、人员等。例如，审计截止日为2×18年12月31日，审计人员与被审计单位出纳沟通，根据被审计单位的情况，每日下午6时停止现金的收付并进行当日现金的清查，故审计项目组决定于2×19年1月3日早8时上班前与被审计单位出纳一同进行盘点。

2. 监盘开始前熟悉库存现金监盘表

库存现金监盘表通常包括以下几部分。

（1）实有库存现金盘点记录。该部分用于记录监盘时各种货币不同面值的钞票的数量。

（2）检查未记账收支业务。该部分用于记录盘点时已发生且尚未记账的现金流入和现金流出业务，用来确认盘点时账面应有金额与实有金额之间的差异和产生差异的原因。

（3）追溯调整。在常规的年度审计项目中，审计截止日均为当年的12月31日，审计项目组通常会在资产负债表日前到达项目所在地并开始审计工作，以便使库存现金监盘等工作发生的时点更接近资产负债表日，以减少工作量。但并不是所有的审计项目都能做到在资产负债表日前到达现场进行监盘等程序，如年度中间的专项审计项目（资产清查、经济责任审计等），审计截止日为4月30日，项目组于5月到达现场开始工作。在这种情况下，盘点日（盘点的那一天）与报表日（审计截止日）不是同一天，需要对盘点结果进行追溯调整。

3. 了解被审计单位的库存现金情况

取得被审计单位的现金日记账，了解期末库存现金余额的构成，具体格式如图7-1所示。图7-1中"实有库存现金盘点记录"共有两类四列，可以记录两种货币的盘点情况，有的被审计单位可能会有多币种的现金，此时需要提前对监盘表进行修改，按照币种数量插入足够的列数。

库存现金监盘表

被审计单位：湖北蓝天通信科技有限公司		编制：××		日期：2×19-1-5		索引号：ZA-×××		
报表截止日：2×18年12月31日		复核：××		日期：2×19-1-6		项目：货币资金-库存现金监盘表		

检查盘点记录				实有库存现金盘点记录				
项目	项次	人民币	美元	面额	人民币		美元（或其他币种）	
					张	金额	张	金额
上一日账面库存余额	①	-	-	1000元	-	-	-	-
盘点日未记账传票收入金额	②	1000元		500元	-	-	-	-
盘点日未记账传票支出金额	③	500元		100元	-	-	-	-
盘点日账面应有金额	④=①+②-③	100元		50元	-	-	-	-
盘点日实有库存现金数额	⑤	50元		20元	-	-	-	-
盘点日应有与实有差异	⑥=④-⑤	20元		10元				
差异原因分析	白条抵库（张）	10元		5元				
				2元				
				1元				
				5角				
				2角				
				1角				
追溯调整	报表日至审计日库存现金付出总额	5分						
	报表日至审计日库存现金收入总额	2分						
	报表日库存现金应有余额	1分						
	报表日账面汇率							
	报表日余额折合本位币金额	-	-	合计				
本位币合计			-					

出纳员： 会计主管人员： 监盘人： 检查日期：

图7-1 库存现金监盘表示例

步骤2：监盘。按照盘点计划，2×19年1月3日早8时，在被审计单位主管会计人员的陪同下，开始对被审计单位的库存现金进行监盘。

被审计单位出纳对保险柜内的现金进行盘点，审计人员在旁监盘。出纳共盘点人民币和美元两类库存现金，根据盘点的钞票面值及对应数量，参照图7-2，认真填写现金监盘表"实有库存现金盘点记录"部分。

实有库存现金盘点记录				
面 额	人民币		美元	
	张	金额	张	金额
1000元		-		-
500元		-		-
100元	3	300.00	1	100.00
50元	1	50.00		-
20元		-		-
10元		-	2	20.00
5元	1	5.00		
2元		-		
1元	1	1.00	5	5.00
5角	4	2.00		
2角		-		
1角	1	0.10		
5分		-		
2分		-		
1分		-		
合计	11	358.10	8	125.00

图7-2 "实有库存现金盘点记录"填写示例

步骤3：账实核对。

1. 账面数与实盘数的核对

（1）根据被审计单位的现金日记账，如图7-3所示，填写"上一日账面库存余额"（图7-4中检查盘点记录中的项次①），即2×18年12月31日账面人民币余额358.09，美元余额125.00。

现金日记账（人民币）

日期	摘要	收入	支出	余额
2×181225	退员工（×××）工服押金	-	100.00	19,633.83
2×181225	退员工（×××）工服押金	-	100.00	19,533.83
2×181225	收到秦皇岛沃德公司货款	0.10		19,533.93
2×181225	收到南京南丰公司货款	3.00		19,536.93
2×181225	收到武汉欣欣公司货款	0.03		19,536.96
	2×18年12月期末余额			19,536.96
	2×19年1月期初余额			19,536.96
2×190101	收到退回的货款	821.13		20,358.09
2×190102	支付劳务费		20,000.00	358.09

现金日记账（美元）

日期	摘要	收入	支出	余额
	期初余额			125.00
	2×18年12月期末余额			125.00
	2×19年1月期初余额			125.00

图7-3 现金日记账

检查盘点记录

项目	项次	人民币	美元
上一日账面库存余额	①	358.09	125.00
盘点日未记账传票收入金额	②	1,000.00	
盘点日未记账传票支出金额	③		
盘点日账面应有金额	④=①+②-③	1,358.09	125.00
盘点实有库存现金数额	⑤	1,358.10	125.00
盘点日应有与实有差异	⑥=④-⑤	-0.01	
差异原因分析	白条抵库（张）		

图7-4 "检查盘点记录"填制示例

（2）被审计单位出纳指出，1月3日早开始盘点前收到××员工交回的备用金1 000.00元人民币，并提供一张对应的收据，收款后尚未记账。审计人员应检查收据信息，填写如图7-4所示的"检查盘点记录"，并将该金额填入盘点日未记账传票收入金额（项次②）。若存在盘点日尚未记账的支出，应将支出合计数填入盘点日未记账传票支出金额（项次③）。

（3）通过以下公式，推导出盘点日账面应有金额：

盘点日账面应有金额（项次④）＝上一日账面库存余额（项次①）＋盘点日未记账传票收入金额（项次②）－盘点日未记账传票支出金额（项次③）

（4）将"实有库存现金盘点记录"中各个币种金额的合计数填入盘点实有库存现金数额（项次⑤）对应项目，并计算盘点日应有与实有差异（项次⑥）：

盘点日应有与实有差异（项次⑥）＝盘点日账面应有金额（项次④）－盘点实有库存现金数额（项次⑤）

最终，计算出盘点日账面应有金额与实有库存现金差异为－0.01元人民币，金额较小，可以忽略不计。

2. 差异的检查

盘点日账面应有金额与实有库存现金出现较大差异时，首先应复核盘点结果合计数是否正确，并通过重新计算等方式确定盘点日未记账的收入和支出合计金额是否正确。如果以上数据均复核无误，则检查是否存在白条抵库的情况（如员工借款借条、无发票的费用支出等），并将其记录在现金监盘表中。对于其他原因的盘盈或盘亏，应要求出纳寻找原因，并提供相关支撑资料。

步骤4：追溯调整。

取得截止日至盘点日发生的业务资料并进行倒推。

项目组审计的是2×18年12月31日的库存现金余额，故需将盘点日的库存现金余额追溯调整至审计截止日2×18年12月31日，具体格式如图7-5所示。

追溯调整	报表日至审计日库存现金付出总额	20,000.00	-
	报表日至审计日库存现金收入总额	821.13	
	报表日库存现金应有余额	20,536.96	125.00
	报表日账面汇率	1.000000	6.863200
	报表日余额折合本位币金额	20,536.96	857.90
本位币合计			21,394.86

图7-5 "追溯调整"填制示例

首先，从已取得的现金日记账（图7-3）中可以看到，2×19年1月1日收到退回的货款821.13元，2×19年1月2日支付劳务费20 000.00元。将821.13填入"报表日至审计日库存现金收入总额"项目，将20 000.00填入"报表日至审计日库存现金付出总额"项目。

其次，根据以下公式计算出报表日库存现金应有余额：

报表日库存现金应有余额＝盘点日账面应有金额＋报表日至审计日库存现金付出总额－报表日至审计日库存现金收入总额

最后，将以外币核算的库存现金折合成记账本位币，公式如下：

报表日余额折合本位币金额＝报表日库存现金应有余额×报表日即期汇率

步骤5：形成结论。监盘工作完成后，根据监盘结果，对库存现金科目进行调整并得出审计结论。

（1）盘点日账面应有金额与实有库存现金没有差异或差异极小，账面数可以确认。

（2）存在白条抵库的情况，根据监盘表中的记录，检查其款项性质，作出相应的调整。主要有以下几种情况。

①员工借款借条。首先，检查借条中的借款金额、借款人签字等借款手续是否完整，必要时联系借款人进行核实，以确保借款真实存在。再根据核实后的金额进行审计调整，减少库存现金，增加其他应收款。

②无票支出。取得无票支出明细及审批资料，核实该支出是否按照被审计单位内部控制程序规定进行审批，若符合费用确认的条件，则将其调整至对应的成本项目或期间费用科目。

（3）出纳对现金盘盈、盘亏原因的解释，应实施相关的审计程序进行追查，核实其真实性。对于无法处理的事项，应及时向审计项目负责人汇报并寻求处理意见。

对于审计调整事项，审计人员应与被审计单位出纳进行沟通，确认无误后，由被审计单位出纳、会计主管人员在库存现金监盘表相应的位置签字确认，由实施监盘的审计人员在"监盘人"处签字，以明示责任。

任务7-2 应收票据监盘

知识目标

描述应收票据的概念及其分类。

技能目标

设计应收票据监盘的流程；填制应收票据监盘表。

素养目标

通过应收票据监盘表技能的操作,充分认识应收票据监盘的重要性,提高应收票据监盘的能力,以实现应收票据监盘的审计目标;通过应收票据监盘相关知识学习与技能的训练,能分析销售与收款循环审计时进行应收票据监盘的必要性,为实现其审计目标提供充分、适当的审计证据,培养学生独立、客观、公正的职业品质。

业务操作

步骤1:监盘准备工作。

1. 制订应收票据监盘计划

项目现场负责人与被审计单位相关人员沟通,确定应收票据监盘时间。审计人员与被审计单位出纳沟通,决定于2×19年1月3日与现金盘点一同进行应收票据盘点。

2. 监盘开始前熟悉应收票据监盘表

应收票据监盘表通常包括票据种类、票号、出票人、收款人、承兑银行票面金额、出票日期和到期日期等部分。

(1)票据种类包括商业承兑汇票和银行承兑汇票。目前商业承兑汇票和银行承兑汇票均分为纸质汇票和电子汇票。被审计单位通过登录其银行网站,可以查询电子票据的接收、贴现与承兑情况。

(2)商业承兑汇票和银行承兑汇票均可以背书转让,因此收款人不一定是被审计单位、出票人也不一定是客户。

3. 取得应收票据备查簿

被审计单位通常会在图7-6所示应收票据备查簿中列示每一张票据的详细信息,如收票日期、票种、票号、票据内容(出票人、收款人、付款行、出票日、到

图7-6 应收票据备查簿

期日等信息）等内容。应重点关注是否存在已到期未承兑的应收票据。

步骤2：监盘。按照盘点计划，2×19年1月3日早8时，在被审计单位主管会计人员的陪同下，完成了对保险柜中库存现金的监盘，之后开始对保险柜中的应收票据进行监盘。

被审计单位出纳对保险柜中的应收票据进行清点，审计人员在旁监盘。监盘过程中，审计人员应在如图7-7所示"应收票据监盘表"上详细记录票据的种类、票号、出票人、收款人、承兑银行、出票日期、票面金额、到期日期等信息。

应收票据监盘表

种类	票号	出票人	收款人	承兑银行	出票日期	票面金额	到期日期	是否质押	备注
商业承兑汇票	00100063-21509997	江苏金火炬金属制品有限公司	湖北蓝天通信科技有限公司	招商银行盐城分行	2×18/10/28	21,543,172.83	2×19/4/17	否	
商业承兑汇票	00100063-21509996	江苏金火炬金属制品有限公司	湖北蓝天通信科技有限公司	招商银行盐城分行	2×18/11/20	20,287,854.72	2×19/5/18	否	
商业承兑汇票	230265104115220170714095455653	中铁二局工程有限公司	深圳市华电联合建设工程有限公司	中铁二局工程有限公司	2×18/7/14	300,000.00	2×19/1/14	否	
商业承兑汇票	00100063-21509999	江苏金火炬金属制品有限公司	湖北蓝天通信科技有限公司	招商银行	2×18/12/18	18,847,323.75	2×19/6/17	否	
银行承兑汇票	1105491081700201709081087656639	郑州华力电缆有限公司	湖北蓝天通信科技有限公司	建设银行	2×18/9/6	1,000,000.00	2×19/3/8	否	
银行承兑汇票	13168210000262017081010151491	酒泉钢铁（集团）有限责任公司	嘉峪关宏晟电热有限责任公司	招商银行	2×18/6/10	200,000.00	2×19/2/10	否	
银行承兑汇票	31000051-27572465	湖北华力电缆有限公司	湖北蓝天通信科技有限公司	浦发银行郑州分行	2×18/12/26	300,000.00	2×19/6/26	否	
合计						62,478,351.30			

保管人： 盘点人： 会计主管人员： 监盘人： 日期：

图7-7 应收票据监盘表

在监盘的过程中，需要特别注意以下两点。

（1）审计人员监盘时，出纳盘点的应收票据必须是原件，如果不是原件，需要询问原因，做记录并寻找其他证据证实该票据不会被伪造，以证实其真实性。对于电子票据（电子银行承兑汇票和电子商业承兑汇票），需要求被审计单位登录网银查询其票据信息，识别其真伪。

（2）审计人员重点关注的是资产负债表日备查簿中存在的应收票据。监盘时发现其他票据，应仔细检查其出票日，如果该票据是资产负债表日后才开具的，不构成资产负债表日的资产；同时检查其最后一次背书转让日，如果该日期在资产负债表日之前，表明该票据在资产负债表日已背书转让，也不构成资产负债表日的资产。

步骤3：账实核对。将监盘过程中记录的每一项信息都与"应收票据备查簿"核对，一定要确保各项内容与备查簿完全一致。对于有差异的项目，应寻找差异原因，并作出相应的调整。如果差异是由被审计单位备查簿记录错误引起的，应要求被审计单位更正备查簿；如果有金额或权属差异，应寻找原因，并对账面内容作出相应调整。

步骤4：追溯调整。在本案例中，资产负债表日为2×18年12月31日，盘点日为 2×19 年 1 月 1 日，资产负债表日与盘点日之间无新收到的票据也无到期或背书转让的票据，故两日应收票据的账面数一致，不需要进行追溯调整。

在实务中，若审计截止日至盘点日之间存在收到新票据、有到期承兑的票据或有背书转让的票据，则需列出审计截止日至盘点日之间收到的新票据、到期承兑的票据和背书转让的票据的详细信息，并检查其账务处理是否正确，再将盘点日的应收票据余额追溯调整至审计截止日。

步骤 5：得出结论。应收票据监盘工作完成后，根据监盘结果，对应收票据科目进行调整并得出审计结论。

（1）盘点日备查簿信息与实有票据信息没有差异，或备查簿有存在错误的信息但不影响应收票据金额，并已更正相关信息，可以得出"经审计，未发现重大异常"的结论。

（2）盘点日备查簿信息与实际盘点票据应记录的应收票据余额有差异的，应要求被审计单位出纳解释原因，并作出相应的审计调整。

另外，对于审计调整事项，审计人员应与被审计单位出纳进行沟通，确认无误后，由被审计单位票据保管人、盘点人、会计主管人员在应收票据监盘表相应位置签字确认，实施监盘的审计人员在"监盘人"处签字，以明示其责任。

注意：被审计单位的票据有时可能与库存现金、有价证券存放在同一保险柜或同一地点，审计人员进行监盘时应对这几项资产同时进行盘点，以防止被审计单位利用票据代替被挪用的现金，或利用现金代替丢失或被盗用的票据。在必要情况下，也可以对应收票据和库存现金实行突击检查方式。

任务 7-3 存货与工程物资监盘

知识目标

描述存货与工程物资监盘的概念

技能目标

设计存货监盘的流程；能操作常见类型存货的监盘方法（由于工程物资的存放形式、盘点方法等与存货相似，故工程物资监盘的风险点和流程也与存货监盘类似，本任务只操作存货监盘方法）。

素养目标

通过常见类型存货与工程物资监盘方法的操作，充分认识存货与工程物资对于企业及其生存、发展和获利的重要性，提升应用常见类型存货与工程物资监盘方法的能力，以实现存货与工程物资监盘的审计目标；通过存货与工程物资监盘相关知识学习与技能的训练，让学生认识到在审计实务中，很多繁杂且重大的问题均与存货以及工程物资息息相关，要极其重视存货与工程物资监盘，培养学生不怕困难、深入审计现场、还原事实真相的职业品质。

业务操作

步骤1：监盘准备工作。执行存货监盘程序的第一步是制订存货监盘计划，该项工作主要是通过了解被审计单位内部控制和内部盘点情况，对被审计单位内部控制的有效性和存货盘点计划进行评价，以编制存货监盘计划，并将其传达给参加监盘的项目组成员。计划存货监盘工作通常由审计项目组的注册会计师或项目负责人完成，主要审计程序如图7-8所示。对于初级的审计人员，只需要掌握下面列出的几个审计程序即可。

存货监盘程序

被审计单位：湖北蓝天通信科技有限公司　编制：××　日期：2×19-1-5　索引号：ZJ-×××
报表截止日：2×18年12月31日　复核：××　日期：2×19-1-8　项目：存货-存货监盘程序

审计程序	索引号
一、计划存货监盘工作	
1. 评价管理层用以记录和控制存货盘点的结果的指令和程序，包括： (1)被审计单位收集已使用的存货盘点记录的程序。 (2)清点未使用的存货盘点表单的程序。 (3)实施盘点和复盘程序。 (4)准确认定在产品的完工程度，流动缓慢(呆滞)、过时或毁损的存货项目的程序，以及第三方拥有的存货(如寄存货物)的程序。 (5)在适用的情况下用于估计存货数量的方法。 (6)对存货在不同存放地点之间的移动以及截止日前后期间出入库的控制。	
2. 根据被审计单位的存货盘存制度和相关内部控制的有效性，评价其盘点时间是否合理。 (1)在永续盘存制下，如盘点日和资产负债表日不一致，应当考虑两者的间隔情况，评价对内部控制的信赖能否将盘点日的结论延伸到资产负债表日。 (2)确定采用实地盘存制时盘点日是否与资产负债表日一致。 (3)确定对存放在不同地点的相同存货项目是否同时盘点。	
3. 查阅以前年度的存货监盘工作底稿。	
4. 与管理层讨论以前年度存货存在的问题以及目前存货的状况。	
5. 获取被审计单位的仓库清单或存货存放地点清单，包括期末库存量为零的仓库、租赁的仓库，以及第三方代保管存货的仓库等： (1)将清单中的存货存放地点与上年底稿中记录的存放地点比较。 (2)复核租赁费明细账，检查租用的仓库是否均已包括在仓库清单中。	
6. 如存在特殊存货，考虑是否需要利用专家的工作或其他注册会计师的工作。	
7. 编制存货监盘计划，并将计划传达给参加监盘的项目组成员。	

图7-8　计划监盘工作审计程序

1. 了解注册会计师制订的盘点计划

经过审计项目组与被审计单位沟通,决定于2×19年1月4日对存货进行盘点,为此,审计项目组的注册会计师制订了存货监盘计划,主要包括以下内容。

(1)存货监盘的目标、范围及时间安排。存货监盘的目标包括获取被审计单位资产负债表日有关存货数量和状况以及有关存货盘点程序可靠性的审计证据,检查存货的数量是否真实完整,是否归属被审计单位,存货有无毁损、陈旧、过时、残次和短缺等状况。本次存货监盘的范围为全部存货,自2×19年1月4日9:30开始执行存货盘点程序。

(2)存货监盘的要点及关注事项。为避免重复,该项内容将在后面存货监盘过程中着重讲解。

(3)参加存货监盘人员的分工。根据被审计单位的分组情况和存货监盘工作量的大小,本次存货监盘共有1个盘点小组,小组共2人。

(4)检查存货的范围。需通过实施观察程序决定,若审计项目组认为被审计单位内部控制设计良好且得到有效实施,存货盘点组织良好,可以适当缩小实施检查程序的范围。

2. 取得被审计单位的盘点计划及盘点表

被审计单位于2×18年12月25日至12月26日已进行了存货盘点,故取得被审计单位的盘点计划及盘点表。通过图7-9所示的被审计单位存货盘点计划以及盘点表,可以大概掌握被审计单位存货的种类及数量情况。

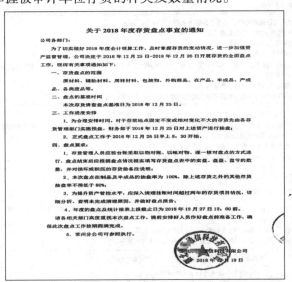

图7-9 被审计单位存货盘点计划

3. 取得被审计单位存货仓库清单及存货盘点清单

被审计单位共有三个仓库,其中两个仓库用于存放原材料(主要包括铝杆和钢丝),另一个仓库用于存放产成品(包括外购商品和自制商品),如图 7-10 所示。根据图 7-11 显示的被审计单位盘点日存货结存情况,盘点日原材料结存金额 2 752 324.25 元,占存货总额的 86.97%;原材料主要为钢丝和铝杆,合计金额 2 580 336.20 元,占全部存货金额的 81.53%。

存货仓库清单

仓库序号	对应的会计科目	仓库名称	仓库地点	存放的主要存货
1	原材料	铝杆仓库	生产车间西侧	除钢丝外的原材料
2	原材料	钢丝仓库	生产车间东侧	钢丝
3	库存商品	成品库	生产车间东侧、钢丝仓库南侧	外购、自制的产成品

图 7-10 被审计单位存货仓库清单

存货结存数

截止日:2×19年1月3日

一级科目	存货种类	存货编码	存货名称	存放地点	规格型号	单位	数量	单价	金额
原材料	主材	01010105	钢盘条	铝杆仓库	XGLB82AΦ6.0	吨	150.00	894.38	134,157.20
原材料	主材	01010201	钢丝	钢丝仓库	Φ3.30	吨	75.00	3,010.37	225,778.06
原材料	主材	01010202	钢丝	钢丝仓库	Φ3.80	吨	28.00	4,384.64	122,769.81
原材料	主材	01010203	钢丝	钢丝仓库	Φ4.20	吨	20.00	4,232.14	84,642.77
原材料	主材	01010204	钢丝	钢丝仓库	Φ5.50	吨	15.00	4,648.34	69,725.07
原材料	主材	01010219	钢丝	钢丝仓库	Φ6.00	吨	20.00	5,281.65	105,632.96
原材料	主材	01010220	钢丝	钢丝仓库	Φ7.20	吨	18.00	6,093.15	109,676.66
原材料	主材	01010207	钢丝	钢丝仓库	Φ3.20	吨	75.00	3,066.92	230,018.83
原材料	主材	01010305				根	265,813.04	6.14	1,632,092.04
原材料	主材	01010401	不锈钢管光单元	铝杆仓库	36B1	个	16.00	503.34	8,053.47
原材料	主材	01010501	光纤	铝杆仓库	ULL-G652	米	8,897.12	2.16	19,217.78
原材料	主材	01010601	铝合金单丝	铝杆仓库		千克	184.00	43.70	8,041.30
原材料	辅材	01020101	油墨	铝杆仓库		千克	599.60	4.20	2,518.30
原材料			小计						2,752,324.25
库存商品	外购商品	02010101	铝包钢单丝	成品库	LB4	千克	804.01	393.40	316,296.21
库存商品	外购商品	02010102	铝带	成品库		米	331.48	2.63	871.79
库存商品	自制产品	02020105	钢丝	成品库	LB4	千克	158.00	547.89	86,567.41
库存商品	自制产品	02020108	不锈钢管光单元	成品库	16B1	个	18.00	481.04	8,658.63
库存商品			小计						412,394.04
			合计						3,164,718.29

图 7-11 被审计单位盘点日存货结存情况

值得注意的是,在获取仓库存货清单时,需要被审计单位提供全部仓库的所有信息,包括库存为零的仓库、租赁的仓库以及第三方代保管存货的仓库等信息,并将清单中的存货存放地点与上年底稿中记录的存放地点进行比较。对于租赁的仓库,需检查租赁费明细账及租赁合同中的仓库信息,确认租用的仓库是否均已列入仓库清单。

4. 盘点问卷调查

要求被审计单位填写如图 7-12 所示的调查问卷,以确保被审计单位参与盘点的人员了解盘点的范围、过程、分工且胜任盘点工作。如果被审计单位制订的盘点计划比较详细,基本涵盖本调查问卷的内容,可以不要求被审计单位填写调查问卷。

存货盘点计划问卷

被审计单位：湖北蓝天通信科技有限公司	编制：××	日期：2×19-1-5	索引号：ZJ-×××
报表截止日：2×18年12月31日	复核：××	日期：2×19-1-8	项目：存货-存货盘点计划问卷

1. 存货盘点的范围、盘点的场所以及盘点时间是如何确定的？填列以下表格。

地点	存货类型	占存货总额的大致比例	盘点时间

2. 盘点人员是如何组织分工的？是否具有胜任能力？是否有独立于存货实物经管责任的人员参与？填列以下表格。

人员	地点	职责	胜任能力	电话

3. 盘点过程是否有专家参加？是否对专家参与盘点作出了适当的安排？

4. 盘点前是否召开会议并布置任务？

5. 在盘点过程中，存货是怎样整理和排列的？

6. 是否存在代销存货等所有权不属于被审计单位的存货？如有，情况如何？是否存在其他未纳入盘点范围的存货？如有，是什么原因？

7. 有哪些毁损、陈旧、过时、残次的存货？它们是如何区分和存放的？

8. 如何确保盘点已经涵盖所有仓库或者存放地点？如何确保所有的存货被盘点且没有存货被盘点两次？

9. 对于成堆堆放或分散在仓库中的存货，是否设置了专门的盘点程序或数量转换计算的方法？对于存放于包装箱内等存货，是否打开箱子？

10. 分散在不同地方的相同存货项目如何汇总(这对于与后续盘点汇总保持一致很重要)？

图7-12　存货盘点计划问卷示例

11. 存货盘点采用什么计量工具和计量方法？如果使用计量工具，是否采取步骤以确保准确性？	
12. 半成品、原材料和产成品如何分开？在产品的完工程度如何确认？原材料、直接人工、制造费用等如何在产成品和在产品之间分配？	
13. 是否有存放在外单位的存货？如何进行盘点？	
14. 放在距离较远的地方的存货如何盘点？	
15. 对存货收发截止是如何进行控制的？	
16. 对盘点期间存货移动是如何进行控制的？盘点期间是否需要停止生产？	
17. 盘点表单是如何设计、使用与控制的？使用什么形式的文件来记录盘点？盘点表是否预先编号？	
18. 是否所有的盘点都被独立检查以确保它们的准确性？若使用永续存货盘存制，如果实际数量与记录存在差异，是否有进行独立再盘点的措施？是否要求监督者对盘点执行的检查作出记录？	
19. 盘点结果是如何汇总的？	
20. 如何对盘盈或盘亏进行分析、调查与处理？	
21. 是否存在其他在盘点中需要注意的事项？	
22. 对被审计单位存货盘点计划能否合理地确定存货的数量和状况作出总体评价： (1) 被审计单位存货盘点计划是否适当？	
(2) 盘点计划是否存在缺陷？如是，应建议被审计单位调整。	

图 7-12 存货盘点计划问卷示例（续）

步骤 2：监盘。在实施存货监盘的过程中，需要审计项目组人员共同对被审计单位的存货盘点过程进行监督，该过程主要包括图 7-13 列示的几个流程，其中，初级审计人员应重点掌握基本类别存货盘点的方法、执行抽盘程序的方法和部分监盘过程中需要注意的事项。

二、执行监盘	
8. 在被审计单位盘点存货前,观察盘点现场: (1)确定应纳入盘点范围的存货是否已经适当整理和排列。 (2)确定存货是否附有盘点标识。 (3)对未纳入盘点范围的存货,查明未纳入的原因。 (4)存货是否已经停止流动,若未停止流动,如何对在不同存放地点之间的流动以及出入库情况进行控制。	
9. 在被审计单位盘点人员盘点时进行观察: (1)确定被审计单位盘点人员是否遵守盘点计划,被审计单位盘点过程是否有独立于存货实物经管责任的人员参与。 (2)确定被审计单位盘点人员是否准确地记录存货的数量和状况。 (3)是否使用复计法(指对相同的存货执行两次清点以确保盘点数量的准确性),如不是,客户如何确保盘点是准确的? (4)关注存货发送和验收场所,确定这里的存货应包括在盘点范围之内还是被排除在外。 (5)关注存货所有权的证据,如货运单据以及商标等。 (6)关注所有应盘点的存货是否均已盘点。 (7)当使用称量机器时,有否采取步骤以确保其准确性。	
10. 被审计单位是否对整个盘点过程实施恰当的监督,确保按照盘点计划执行。	
11. 检查所有权不属于被审计单位的存货: (1)取得其规格、数量等有关资料。 (2)确定这些存货是否已分别存放、标明。 (3)确定这些存货未被纳入盘点范围。	
12. 执行抽盘程序: (1)从存货盘点记录中选取项目追查至存货实物,以测试盘点记录的准确性。 (2)从存货实物中选取项目追查至存货盘点记录,以测试存货盘点的完整性。	
13. 对以包装箱等封存的存货,考虑要求打开或挪开成堆的箱子。	
14. 当抽盘中发现重大错误时,考虑扩大抽盘范围。	
15. 对于那些没有抽盘的其他项目,复印或列出明细信息,以便它们能与存货清单一致。	
16. 对检查发现的差异,进行适当处理: (1)查明差异原因。 (2)及时提请被审计单位更正。 (3)如果差异较大,应当扩大检查范围或提请被审计单位重新盘点。	
17. 特别关注存货的移动情况,防止遗漏或重复盘点。	
18. 记录被审计单位用于确定在产品完工程度的方法,并评估其足够性和合理性;特别关注存货的状况,观察被审计单位是否已经恰当区分所有毁损、陈旧、过时和残次的存货。	
19. 对特殊类型的存货,考虑实施追加的审计程序或利用专家的工作。	
20. 获取盘点日前后存货收发及移动的凭证,检查库存记录与会计记录期为截止是否正确: (1)存货采购截止: ①查盘点日前最后的与盘点日后最前的_____张入库单或验收报告,确定截止是否正确; ②如有必要,选择重要存货项目,核对其在盘点汇总记录和会计记录中的数量,确定是否一致,截止是否恰当; ③如果被审计单位期末存货明细记录可以信赖,将从入库单中选取的样本与永续盘存明细记录核对一致; (2)存货销售截止: ①检查盘点日前最后的与盘点日后最前的_____张出库货单或发运报告,确定截止是否正确; ②如有必要,选择重要存货项目,核对其在盘点汇总记录和会计记录中的数量,确定范围是否一致,截止是否恰当; ③如果期末存货明细记录可以信赖,将从出库单中选取的样本与永续盘存制明细记录保持一致; (3)在途货物及部门间流动截止: ①检查盘点日前后一短时期的文件样本,包括截止期前后的和截止期最前的_____份文件; ②如有必要,选择重要存货项目,核对其在盘点汇总记录和会计记录中的数量,确定范围是否一致,截止是否恰当。	

图 7-13 执行存货监盘工作的程序

1. 观察盘点现场

在被审计单位盘点存货前,要观察盘点现场,并确认以下事项,以防止遗漏或重复盘点。

(1) 确定应纳入盘点范围的存货是否已经适当整理和排列。

(2) 确定存货是否附有盘点标识。

(3) 确认存货是否已经停止流动,若未停止流动,做好对存放在不同地点之间的流动存货的控制以及统计好出入库情况。

2. 观察盘点过程

在被审计单位盘点存货时,观察盘点过程。

(1) 通常情况下,被审计单位盘点人员通过清点个数的方法确定存货数量,对于特殊类型的存货,则需使用不同的盘点方法。

①木材、钢筋盘条、管子。该类型的存货通常没有标签,且大批量堆放,不易计数,被审计单位盘点人员通常会用粉笔或其他工具在盘点过的存货上面做标记,审计人员监盘时可以通过检查标记确认数量是否正确。另外,该类型的存货由于没有标签,非专业的人员难以确定存货的数量或等级,此时可以利用外聘专家及被审计单位内部有经验人员的协助,共同完成存货监盘。

②堆积型存货。煤炭是一种典型的堆积型存货,煤炭作为一种常用的燃料,经常出现在工业企业的原材料科目中,煤炭通常会堆积在煤场上。

第一,如果煤炭的量不是太大,可以要求被审计单位将其整理成比较规则的柱体或锥体,进而通过丈量的方式得到柱体或锥体的直径和高度,利用柱体或锥体的体积公式,计算出柱体或锥体的体积:

$$圆柱体体积 = 底面半径^2 \times 圆周率 \times 高$$

$$圆锥体体积 = 底面半径^2 \times 圆周率 \times 高 \div 3$$

再通过以下公式计算出煤炭的重量:

$$重量 = 体积 \times 密度$$

对于煤炭的密度,可以选取一定的样本,通过测量样本的重量和体积,计算出样本的密度。但是由于煤炭的重量较大,且形状不规则,煤堆各个部分的密度不尽相同,可以多选取几个样本取平均密度,以提高测量的准确性。

第二,对于较大的煤场,又没有先进的设备进行测量,只能用目测和丈量的方式进行盘点。如果煤堆较大,且起伏比较多,可以削峰填谷,尽量将其看作一个长方体,通过丈量的方式取得长、宽、高数据,估算出煤堆的体积,进而利用密度估算出煤堆的重量。

第三，随着科学技术的发展与转化，目前部分煤炭存货数量很大的被审计单位可以使用堆取料设备承载扫描设备，通过堆取料设备的移动，自动扫描煤堆信息，并计算数量。但有的堆取料机受场地的限制，无法延伸至煤场所有角落，形成测量盲区，故无法准确计量煤炭的数量。也有极少数的审计项目组或被审计单位使用无人机航拍并建模的方式，测算煤炭的数量。

在审计实务中，对于煤炭这类几乎无法准确盘点的存货，除了监盘外，还应通过检查、核对合同数量与出入库单据数量、金额等方式，印证期末存货的准确度，使审计证据更为充足。

③使用磅秤测量的存货。在使用磅秤测量时，估计存货数量存在比较大的困难，主要是由于磅秤精确度存疑，因此在监盘过程中需要注意检验磅秤的精准度，并留意磅秤的移动和被审计单位盘点人校验磅秤的程序，注意检查与重新称量程序相结合。另外，称量时需注意磅秤使用的单位与盘点清单中的单位是否一致，是否需要换算成盘点清单中的单位。

④粮仓的盘点。粮食也属于堆积型存货，但审计实务中粮食类的盘点比较特殊，粮仓的主要形状有图7-14所示的外垛、图7-15所示的筒仓和图7-16所示的平房仓等。外垛是露天堆放的粮食，一般底部有规则形状的外框，防止粮食溢出，上部为锥体，可以通过计算底部规则立方体体积和顶部锥体体积的方式估算其体积。筒仓通常为圆柱体的仓库，底部倒立的圆锥形状是输出粮食的口，也可以通过拆分成几个规则立体图形计算体积的方式测量。平房仓通常为长方体形状的仓库，从外部看形状较规则，仓门在仓库侧面靠下的位置，仓库侧面靠上的位置设有窗口，既可以从仓门输入、输出粮食，也可以从窗口运送粮食。由于平房仓高度可以高达8~10米，为了保证管理人员监测粮食状况，靠近仓顶的地方通常设有平台和小门，并设有从地面通往平台的阶梯，管理人员可以通过小门到达粮面顶部，进行取样和测量等工作。下面以平房仓为例，介绍如何对粮仓进行测量。

第一，监盘前的准备工作。从外部观察平房仓的形状，由被审计单位提供如图7-17所示的仓库设计信息，如图纸等。向被审计单位提出要求，在监盘前对平房仓进行整理，尽量使粮面平整或规则。

第二，实地测量。审计人员与被审计单位陪同人员一起进入平房仓，观察平房仓内粮面，若粮面较平整或形状较规则，可以直接测量；若粮面不平整，则需要求被审计单位继续整理至可供测量的规则形状。

当监盘时库存粮食较少（粮食无法铺满整个底面）时，粮食是靠近粮仓一端堆

图 7-14 外垛

图 7-15 筒仓

图 7-16 平房仓

仓库设计信息

单位：米

仓库名称	长度	宽度	高度
1#平房仓	65.00	25.00	10.00

图 7-17　仓库设计信息

放的，切面会形成一个比较规则的直角梯形。此时，应测量梯形上底的长度、下底的长度和粮面高度。

当监盘时粮面较高（至少铺满整个底面）时，应从粮仓顶部平台的小门进入粮仓，本案例即属于这种情况，案例中的粮仓内壁有一圈红线，红线距离底面的高度为8米。由图7-18可以看出，南侧粮面较低，北侧粮面较高，自北向南形成一个斜坡。

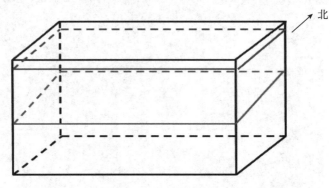

图 7-18　仓库粮面信息

被审计单位盘点人员在粮面南侧内壁红线上均匀地选取12个点，使用红外测距仪自取点处垂直向下进行测量、报数并记录。在北侧红线上同样取12个点进行测量和记录。另外，还应在粮仓一个角落，测量粮仓的长度与宽度，并与被审计单位在监盘前提供的粮仓设计资料进行比较。此时测量出长度65米、宽度23米，其中宽度与图纸中的25米不一致。经被审计单位相关人员证实，在后期修改过粮仓的宽度，故实际宽度为23米。最后，形成如图7-19所示的记录。

第三，测量容重。容重是指单位容积内物体的重量，可以通过抽样的方式来确认平房仓的容重。由于粮仓上层与下层的容重不同，在条件允许的情况下，最好在不同的位置抽样。本次监盘共抽取8个样本，经检验部门使用容重测量仪测试后，形成如图7-20所示的检测结果。

第四，计算重量。粮仓纵截面形成一个直角梯形，上底长6.61米，下底长7.66米，高23米。通过梯形面积公式可以计算出纵截面面积：

粮仓监盘测量记录

一、红线至粮面的高度
单位：米

方向	样本1	样本2	样本3	样本4	样本5	样本6	样本7	样本8	样本9	样本10	样本11	样本12	平均数
南侧	1.33	1.42	1.13	1.39	1.43	1.76	1.48	1.30	1.11	1.45	1.55	1.33	1.39
北侧	0.25	0.31	0.32	0.33	0.25	0.37	0.26	0.27	0.24	0.45	0.61	0.47	0.34

二、粮面实际高度

方向	高度
南侧	6.61
北侧	7.66

图 7-19　粮仓监盘测量记录——粮面高度记录

粮仓监盘测量记录

三、容重
单位：吨/立方米

取点	样本1	样本2	样本3	样本4	样本5	样本6	样本7	样本8	平均数
容重	0.780	0.799	0.779	0.788	0.799	0.786	0.798	0.779	0.789

图 7-20　粮仓监盘测量记录——容重记录

面积 =（上底 + 下底）× 高 ÷ 2 =（6.61 + 7.66）× 23 ÷ 2 ≈ 164.11（平方米）

体积 = 纵截面面积 × 长 = 164.11 × 65 = 10 667.15（立方米）

重量 = 体积 × 容重 = 10 667.15 × 0.789 ≈ 8 416.38（吨）

最终，监盘得出的粮食数量为 8 416.38 吨。

第五，在监盘的过程中，还应采取相应的措施，防止企业虚构库存粮食。例如，找一根长度比较长的工具，从粮面顶部插入，防止被审计单位通过在库底架出空间以虚构存货数量。又如，观察通风设备是否运行，长时间不运行通风设备的粮库一定是很不常用的粮库，此时存在被审计单位临时取得并虚构存货的可能，应继续寻找其他审计证据。

⑤牲畜类存货。由于牲畜均为活体，其移动不受人控制，且通常情况下数量庞大。例如，对于规模较大的养猪场的盘点，可以在较高的地方给每一个猪栏拍照，清点照片中猪的数量。有的被审计单位盘点人员也会把清点过的猪尾巴打结作为记号或者在猪身上做标记。又如，在草原盘点大量的牛羊时，可以在早上牛羊群出圈前，将圈打开一个小口，一只一只地放出，从而清点牛羊的数量并辨别其品质。

⑥水产类存货。水产企业的存货多为鱼、虾、蟹等活的生物，由于水下环境复杂、水域面积大和生物的流动性较大等原因，执行监盘程序的难度很大。在盘点水产类存货时，应通过了解水下生物生活习性等生物知识，选取恰当的抽样方法。例如，海参一般附着于养殖池的侧面和底面生活，通过观察养殖池可以发现其比较均匀地分布在池底和池壁。因此，可以随机抽取养殖池内壁的一部分，计算该部分的面积，并清点该部分中海参的数量，再用抽样区域面积与池内壁的比例，推测出整

个养殖池中海参的数量。在抽取养殖池内壁样本时,一定要保证其面积足够大,并要求被审计单位计算,以便得到更准确的监盘结果。在清点数量的同时,也要对其质量进行关注。对于海域养殖等监盘难度更大的水产存货,可以利用被审计单位有经验的人员进行协助,但需要仔细辨别使用的方法是否恰当,如果仍然无法判断存货的数量和质量,则应请专业的外部专家协助,或寻找其他替代程序。

⑦贵金属、艺术品与藏品。这类存货的单价通常会很高,且鉴别的专业要求很高,一般审计人员无法判断其真实的价值,对于部分贵金属存货可以选择样品进行化验与分析,对于艺术品和藏品则可以利用专家协助确认工作。

(2)在监盘的过程中,除了关注存货品质与数量外,还需关注是否已对全部存货进行盘点,并注意检查所有权不属于被审计单位的存货,确保这些存货单独存放、未被纳入审计范围。

(3)对于监盘过程中发现的差异,应要求被审计单位查明差异原因,及时提请被审计单位更正。如果差异较大,应当扩大检查范围,或者要求被审计单位重新盘点。

3. 在存货监盘的过程中检查存货

一方面,注意观察存货(尤其是产成品)的包装是否有被审计单位的商标或名称,部分存货可能以此确定存货的所有权;另一方面,注意识别存货是否过时、损毁或陈旧。审计人员应将过时、损毁或陈旧的存货的详细情况作出记录,便于进一步追查该部分存货的处置情况,同时也为测试存货跌价准备计提的准确性提供审计证据和依据。如果有箱装的存货,也应该抽取部分拆箱检查。

4. 执行抽盘程序

对于已进行监盘的存货,抽取样本进行如图 7-21 所示的测试。

图 7-21 存货盘点记录

(1)从存货盘点记录中选取项目追查至存货实物,以测试盘点记录的准确性。如图 7-22 所示,从存货盘点记录中抽取 5 条记录,将存货编码、存货名称和被审计单位盘点数量填入图 7-22 中,并对这几项存货进行抽盘,将抽盘结果填入"审计人员盘点数量"列,"差异"列显示被审计单位盘点数量与审计人员盘点数量的差异。若存在差异,应寻找原因,必要时则需重新盘点该项目。

存货抽盘核对表

被审计单位:湖北蓝天通信科技有限公司	编制:××	日期:2×19-1-5	索引号:ZJ-×××
报表截止日:2×18年12月31日	复核:××	日期:2×19-1-8	项目:存货-存货抽盘核对表

一、从存货盘点记录中选取项目追查至存货实物,以测试盘点记录的准确性

序号	存货盘点表索引	存货编码	存货名称	被审计单位盘点数量	审计人员盘点数量	差异	差异原因
1	ZJ-XXX	01010105	钢盘条	150.00	150.00	-	
2	ZJ-XXX	01010202	钢丝	28.00	28.00	-	
3	ZJ-XXX	01010219	钢丝	20.00	20.00	-	
4	ZJ-XXX	01010305	铝杆	265,813.04	265,813.04	-	
5	ZJ-XXX	02010101	铝包钢单丝	804.01	804.01	-	

图 7-22 从盘点记录追查至实物

(2) 从存货实物中选取项目追查至存货盘点记录,以测试存货盘点的完整性。如图 7-23 所示,在仓库中选取五种存货,将存货编码与存货名称填入图 7-23 中,在"存货盘点记录"中寻找这些存货的盘点数,并填入图 7-23。审计人员重新盘点这五种存货,将盘点结果填入图 7-23 "审计人员盘点数量"中,"差异"列显示被审计单位盘点数量与审计人员盘点数量的差异。若存在差异,应寻找原因,必要时则需重新盘点该项目。

二、从存货实物中选取项目追查至存货盘点记录,以测试存货盘点的完整性

序号	存货编码	存货名称	审计人员盘点数量	被审计单位盘点数量	存货盘点表索引	差异	差异原因
1	01010201	钢丝	75.00	75.00		-	
2	01010204	钢丝	15.00	15.00		-	
3	01010401	不锈钢管光单元	16.00	16.00		-	
4	01010501	光纤	8,897.12	8,897.12		-	
5	02020105	单丝	158.00	158.00		-	

图 7-23 从实物追查至盘点记录

抽盘结束后,审计人员在抽盘过程中形成的记录和草稿、所有的盘点记录、盘点汇总表均应由参与盘点的被审计单位人员和监盘的审计人员共同签字确认并复印,一份留被审计单位存档,一份留会计师事务所编入监盘底稿。

5. 存货截止测试

审计人员在对期末存货进行截止测试时,通常应当关注以下方面。

（1）所有在截止日前入库的存货项目是否均已包括在盘点范围内，并已反映在截止日以前的会计记录中。

（2）所有在截止日前装运出库的存货商品是否均未包括在盘点范围内，且未包括在截止日的存货账面余额中。

（3）任何在截止日后装运出库的存货项目是否均已包括在盘点范围内，并已包括在截止日的存货账面余额中。

（4）所有已确认为销售但尚未装运出库的商品是否均未包括在盘点范围内，且未包括在截止日的存货账面余额中。

（5）所有已记录为购货但尚未入库的存货是否均已包括在盘点范围内，并已反映在会计记录中。

因此，对存货采购和存货销售分别实施截止测试。

（1）存货采购的截止测试：取得某仓库盘点日前最后的和盘点日后最前的 5 张入库单或验收报告，确定存货的截止是否正确。

（2）存货销售的截止测试：检查盘点日前最后的和盘点日后最前的 5 张入库单或验收报告，确定存货的截止是否正确。

步骤 3：监盘结束后的工作。监盘结束后的工作主要包括图 7-24 列示的几个步骤。其中，初级审计人员应重点掌握存货明细账与盘点报告核对的方法和存货监盘报告的撰写。

三、监盘后，复核盘点结果，完成存货监盘报告	
21. 在被审计单位存货盘点结束前，再次观察盘点现场，以确定所有应纳入盘点范围的存货是否均已盘点。	
22. 在被审计单位存货盘点结束前，取得并检查已填用、作废及未使用的盘点表单记号码记录： (1) 确定其是否连续编号。 (2) 如盘点表未预先编号，记录已使用盘点表的数量或进行复印。 (3) 提请被审计单位划去盘点表上所有空白部分。 (4) 查明已发放的表单是否均已收回。 (5) 与存货盘点汇总记录进行核对。 (6) 必要时，将盘点表上的事项与检查记录进行核对。	
23. 取得并复核盘点结果汇总记录，形成存货盘点报告（记录），完成存货监盘报告： (1) 评估其是否正确地反映了实际盘点结果。 (2) 确定盘点结果汇总记录中未包括所有权不属于被审计单位的货物。 (3) 选择盘点结果汇总记录中的项目，查至原始盘点表，以确定没有混入不应包括在内的存货信息。 (4) 选择价值较大的存货项目，和上期相同项目的库存数量比较，获取异常变动的信息。	
24. 在永续盘存制下，如果永续盘存制记录与存货盘点结果之间出现重大差异，应当实施追加的审计程序，查明原因并检查永续盘存记录是否已作出适当的调整。	
25. 如果认为被审计单位的盘点方式及其结果无效，提请被审计单位重新盘点。	
26. 确定存货监盘的审计结论。	

图 7-24 存货监盘后执行的程序

1. 存货明细账与盘点报告核对

监盘结束后,将存货明细账(图7-25)与存货盘点记录(图7-21)进行核对,以保证账实一致。记录该项工作的底稿主要为"存货明细账与盘点报告(记录)核对表"(图7-26)。

存货明细账

截止日:2×18年12月31日

科目名称	方向	期末数量	单价	金额
原材料	借	275,910.76	9.98	2,752,324.25
主材	借	275,311.17	9.99	2,749,805.95
钢盘条	借	150.00	894.38	134,157.20
XGLB82AΦ6.0	借	150.00	894.38	134,157.20
钢丝	借	251.00	3,777.87	948,244.16
Φ3.30	借	75.00	3,010.37	225,778.06
Φ3.80	借	28.00	4,384.64	122,769.81
Φ4.20	借	20.00	4,232.14	84,642.77
Φ5.50	借	15.00	4,648.34	69,725.07
Φ6.00	借	20.00	5,281.65	105,632.96
Φ7.20	借	18.00	6,093.15	109,676.66
Φ3.20	借	75.00	3,066.92	230,018.83
铝杆	借	265,813.04	6.14	1,632,092.04
不锈钢管光单元	借	16.00	503.34	8,053.47
36B1	借	16.00	503.34	8,053.47
光纤	借	8,897.12	2.16	19,217.78
ULL-G652	借	8,897.12	2.16	19,217.78
铝合金单丝	借	184.01	43.70	8,041.30
辅材	借	599.60	4.20	2,518.30
油墨	借	599.60	4.20	2,518.30
库存商品	借	1,489.25	276.91	412,394.04
外购商品	借	1,135.49	279.32	317,168.00
铝包钢单丝	借	804.01	393.40	316,296.21
LB4	借	804.01	393.40	316,296.21
铝带	借	331.48	2.63	871.79
自制产品	借	353.76	269.18	95,226.04
单丝	借	173.81	498.07	86,567.41
LB4	借	157.71	548.89	86,567.41
不锈钢管光单元	借	179.96	48.11	8,658.63
16B1	借	179.96	48.11	8,658.63
存货合计				3,164,718.29

图7-25 存货明细账

存货明细账与盘点报告(记录)核对表

被审计单位:湖北蓝天通信科技有限公司 编制:×× 日期:2×19-1-5 索引号:ZJ-×××
报表截止日:2×18年12月31日 复核:×× 日期:2×19-1-8 项目:存货-存货明细账与盘点报告(记录)核对表

一、从明细账中选取具有代表性的样本将明细账上的存货数量与已确认盘点表的数量核对:

序号	地点	样本描述			期末存货明细账记录			获取的存货清单	索引号	经确认的期末存货盘点表	数量差异 ④=①或②-③	差异分析及处理
		存货类别	存货型号	单价	数量①	金额	数量②			数量③		
1	铝杆仓库	钢盘条	XGLB82AΦ6.	894.38	150.00	134,157.20		150.00		150.00	-	
2	钢丝仓库	钢丝	Φ3.30	3,010.37	75.00	225,778.06		75.00		75.00	-	
3	钢丝仓库	钢丝	Φ3.80	4,384.64	28.00	122,769.81		28.00		28.00	-	
4	钢丝仓库	钢丝	Φ7.20	6,093.15	18.00	109,676.66		18.00		18.00	-	
5	钢丝仓库	钢丝	Φ3.20	3,066.92	75.00	230,018.83		75.00		75.00	-	

图7-26 从明细账至盘点报告核对

163

（1）从明细账中选取具有代表性的样本将明细账上的存货数量与经确认盘点报告的数量进行核对。

①审计人员从明细账中选取 5 项存货，将存货类别、型号和期末存货明细账中记录的各项存货的单价、数量（项次①）、金额填入底稿对应的列中。

②在"存货盘点记录"（图 7-21）中找到对应存货的数量，填入"经确认的期末存货盘点表数量"（项次③）列。

③在获取的"存货清单"中找到对应存货的数量，填入"获取的存货清单数量"（项次②）列。

④将"期末存货明细账记录数量"（项次①）、"获取的存货清单数量"（项次②）和"经确认的期末存货盘点表数量"（项次③）三者进行对比。若不存在差异，则可以确认明细账记录的准确性。

（2）从经确认的盘点报告中抽取有代表性的样本与存货明细账核对。

①审计人员从经确认的"存货盘点记录"（图 7-27）中选取 5 种存货，将存货类别、存货型号和经确认的期末存货盘点表数量（项次①）填入底稿对应的列中。

二、从经确认的盘点报告中抽取有代表性的样本与存货明细账核对：					经确认的期末存货盘点表	期末存货明细账记录			获取的存货清单的数量③	数量差异 ④-①-②或①-③	差异分析及处理
序号	地点	样本描述		索引号							
		存货类别	存货型号		数量①	单价	数量②	金额			
1	钢丝仓库	钢丝			20.00	4,232.14	20.00	84,642.77			
2	钢丝仓库	钢丝			15.00	4,648.34	15.00	69,725.07			
3	钢丝仓库	钢丝			20.00	5,281.65	20.00	105,632.96			
4	铝杆仓库	铝合金单丝			184.01	43.70	184.01	8,041.30			
5	铝杆仓库	油墨			599.60	4.20	599.60	2,518.30			

图 7-27 从盘点报告至明细账核对

②在期末存货明细账中找到对应存货的单价和数量，填入"期末明细账记录数量"（项次②）列。

③在获取的"存货清单"中找到对应存货的数量，填入"获取的存货清单数量"（项次③）列。

④将"经确认的期末存货盘点表数量"（项次①）、"期末存货明细账记录数量"（项次②）和"获取的存货清单数量"（项次③）三者进行对比。若不存在差异，则可以确认明细账记录的完整性。

2. 《存货监盘报告》的撰写

每个仓库的盘点都对应一个《存货监盘报告》，报告中应详细地记录被盘点仓库的信息、参加盘点和监盘的人员信息、监盘所执行的审计程序和对盘点的评价，并在报告最后由全体参加人员签字确认。

（1）填列盘点的基本信息。如图7-28所示的盘点日期、盘点仓库名称和参加人员等。

```
                        存货监盘报告
被审计单位：湖北蓝天通信科技有限公司    编制：××    日期：2×19-1-5    索引号：ZJ-×××
报表截止日：2×18年12月31日            复核：××    日期：2×19-1-8    项目：存货-存货监盘报告

一、盘点日期：    2×19年 1 月 1 日
二、盘点仓库名称：  成品库
仓库负责人：×××                    ；
仓库记账员：×××              ；   仓库保管员：×××            ；
仓库概况：（描述仓库共_1_间，各仓库的特点）
本仓库主要用于存放产成品（包括外购商品和自制商品）。位于生产车间东侧、钢丝仓库南侧，设有专门的人员看管，存货存放规整，不同批次存放于不同的位置，均设有编号，便于查找。
三、参加人员：
监盘人员（_×××_事务所）注册会计师：×××
监盘人员（_×××_事务所）注册会计师：
监盘人员（蓝天公司财务处）：×××、×××、×××、×××
蓝天公司盘点负责人：×××
蓝天公司盘点人员：×××、×××、×××、×××
在盘点过程中，除_×××_外，自始至终未离开现场。
```

图7-28 《存货监盘报告》的撰写第一步

（2）填写监盘报告前的工作。将监盘开始前取得的审计资料和进行的工作梳理，对应图7-29中的项目逐一整理。

①如果实施了该程序或可以确认该项目，则在"是或否"处填写"是"，并将对应的审计资料的工作底稿编号填入"工作底稿编号"栏。

②如果未实施该程序或不可以确认该项目，则在"是或否"处填写"否"，说明原因。例如，对于一些车间24小时不间断生产的工业企业来说，可能一年只有停车检修的时候才能做到存货停止流动，而盘点日与检修期间不一定在同一时间，从而不能保证监盘时存货已停止流动，此时应在"是或否"处填写"否"，并说明原因。

③如果被审计单位不存在该项目所描述的情况，则在"是或否"处填写"不适用"。例如，湖北蓝天通信科技有限公司不存在外单位寄存的货物，故需在"外单位寄存的货物是否已分开堆放"后填写"不适用"。

四、监盘开始前的工作：		
项目	是或否	工作底稿编号
1. 索取《期末存货盘点计划》	是	
2. 索取该仓库《存货收发存月报表》	是	
3. 索取存货的《盘点清单》	是	
4. 索取盘点前该仓库收料、发料的最后 5 张单证	是	
5. 存货是否已停止流动	是	
6. 废品、毁损物品是否已分开堆放	是	
7. 货到单未到的存货是否已暂估入账	不适用	
8. 发票未开，客户已提走的存货是否已单独记录	不适用	
9. 发票已开，客户未提走的存货是否已单独记录（或单独堆放）	不适用	
10. 存货是否已按存货的型号、规格排放整齐	是	
11. 外单位寄存的货物是否已分开堆放	不适用	
12. 代外单位保管的货物是否分开堆放	不适用	
13. 外单位代销的货物是否分开堆放	不适用	
14. 其他非本公司的货物是否分开堆放	不适用	
15. 委托外单位加工的存货、存放外单位的存货，是否收到外单位的书面确认书	不适用	
16. 最近一次盘点存货的日期	2×18年12月25日	
17. 最近一次对计量用具（地秤、秤量器和其他计量器）的校对	2×19年1月3日	
18. 是否有存货的记录位置或存放图	是	
19. 索取完整的仓库清单或者存货存放地点清单	是	

图 7-29 《存货监盘报告》的撰写第二步

（3）描述监盘进行中的工作。如图 7-30 所示的监盘开始时间、分工情况等。

五、监盘进行中的工作：
1. 监盘从 9:30 点开始，共分 1 个监盘小组，每个小组 2 人，
   a. 一人点数并报出型号、规格；
   b. 一人记录《盘点清单》。
2. 核对仓库报表结存数量与仓库存货账结存数量是否相符；仓库存货账结存数量与仓库存货卡数量是否相符；填制《存货表、账、卡核对记录表》。
3. 盘点结束，索取《盘点清单》及《存货盘盈、盘亏汇总表》

图 7-30 《存货监盘报告》的撰写第三步

（4）记录抽盘工作的过程。

①抽盘时选取样本的方法。抽样方法分为统计抽样和非统计抽样，其中统计抽样常用的方法包括随机数表选样、系统选样等；非统计抽样可以进一步分为属性抽样和变量抽样。在实际操作中，应根据存货的实际情况进行抽样。

②根据底稿"抽盘核对表"可以看到，对成品库中的铝包钢单丝和单丝进行

了抽盘。对该仓库抽盘情况进行如图 7-31 所示的简单统计后可以看出，本仓库共有四种类型的存货，抽盘两种，占种类总数的 50%；本仓库存货合计数量为 1 311.49 件，其中抽盘 962.01 件，占总件数的 73.35%；本仓库存货金额合计 412 394.04 元，抽盘金额为 402 863.62 元，占总金额的 97.69%。将以上信息填列"4. 抽盘统计"。

抽盘统计

项目	种类个数	数量	金额
抽盘	2	962.01	402,863.62
合计	4	1,311.49	412,394.04
抽盘占比	50.00%	73.35%	97.69%

图 7-31 抽盘信息统计

③根据底稿"抽盘核对表"中核对的信息，抽盘结果全部正确，故抽盘正确率为 100%，填列"5. 计算抽盘正确率"。

④如果存货中存在属于残次、毁损、滞销积压的存货，统计其金额，并填列"6. 确定存货中属于残次、毁损、滞销积压的存货及其对当年损益的影响"项目，具体如图 7-32 所示。

```
六、抽盘：
 1.抽盘时选取样本的方法：   随机数表选样
 2.抽盘人员为：           ×××
 3.抽盘记录详见《存货监盘结果汇总表》(附后)。
 4.抽盘统计：    抽盘存货件数占总件数的73.35%，抽盘金额占总金额的97.69%
 5. 计算抽盘正确率：
 抽盘共 2 种，其中抽盘正确的有  2 种，占  100 %；
 抽盘金额共  402,863.62  元，其中复盘正确的有  402,863.62  元，占  100  %。
 6. 确定存货中属于残次、毁损、滞销积压的存货及其对当年损益的影响：
 存货中属于残次、毁损、滞销积压的存货的金额：
 其中：原材料：_____元；
      在产品：_____元；
      产成品：_____元；
      库存商品：_____元；
         ：_____元；
      合  计：_____元。
```

图 7-32 《存货监盘报告》的撰写第四步

（5）记录盘点结束后的工作。盘点结束后，主要有以下工作需要进行，需要根据实际情况进行记录。

①再次观察现场并检查盘点表单。

②符合盘点结果汇总记录。

③关注盘点日与资产负债表之间存货的变动情况。

④关注存货盘点结果与永续盘存记录之间出现重大差异的处理。

⑤关注被审计单位盘点方式及其结果无效时的处理,如果认为被审计单位的盘点方式及其结果无效,注册会计师应当提请被审计单位重新盘点。

⑥由参加复盘人员在《存货监盘结果汇总表》上签字。

⑦索取由仓库人员填写的《复盘差异说明》(文字说明并加盖公章)。

⑧索取盘点后该仓库收料、发料的最前5张单据。

⑨对被审计单位委托其他单位保管或已做质押的存货,实施向保管人或债权人函证的工作。

(6) 对盘点进行评价。根据被审计单位对盘点程序的执行情况,对被审计单位仓库管理人员的业务熟悉程度、盘点人员的工作和资料提供配合度等方面进行评价,具体如图7-33所示。

图7-33 《存货监盘报告》的撰写第六步

步骤4:追溯调整。对于盘点日与审计截止日不同的情况,应对盘点表进行追溯调整。取得审计截止日至盘点日的收发存月报表,抽取部分单据进行检查,以确保将盘点日的结论延伸到审计截止日。

步骤5:审计说明与结论。

1. 审计说明

在涉及特殊的存货类型或盘点方法时,应具体说明使用该方法进行盘点的原因、实施经过及盘点结果的计算过程等事项。

2. 审计结论

监盘工作完成后，若实物与账面记载情况一致，则得出"账实相符，存货数量可以确认"的结论；若实物与账面记载存在不一致的情况，提请被审计单位修改，且被审计单位已作出相应的修改后实物与账面记载情况一致，也可得出以上结论。

注意：上述监盘流程中提到"监盘开始前，应确认存货是否已经停止流动"，对于有些连续生产的工业企业来说，每年只有检修时才会停车，故监盘时存货没有停止流动。这种情况下，对于在盘点过程中入库和出库的存货，应取得全部入库单和出库单，在监盘结束后编入监盘底稿。

任务7-4　在建工程实地勘察

知识目标

描述在建工程的概念及其分类。

技能目标

在建工程实地勘察的操作方法。

素养目标

通过在建工程实地勘察技能的操作，充分认识进行在建工程实地勘察的必要性，提升在建工程实地勘察的能力，以实现在建工程实地勘察的审计目标；通过在建工程实地勘察相关知识学习与技能的训练，能深入现场进行在建工程实地勘察，为实现其审计目标提供充分、适当的审计证据，培养学生利用所学知识解决实际问题的能力。

业务操作

步骤1：取得在建工程基本信息。

1. 确定在建工程实地勘察的时间

经审计项目组负责人与被审计单位相关负责人沟通，决定于2×19年1月5日执行在建工程实地勘察程序。

2. 取得在建工程明细表，了解在建工程由哪些项目构成

如图7-34所示，案例中的被审计单位在建工程只有三期新厂房建设项目，其

中包括待摊投资、建筑工程投资和设备工程投资。待摊投资包括前期工程设计费、勘察费和管理费用；建筑工程投资为三期厂房基建工程；设备工程投资是三期新厂房中正在安装的设备。

图7-34 在建工程账项明细表

3. 取得工程项目相关资料

例如，项目规划设计平面图、工程进度报告或监理报告。根据被审计单位三期新厂房项目的规划设计平面图，整个项目的建设包括一栋新厂房的建设和一条生产线的购置。三期新厂房的土建工程出包给长城建筑公司，工程进度报告和监理报告显示，截至2×18年12月，厂房的完工进度为90%，共支付了180万元的工程款。

4. 确定实地勘察范围

本案例中在建工程项目仅有一个，且位于厂区内，故审计项目组决定对全部在建工程项目进行实地勘察。若账面在建工程项目较多，或账面存在发生在外地的在建工程，或者存在委托其他单位代为管理的在建工程，审计项目组应视重要性水平而定，抽样进行实地勘察或发函询证等。

步骤2：实地勘察并记录。

2×19年1月5日上午9时，一组审计人员与被审计单位工程项目负责人员和财务人员一同对在建工程进行实地勘察。

（1）将在建工程明细表上工程项目与实物资产进行一一对照，即从账到实物，以确认真实性。

（2）将实地勘察到的实物资产与在建工程明细表进行核对，即从实物到账，以确认完整性。

（3）观察和询问工程实际完工进度，与工程进度款支付进行比较，做好勘察核对记录。

（4）实地勘察现场时，注意是否存在长期停工或已安装的机器设备长期未转固定资产或未使用的情况，若存在以上情况，项目组应考虑计提在建工程减值准备，审计人员应及时记录并汇报，确认如何实施相应的程序。

（5）对实地勘察中存在的盘盈、盘亏等不符情况，需查明原因并予以记录。

步骤3：实地勘察结束后的工作。

（1）在实地勘察结束后，向被审计单位索要勘察盘点清单，并请参与实地勘察的审计项目组成员和被审计单位相关人员签字确认，以明示其责任。

（2）对实地勘察过程中发现的盘盈、盘亏等不符情况，查明原因并收集审计证据，与被审计单位沟通，由被审计单位进行调整或由审计项目组作出审计调整。

步骤4：完成在建工程实地勘察记录。汇总在建工程实地勘察记录，并与明细账核对，根据统计结果及时形成完整的如图7-35所示的"在建工程实地勘察记录"。

图7-35 在建工程实地勘察记录

步骤5：追溯调整。本案例中盘点日比资产负债表日晚5天，由于被审计单位资产负债表日至盘点日在建工程没有增加和减少，且在建工程短时间内外观形象工程变化不大，不需要对在建工程进行追溯调整。

步骤6：审计说明与结论。

1. 审计说明

应在勘察记录中说明测试目标，如"通过资产盘点，确认在建工程的存在性、真实性、完整性，并部分地确认所有权、估值"；如果全部盘点应注明全部盘点，如果抽盘应写明抽样方法及采取本方法的原因；对勘察过程进行详细的说明，包括每个项目的形象工程进度大概怎样、与账面支付的工程进度款是否大致匹配等。

2. 审计结论

若经过实地勘察，在建工程与账面记录基本一致，且资产状况良好，不存在停工、损毁等情况，或被审计单位根据实地勘察结果，已将账面记录作出相应调整后，达到在建工程与账面记录基本一致，则得出在建工程可以确认的结论，如"在建工程与账面记录一致，且状况正常，不存在减值迹象，可以确认"。

任务 7-5　固定资产监盘

知识目标

描述固定资产的概念及其分类。

技能目标

设计固定资产监盘流程、固定资产盘点的操作方法。

素养目标

通过固定资产监盘技能的操作，要重点监督被审计单位管理层有无利用固定资产账户操作利润的情况，提升固定资产监盘的实际操作能力，以实现固定资产监盘的审计目标；通过固定资产监盘相关知识学习与技能的训练，能深入现场进行固定资产监盘，为实现其审计目标提供充分、适当的审计证据，培养学生利用所学固定资产监盘知识解决实际问题的能力。

业务操作

步骤1：监盘准备工作。

1. 确定盘点的时间

经审计项目组负责人与被审计单位相关负责人沟通，决定于2×19年1月5日执行固定资产监盘程序。

2. 取得被审计单位资产负债表日的固定资产卡片账

固定资产卡片账如图7-36所示，通常记录被审计单位各项固定资产的编号、名称、类别、使用部门、存放地点、购置日期、取得方式、原值、使用期限、净残值率、折旧率、累计折旧和减值准备等信息。在进行固定资产盘点前的准备工作中，应至少保证取得固定资产的编号、名称、类别、使用部门（或存放地点）、使用状态、资产原值和数量等信息。

图7-36 固定资产卡片账

需要注意的是，取得被审计单位的固定资产卡片账是取得固定资产基本信息的主要方式，实际操作中不是必须要求被审计单位提供卡片账，只要基本信息可以满足监盘的需要，任何形式的账表都可以接受。

3. 了解固定资产的保管情况

向被审计单位管理固定资产的负责人了解固定资产的分布、管理情况和资产负债表日至盘点日固定资产的变化情况。例如，固定资产在移动时需要办理哪些手续，是否会更新卡片账信息，以确保卡片账中的存放地点是否准确，减轻监盘的工作量。如果资产负债表日至盘点日固定资产没有新增和减少，则确认盘点日的资产状况即为资产负债表日的资产状况；如果资产负债表日至盘点日固定资产存在新增和减少，则应取得新增和减少资产的详细信息。

4. 确定盘点范围并准备监盘表（抽盘表）

项目组负责人会根据被审计单位固定资产的实际情况和重要性水平，确定对固定资产进行全盘或者抽盘。审计助理应根据项目组负责人确认的盘点范围，提前准备如

图7-37所示的"固定资产盘点检查情况表"。

固定资产盘点检查情况表

被审计单位：湖北蓝天通信科技有限公司　编制：×××　日期：2×19年1月7日　索引号：ZP-00×
报表截止日：2×18年12月31日　复核：×××　日期：2×19年1月9日　项目：固定资产-盘点检查表

序号	资产编号	资产名称	资产类别	使用部门	单价	账面结存 数量	账面结存 金额	实际盘点 数量	实际盘点 金额	盈亏(+、-)	备注
1	01040100025	六车间活动房	土地、房屋及构筑物	生产办	39,259.00	1.00	39,259.00				
2	01080400021	湘隆商品房两套	土地、房屋及构筑物	综合办公室	1,273,768.60	1.00	1,273,768.60				
3	02000000013	3-4号冷拉	机器设备	冷拉工序	4,130,949.35	1.00	4,130,949.35				
4	02010902018	5号冷拉	机器设备	冷拉工序	373,447.93	1.00	373,447.93				
5	02040100056	液压打包机	机器设备	生产办	86,080.00	1.00	86,080.00				
6	02040100127	螺杆式空压机（空压机房）	机器设备	生产办	121,702.76	1.00	121,702.76				
7	03080100001	奥迪DE789	交通运输设备	高管	510,170.00	1.00	510,170.00				
8	03140000401	轻型客车	交通运输设备	食堂	46,820.10	1.00	46,820.10				
9	04010040001	电脑 兼容	电子及通信设备	人力资源部	5,300.00	1.00	5,300.00				
10	04010102006	LED显示屏P8	电子及通信设备	生产办	93,227.35	1.00	93,227.35				
11	04010102034	食堂电视机顶盒	电子及通信设备	综合办公室	24,476.00	1.00	24,476.00				
12	05080400074	家具一套（湘隆1803室）	其他类	综合办公室	13,759.00	1.00	13,759.00				
13	05100000004	大班台及班椅	其他类	财务部	5,520.00	1.00	5,520.00				
	合计						6,724,480.09				

检查时间：　　　检查地点：　　　检查人：　　　盘点检查比例：

图7-37　固定资产盘点检查情况表

（1）本案例中，经过审计人员的了解，资产按对应的使用部门分类，所以为了实际监盘的方便，在表中增加了"使用部门"一项。实际操作中，为了提高监盘效率，审计人员可以在资产信息部分任意添加或减少项目，只要满足监盘需要即可。

（2）核对已填入固定资产盘点检查情况表中的信息，确保账面结存金额的合计数与账面金额一致。由于在监盘前已进行了总账、明细账的核对程序，若此处核对不一致，原因只能是填列有误，应进行检查并更正。

如果对固定资产进行抽盘，则应将表中各项目合计金额除以固定资产账面原值，计算出盘点检查比例，填入右下角"盘点检查比例"处。

（3）对于资产负债表日至盘点日存在新增和减少固定资产的情况，根据前期已取得的新增和减少资产详细信息，将减少的资产在图7-38所示的固定资产盘点检查情况表中"备注"处标注"已处置"，将增加的资产及信息在备注中添加。

假定资产负债表日至盘点日，被审计单位将资产编码为03080100001的奥迪轿车处置，并购买了一辆帕萨特轿车，资产编码为3080100008，原值320 500.00元。在填入资产负债表日资产信息并与账面数核对一致后，找到第7行奥迪轿车的信息，在"备注"处填入"已处置"。再添加资产负债表日至盘点日新增资产信息，将帕萨特轿车的信息填入。资产负债表日账面原值减去处置资产的原值加上新增资产的原值，即可计算出盘点日账面原值，将计算的盘点日账面原值与账面数核对。如果

固定资产盘点检查情况表

被审计单位：湖北蓝天通信科技有限公司　　编制：×××　　日期：2X19年1月7日　　索引号：ZP-00X
报表截止日：2X18年12月31日　　复核：×××　　日期：2X19年1月9日　　项目：固定资产-盘点检查表

序号	资产编号	资产名称	资产类别	使用部门	单价	账面结存 数量	账面结存 金额	实际盘点 数量	实际盘点 金额	盈亏(+、-)	备注
1	01040100025	六车间活动房	土地、房屋及构筑物	生产办	39,259.00	1.00	39,259.00				
2	01080400021	湘隆商品房两套	土地、房屋及构筑物	综合办公室	1,273,768.60	1.00	1,273,768.60				
3	02000000013	3-4号冷拉	机器设备	冷拉工序	4,130,949.35	1.00	4,130,949.35				
4	02010902018	5号冷拉	机器设备	冷拉工序	373,447.93	1.00	373,447.93				
5	02040100056	液压打包机	机器设备	生产办	86,080.00	1.00	86,080.00				
6	02040100127	螺杆式空压机（空压机房）	机器设备	生产办	121,702.76	1.00	121,702.76				
7	03080100001	奥迪OE789	交通运输设备	高管	510,170.00	1.00	510,170.00				已处置
8	03140000401	轻型客车	交通运输设备	食堂	46,820.10	1.00	46,820.10				
9	04010040001	电脑 兼容	电子及通信设备	人力资源部	5,300.00	1.00	5,300.00				
10	04010102006	LED显示屏P8	电子及通信设备	生产办	93,227.35	1.00	93,227.35				
11	04010102034	食堂电视机顶盒	电子及通信设备	综合办公室	24,476.00	1.00	24,476.00				
12	05080400074	家具一套（湘隆1803室）	其他类	综合办公室	13,759.00	1.00	13,759.00				
13	05100000004	大班台及班椅	其他类	财务部	5,520.00	1.00	5,520.00				
	资产负债表日账面原值合计						6,724,480.09				
	资产负债表日至盘点日新增资产：										
1	3080100008	帕萨特M3975	交通运输设备	综合办公室	320,500.00	1.00	320,500.00				
	盘点日账面原值合计						6,534,810.09				

检查时间：　　检查地点：　　检查人：　　盘点检查比例：

图 7-38　资产负债表日后资产变动情况

核对有误，应将资产负债表日与盘点日之间固定资产序时导出，与被审计单位提供的增加、减少信息核对。

步骤2：监盘。盘点小组由3人组成，其中被审计单位固定资产保管员1人、固定资产记账员1人、审计小组成员1人。被审计单位的固定资产全部存放在厂区中，主要分布在生产车间和办公楼中。盘点小组从房屋建筑物开始盘点，然后进入生产车间盘点，最后对办公楼内的固定资产进行盘点。

清点的过程中，由被审计单位一人清点报数、一人记录，同时审计人员在图7-39所示固定资产盘点检查情况表中记录。审计人员应注意观察设备标识牌中的名称、规格与盘点表中信息是否一致，注意资产状况，是否存在损毁、损坏、无法使用的情况，并对已盘点资产做标记，以防止一个资产清点多次或存在未清点到的资产。如果发现盘点表中没有的资产，应记录该项资产的名称、型号，必要时对其进行拍照留存；如果盘点表中某项资产无法找到实物，或实物与盘点表中记录信息有差异，也应在盘点表中记录。

结束一个地点的盘点后，审计人员应再次检查是否全部设备都已被盘点，确保没有遗漏的资产后，再进行下一个地点的盘点。完成全部盘点任务后，向被审计单位人员索取"盘点清单"和"固定资产盘盈、盘亏汇总表"。

对于盘点过程中发现的差异，应提请被审计单位寻找原因并予以记录。如果存在信息记录错误，则督促被审计单位更正。如果存在资产的盘亏、盘盈，应请被审

固定资产盘点检查情况表

图7-39 完成固定资产盘点检查情况表

计单位解释原因,并提供相关证据佐证资料。审计人员应判断被审计单位解释是否合理、证据是否充足,并在取得足够多的审计证据后进行相关的调整。

本案例盘点过程中未发现账实不符的情况且资产状况良好,故实际盘点的数量、金额与账面结存数一致,没有盈亏。

步骤3:监盘结束后的工作。

(1)请参加盘点的所有人员在"固定资产盘点检查情况表"上签字。

(2)评价被审计单位的固定资产盘点工作。

步骤4:追溯调整。对于资产负债表日至盘点日存在新增或减少固定资产的情况,应对照已取得的固定资产负债表日至盘点日明细账,追查至原始凭证,核对固定资产的增加和减少是否正确,以确保将盘点日的结论延伸到审计截止日。

步骤5:完成固定资产盘点报告。固定资产监盘工作结束后,应撰写"固定资产盘点报告",详细说明固定资产盘点的过程及结果。

(1)固定资产监盘情况说明,如图7-40所示,主要由以下两部分组成。

①记录被审计单位固定资产管理岗位对应的员工姓名。

②固定资产监盘情况,包括固定资产的分布情况、具体盘点结果(数量情况与资产状况)。

固定资产盘点报告

被审计单位：湖北蓝天通信科技有限公司	编制：×××	日期：2×19年1月7日	索引号：ZP-00×
报表截止日：2×18年12月31日	复核：×××	日期：2×19年1月9日	项目：固定资产-盘点报告

一、固定资产监盘情况说明：	
固定资产负责人：	×××
固定资产记账员：	×××
固定资产保管员：	×××
固定资产概况及监盘情况说明：	固定资产主要有房屋建筑物、机器设备、运输设备和办公设备，对全部固定资产进行监盘。
监盘情况说明如下：	
（一）总体分布：	房屋建筑物均位于厂区内，机器设备均位于生产车间，办公设备和其他设备分部在办公楼中。
（二）具体盘点结果：	对全部固定资产进行监盘，盘点数与账面数一致，且资产状况良好，不存在损坏、损毁的资产。

图7-40 "固定资产盘点报告"的撰写第一步

（2）填写监盘参加人员，如图7-41所示。

二、监盘参加人员：	
监盘人员：	×××
盘点负责人：	×××
盘点人员：	×××
三、盘点进行中的工作：	上述人员在盘点过程中，自始自终未离开现场。 1. 盘点从 9 点开始，共分 1 个盘点小组，每个小组 3 人。 a. 一人点数并报出型号、规格； b. 一人记录《盘点清单》； 2. 核对固定资产表账卡结存数量是否相符？ 相符 √ ；不相符 ___ 。（在相关内容后√） 3. 核对固定资产账卡与实物数结存数量是否相符？ 相符 √ ；不相符 ___ 。（在相关内容后√） 其中：固定资产盘盈金额 0.00 元； 固定资产盘亏金额 0.00 元； 4. a.确定抽查比例： 抽查样本金额： 100% ； 新增固定资产账面金额： 373,447.93 ；抽查比例： 100% ； b.确定实盘比例： 实盘金额： 100% ； 新增固定资产账面金额： 373,447.93 ；实盘比例： 100% ； c.盘点正确率： 100% 。 5. 盘点结束，索取《盘点清单》及《固定资产盘盈、盘亏汇总表》。

图7-41 "固定资产盘点报告"的撰写第二步、第三步

（3）盘点进行中的工作。主要记录盘点过程，包括盘点的分工、核对结果、盘盈及盘亏结果、抽查比例和盘点正确率等项目，具体如图7-41所示。

（4）记录盘点结束后的工作，主要包括请盘点小组成员在"固定资产盘点检查情况表"上签字和评价被审计单位的固定资产盘点工作，具体如图7-42所示。

四、盘点结束后的工作：	请参加盘点人员在"固定资产盘点检查情况表"上签字；
五、对盘点的评价：	1. 固定资产管理人员对固定资产很熟悉；
	2. 盘点工作及复盘工作很认真；
	3. 对会计师需要的资料很配合。
	监盘人员签名：
	复核人员签名：

图7-42 "固定资产盘点报告"的撰写第四步

步骤6：审计说明与结论。

1. 审计说明

对于使用特殊方法盘点的固定资产，应在审计说明中详细描述盘点方法。对于盘盈、盘亏事项，也应在审计说明中列出详细的原因，如资产由于管理不慎被盗导致盘亏、因为自然灾害损毁造成的盘亏或未及时记账导致的盘盈等。

2. 审计结论

固定资产监盘工作完成后，若实物资产与账面记载情况一致且资产状况正常，则得出"账实相符，可以确认"的结论；若实物资产与账面记载存在不一致的情况，提请被审计单位修改，被审计单位已作出相应的修改，实物资产与账面记载情况一致且资产状况正常，也可得出以上结论。

任务7-6　无形资产实地勘察

知识目标

描述无形资产的概念及其分类。

技能目标

检查无形资产权属；实施土地使用权的实地勘察。

素养目标

通过无形资产实地勘察技能的操作，充分认识进行无形资产实地勘察的必要性，提升无形资产实地勘察的能力，以实现无形资产实地勘察的审计目标；通过无形资产实地勘察相关知识学习与技能的训练，能深入现场进行无形资产实地勘察，为实现其审计目标提供充分、适当的审计证据，培养学生利用所学知识解决实际问题的能力。

业务操作

步骤1：检查无形资产权属等信息。取得如图7-43所示的无形资产明细账，根据明细账填制无形资产明细表。根据明细表中列示无形资产明细，取得对应的相关合同、权属证书等资料。

无形资产明细表

项目名称	借贷方向	审定期初数	未审本期借方	未审本期贷方	审定本期借方	审定本期贷方	未审期末数	期末调整数	审定期末数	担保情况	索引	备注
土地使用权	借	16,321,967.00	-	-	-	-	16,321,967.00		16,321,967.00			
商标	借	4,950.00	-	-	-	-	4,950.00		4,950.00			
专利权	借	30,000.00	-	-	-	-	30,000.00		30,000.00			
ERP软件	借	552,606.84	-	-	-	-	552,606.84		552,606.84			
金税软件	借	29,503.30	-	-	-	-	29,503.30		29,503.30			
土地使用权	贷	2,309,115.56	-	379,580.64	-	379,580.64	2,688,696.20		2,688,696.20			
商标	贷	4,950.00	-	-	-	-	4,950.00		4,950.00			
专利权	贷	30,000.00	-	-	-	-	30,000.00		30,000.00			
ERP软件	贷	438,134.35	-	27,592.32	-	27,592.32	465,726.67		465,726.67			
金税软件	贷	7,867.52	-	5,900.64	-	5,900.64	13,768.16		13,768.16			
合 计		14,148,959.71		413,073.60		413,073.60	13,735,886.11		13,735,886.11			

审计说明：
1. 总账、明细账、报表数核对一致。
2. 对无形资产摊销进行测算。
3. 对无形资产实施抽凭检查，财务处理正确。

图7-43 无形资产明细表

本部分主要介绍土地使用权的审计操作步骤，根据明细账中土地使用权明细取得如图7-44所示的土地证、土地使用权出让协议，检查其土地使用权是否归被审计单位持有。通过检查土地证，了解土地的位置、面积等信息，并进行记录，形成如图7-45所示的无形资产权证查验记录底稿。

图7-44 土地证、土地使用权出让协议

无形资产权证查验记录

| 被审计单位：湖北蓝天通信科技有限公司 | 编制：××× | 日期：2018/1/5 | 索引号：ZU-006 |
| 报表截止日：2017年12月31日 | 复核：××× | 日期：2018/1/6 | 项目：无形资产-无形资产权证查验记录 |

一、获得公司相关权证，复印并加盖公司公章

二、权证核对表

无形资产名称	权证类型	权证编号	权利人名称	账面原值	账面净值	权证复印件索引
土地使用权	出让	2011年11号	湖北蓝天通信科技有限公司	16,321,967.00	13,633,270.80	
			合计	16,321,967.00	13,633,270.80	

三、查验说明

对无形资产权证进行了检查，无形资产取得方式为出让

审计说明：
1. 权证齐全，归属公司所有。
2. 不存在抵押情况。

图7-45 无形资产权证查验记录底稿

步骤2：实地勘察并记录。

1. 制订勘察计划

审计人员通过前期的资料准备工作已具有初步的了解，但因土地的勘察比较复杂，在勘察前，应询问被审计单位相关人员，了解土地的边缘、位置、形状、四至。并与被审计人员沟通勘察的时间，准备勘察的工具，是否配备专业人员协助进行勘察。

四至指的是宗地的地块界址，房地产四至通常是指建筑物外墙面定位尺寸，即与邻近用地红线或其他建筑物的相对定位距离尺寸，简单地说，就是房子东至哪、西至哪、南至哪、北至哪。

界址点是指宗地权属界线的转折点，即拐点，它是标定宗地权属界线的重要标志。在进行宗地权属调查时，界址点应由宗地相邻双方指界人在现场共同认定。确认的界址点上要设置界标，进行编号，并精确测定其位置，以确保日后界标被破坏时，能用测量方法准确地在实地恢复权属界址。因界址是宗地四周的权属界线，即界址点连线构成的折线或曲线，所以在标属调查时，沿明显界标物（如围墙、篱笆等）的界址线，应标明其位置，如界标物的中心、外侧或内侧。

2. 实施实地勘察

实施实地勘察时，应先了解土地的形状，然后用专门的工具测量其计算面积需要的数据。在勘察时需要采集土地的照片并留底留痕。

需要注意的是：一般情况下，土地的形状并不规则，需要审计人员对其图形进行切分，切分成若干规则的、可计算面积的图形，再进行测量。

步骤3：完成实地勘察记录。根据实际勘察的情况，形成如图7-46所示的土地使用权勘察记录，记录包括勘察的时间、人员、数据。根据勘察的数据进行计算，

并与账面记录数据进行比较。

图7-46 土地使用权勘察记录

需要注意的是，土地的勘察主要目的是检查其存在完整性，因数据的测量存在差异，勘察的结果与账面记载数据、土地证记载土地面积存在一定差异属于正常现象，差异控制在合理的测算误差范围内即可。

步骤4：追溯调整。企业购置、处置土地使用权的情况较少，一般土地使用权的勘察不涉及追溯调整。若勘察日至报表截止日发生土地使用权的购置，审计人员应取得购置的详细资料，从实际勘察的土地中剔除新购置的土地与报表截止日账面情况进行比较；若勘察日至报表截止日发生土地使用权的处置，审计人员应取得处置土地时的详细资料，从实际勘察的土地中加上新处置的土地与报表截止日账面情况进行比较。

步骤5：审计说明与结论。

1. 审计说明

（1）说明实地勘察的目的，如"通过资产勘察，确认土地使用权的存在性、完整性，并部分地确认所有权、估值"。

（2）说明实地勘察的过程，如"勘察的时间、勘察人员、勘察方法及结果"。

（3）描述实地勘察过程的控制，如"审计项目组人员与被审计单位人员一同参与勘察，审计人员在勘察过程中未离开勘察现场，勘察过程中测量的各种数据审计人员均查看并记录"。

2. 审计结论

土地使用权勘察结束，审计人员需对本次实地勘察给出结论，如"土地存在且土地的状态与土地证记录一致，勘察测算土地面积与账载土地面积差异较小，可以确认，未发现异常"。

项目 8 　　计算与验证财务数据

项目导语

随着被审计单位信息化水平提高，使用计算机手段对大量结构化、非结构化数据进行计算与分析，以验证财务数据的真实性、合法性、效益性，成为审计工作中必不可少的环节。

项目提要

通过本项目实操训练，让学生掌握对被审计单位的坏账、固定资产折旧、无形资产摊销、长期待摊费用的计提及工资、税费、相关利息的计算等财务数据计算分析与检查验证方法。

项目思维导图

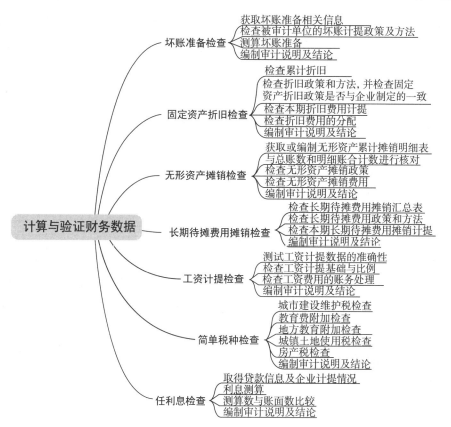

任务 8-1　坏账准备检查

知识目标

掌握坏账准备的计算方法、检查流程，以及重新计算坏账准备的步骤和内容。

技能目标

检查坏账政策及方法是否符合相关会计准则的规定，确定其所采用的坏账政策及方法前后期是否一致；编制坏账准备测算表，与企业坏账准备余额进行对比；对企业坏账准备检查情况填写审计说明。

素养目标

通过编制坏账准备测算表，培养学生勤勉尽责、客观公正的职业素养。

业务操作

步骤 1：获取坏账准备相关信息。获取公司的坏账准备计提及核销政策，取得应收账款、其他应收款总账明细账及坏账准备的相关信息。

1. 单项金额重大并单项计提坏账准备的应收款项

单项金额重大并单项计提坏账准备的应收款项的确认标准：余额占应收款项余额 5% 以上的单位款项。对于单项金额较大的应收款项，计提坏账准备时需单独进行减值测试，按预计未来现金流量现值低于其账面价值的差额计提坏账准备，计入当期损益。单独测试未发生减值的应收款项，将其归入相应组合计提坏账准备。

2. 按信用风险特征组合计提坏账准备的应收款项

1）按信用风险特征组合计提坏账准备

对于单项金额不重大的应收款项、经单独测试后未减值的单项金额重大的应收款项应一起按信用风险特征划分为若干组合，根据以前年度与之具有类似信用风险特征的应收款项组合的实际损失率为基础，结合现时情况确定应计提的坏账准备。

2）根据信用风险特征组合确定的计提方法

（1）采用账龄分析法计提坏账准备的应收款项。坏账政策及坏账计提方法如图 8-1 所示。

账龄	应收账款计提比例（%）	其他应收款计提比例（%）
1年以内	2	2
1~2年	5	5
2~3年	10	10
3~4年	30	30
4~5年	60	60
5年以上	100	100

图 8-1　坏账政策及坏账计提方法

（2）单项金额虽不重大但单项计提账准备的应收款项。单项计提坏账准备的理由为存在客观证据表明本公司将无法按应收款项的原有条款收回款项。

坏账准备的计提方法为：根据应收款项的预计未来现金流量现值低于其账面价值的差额进行计提。科目余额表 – 账面坏账如图 8-2 所示。

科目余额表

科目名称	方向	账面期初余额	未审借方发生额	未审贷方发生额	账面期末余额
坏账准备	贷	3,115,615.70		167,056.14	3,282,671.84
应收账款	贷	3,022,083.21		55,049.19	3,077,132.40
其他应收款	贷	93,532.49		112,006.95	205,539.44

图 8-2　科目余额表 – 账面坏账

步骤 2：检查被审计单位的坏账计提政策及方法。检查被审计单位的坏账计提政策及方法，主要是检查被审计单位坏账计提政策及方法是否符合相关会计准则的规定，确定其所采用坏账计提政策及方法前后期是否一致。坏账计提政策及方法按照规定方法一经确定，不得随意变更。若存在变更坏账计提政策及方法的情况，要核查变动原因是否合理以及在报表附注中是否予以说明。

步骤 3：测算坏账准备。按照会计准则要求，根据被审计单位坏账政策实际情况划分单项金额重大和非重大的应收款项。对于单项金额重大的应收款项，应当单独进行减值测试。对于单项金额非重大的应收款项可以单独进行减值测试，也可以与经单独测试后未减值的应收款项一起按类似信用风险特征划分为若干组合，再按这些组合在资产负债表日余额的一定比例计算确定减值损失，计提坏账准备。

根据组合余额的一定比例计算确定的坏账准备，应当反映各项目实际发生的减值损失，即各项组合的账面价值超过其未来现金流量现值的金额。企业应当根据以前年度与之相同或具有类似信用风险特征的应收款项组合的实际损失率为基础，结合现时情况确定本期各项组合计提坏账准备的比例，据此计算本期应计提的坏账准备。同时也要关注被审计单位是否对以往的经验、债务单位的实际财务状况、现金流量等相关信息予以合理估计。本书中仅介绍账龄组合的测算，下面以应收账款账龄组合坏账计提举例说明。

（1）将应收款项不同账龄组合中的金额汇总，与被审计单位的计提坏账比例一并填入应收账款坏账计算表中，进行测算。应收账款坏账准备计算表如图8-3所示。

应收账款坏账准备计算表				
被审计单位：湖北蓝天通信科技有限公司 编制：×× 日期：2019-××-×× 索引号：ZB-009				
报表截止日：2018年12月31日 复核：×× 日期：2019-××-×× 项目：应收账款-坏账准备计算表				
计算过程				索引号
放入科目				
一、坏账准备本期期末应有金额 ⑥=②+③			1,978,607.41	
1.期末单项金额重大且有客观证据表明发生了减值的应收账款对应坏账准备的应有余额				
单位名称		余 额	账 龄	个别计提坏账准备金额
甲				
乙				
合计 ②				-
2.期末单项金额非重大以及经单独测试后未减值的单项金额重大的应收账款对应坏账准备的应有余额				
项目	账 龄	应收账款余额	坏账准备计提比例	坏账准备应有余额
应收账款	1年以内	32,081,055.30	5.00%	1,604,052.77
	1-2年	875,496.15	10.00%	87,549.62
	2-3年	-	30.00%	-
	3-4年	574,010.04	50.00%	287,005.02
	4-5年	-	80.00%	-
	5年以上	-	100.00%	-
合计 ③		33,530,561.52		1,978,607.41
二、坏账准备上期审定数 ④				
三、坏账准备本期转出（核销）金额				
单位名称		余 额		坏账准备金额
丙				
丁				
……				
合计 ⑤		-		-
四、计算坏账准备本期全部应计提金额 ⑥=①-④+⑤			1,978,607.41	

图8-3 应收账款坏账准备计算表

（2）将测算的坏账准备金额与账面计提金额进行核对，对照是否存在差异。若存在差异，分析差异存在的原因，并实施其他审计程序。在实务中，通常出现的差异是由于保留小数的尾差导致，这种差异一般均可确认账面计提的金额。科目余额表——坏账准备如图8-4所示。

步骤4：编制审计说明及结论（以湖北蓝天通信科技有限公司为例）。

（1）获取了湖北蓝天通信科技有限公司的应收账款、其他应收款坏账准备的相关信息，复核加计正确，且与总账、明细账核对一致。

科目余额表

科目名称	借贷方向	期初余额	借方发生额	贷方发生额	期末余额
坏账准备	贷	1,302,411.00		881,735.85	2,184,146.85
应收账款	贷	1,208,878.51		769,728.90	1,978,607.41
其他应收款	贷	93,532.49		112,006.95	205,539.44

图8-4 科目余额表——坏账准备

（2）检查了湖北蓝天通信科技有限公司坏账政策，本期坏账政策与上期基本保持一致。

（3）对本期坏账准备金额进行了测算，测算金额与账面计提金额无差异。

审计结论：经审计，未见重大异常事项。

任务8-2 固定资产折旧检查

知识目标

掌握固定资产折旧的计算方法、固定资产的检查流程，以及固定资产重新计算时的步骤和内容。

技能目标

检查固定资产折旧额、折旧政策；编制固定资产折旧费用测算表，检查折旧费用的计提是否准确；查看固定资产检查结果，对企业固定资产折旧检查情况填写审计说明。

素养目标

通过确定审计目标、审计内容，培养学生尽忠职守、廉洁自律的道德素养；通过对固定资产折旧费用的重新测算，培养学生严谨的专业态度和锲而不舍的精神。

业务操作

步骤1：检查累计折旧。获取并编制累计折旧分类汇总表，复核加计正确，并与总账数和明细账合计金额进行核对。

1. 获取并编制累计折旧分类汇总表

在审计实务中，固定资产分类折旧汇总表一般可以从被审计单位主管固定资产核算的会计岗位人员处获取。规模较大的企业，一般设有资产会计，主要负责在建工程、固定资产、无形资产等内容的核算；规模较小的企业，与固定资产相关的业务发生较少，故不设置专门的固定资产等方面核算的会计，由其他会计兼任。资产类别统计表如图8-5所示。

图8-5　资产类别统计表（1）

若无法直接获取到累计折旧分类汇总表，可根据企业提供的固定资产卡片明细账进行汇总，将分类汇总的数据填入审计工作底稿中。固定资产、累计折旧及减值明细表如图8-6所示。

图8-6　固定资产、累计折旧及减值明细表

2. 复核加计正确

对被审计单位提供的固定资产折旧分类汇总表进行复核，保证各个分类固定资产的折旧金额之和等于汇总表合计的金额。资产类别统计表如图8-7所示。

图8-7　资产类别统计表（2）

3. 与总账数和明细账合计数核对

获取或自行编制固定资产折旧分类汇总表，与科目余额表中的累计折旧科目总账数和明细账进行核对，保证获取的固定资产折旧汇总表的金额与科目余额表中的总账数和明细账合计数一致。与总账数和明细账合计数核对，主要从三个方面进行。

（1）固定资产折旧汇总表期初数与总账和明细账期初数核对。资产类别统计表如图 8-8 所示，科目余额表——累计折旧如图 8-9 所示。

图 8-8　资产类别统计表（3）

科目名称	方向	账面期初余额	未审借方发生额	未审贷方发生额	账面期末余额
固定资产	借	161,982,816.42	5,046,578.40		167,029,394.82
房屋建筑物	借	34,415,238.04			34,415,238.04
机器设备	借	114,213,025.52	3,593,985.22		117,807,010.74
运输设备	借	2,466,466.20			2,466,466.20
电子设备	借	3,626,964.28	363,672.39		3,990,636.67
其他设备	借	7,261,122.38	1,088,920.79		8,350,043.17
累计折旧	贷	73,832,025.57		10,919,328.70	84,751,354.27
房屋建筑物	贷	6,384,619.46		1,085,589.72	7,470,209.18
机器设备	贷	58,247,278.14		8,419,516.28	66,666,794.42
运输设备	贷	2,114,544.81		158,641.28	2,273,186.09
电子设备	贷	2,118,390.99		455,138.60	2,573,529.59
其他设备	贷	4,967,192.17		800,442.82	5,767,634.99

图 8-9　科目余额表——累计折旧（1）

（2）固定资产折旧汇总表本期发生额与总账和明细账本期发生额核对。其具体如图 8-10 和图 8-11 所示。

图 8-10　资产类别统计表（4）

图 8-11　科目余额表——累计折旧（2）

（3）固定资产折旧汇总表期末数与总账和明细账期末数核对。资产类别统计表如图 8-12 所示，科目余额表——累计折旧如图 8-13 所示。

图 8-12　资产类别统计表（5）

图 8-13　科目余额表——累计折旧（3）

步骤 2：检查被审计单位制定的折旧政策和方法，并检查固定资产折旧政策是否与企业制定的折旧政策与方法一致。

1. 检查被审计单位制定的折旧政策和方法

1）获取被审计单位折旧政策和方法

除已提足折旧仍继续使用的固定资产和单独计价入账的土地外，固定资产均应计提折旧。

利用专项储备支出形成的固定资产，按照形成固定资产的成本冲减专项储备，并确认相同金额的累计折旧，该固定资产在以后期间不再计提折旧。

企业应根据固定资产的性质和使用情况，确定固定资产的使用寿命和预计净残值，并在年度终了，对固定资产的使用寿命、预计净残值和折旧方法进行复核，如与原先估计数存在差异的，进行相应的调整。

一般来讲，各类固定资产的折旧年限和折旧率如表 8-1 所示。

表 8-1 各类固定资产的折旧年限和折旧率

类别	折旧年限/年	残值率/%	年折旧率/%
房屋及建筑物	10~50	3~5	9.7~1.9
机器设备	10~15	3~5	9.7~6.33
电子设备	3~8	3~5	32.33~11.88
运输设备	5~10	3~5	19.4~9.5
其他设备	5~10	3~5	19.4~9.5

2）检查折旧相关政策是否符合相关会计准则的规定

检查折旧相关政策是否符合相关会计准则的规定，确定其所采用的折旧方法能否在固定资产预计使用寿命内合理分摊其成本，前后期是否一致，预计使用寿命和预计净残值是否合理。

2. 检查固定资产折旧政策是否与企业制定的折旧政策与方法一致

取得被审计单位固定资产卡片明细账，检查固定资产卡片明细账所使用的折旧政策与方法，确定其使用的折旧政策和方法与企业制定的折旧政策和方法是否一致，预计使用寿命和预计净残值等是否一致。

1）取得固定资产卡片明细账

固定资产卡片明细账如图 8-14 所示。

图 8-14 固定资产卡片明细账（1）

2）检查公司的固定资产卡片明细账是否与公司固定资产折旧政策一致

（1）检查固定资产卡片的折旧方法。固定资产卡片明细账如图 8－15 所示。

固定资产卡片

*资产编码	*资产名称	资产类别	资产属性	部门	使用日期（购建	折旧方式	计使用年限（月	月折旧	单位折旧	*原值	本期实提折旧	*总累计折旧	残值率	资产净值
010109070000	车间二楼着色	土地、房屋及	生产使用	钢管工序	2016/8/25	平均年限法(二	195.00	663.42	7,961.04	155,830.00	7,961.04	46,766.80	4.00%	109,063.20
010109080000	2#笼绞机控制	土地、房屋及	生产使用	光缆工序	2016/8/25	平均年限法(二	184.00	70.39	844.74	16,180.00	844.74	5,395.92	4.00%	10,784.08
010111010000	实验室	土地、房屋及	生产使用	品保办公室	2016/8/25	平均年限法(二	219.00	1,184.50	14,214.00	285,000.00	14,214.00	61,574.68	4.00%	223,425.32
01040100007	保全车间	土地、房屋及	生产使用	生产办	2007/6/1	平均年限法(二	360.00	79.81	957.72	92,287.87	957.72	71,835.32	4.00%	20,452.55
01040100009	模具房	土地、房屋及	生产使用	模具班	2007/6/30	平均年限法(二	360.00	22.44	269.28	28,760.20	269.28	22,897.03	4.00%	5,863.17
01040100013	生产厂房	土地、房屋及	生产使用	生产办	2010/12/1	平均年限法(一	360.00	58,987.96	707,855.52	22,120,459.09	707,855.52	6,326,574.80	4.00%	15,793,884.29
01040100017	厂房给水管道	土地、房屋及	生产使用	生产办	2011/1/31	平均年限法(一	360.00	13.55	162.60	5,080.02	162.60	1,449.85	4.00%	3,630.17
01040100018	消防水池	土地、房屋及	生产使用	生产办	2011/1/31	平均年限法(一	360.00	2.07	24.84	776.90	24.84	221.49	4.00%	555.41
01040100019	厂房外墙	土地、房屋及	生产使用	生产办	2011/1/31	平均年限法(一	360.00	22.11	265.32	8,290.47	265.32	2,365.77	4.00%	5,924.70
01040100024	六车间配电房	土地、房屋及	生产使用	生产办	2010/11/1	平均年限法(二	360.00	22.40	268.80	8,775.00	268.80	2,800.60	4.00%	5,974.40
01040100025	六车间活动房	土地、房屋及	生产使用	生产办	2011/4/1	平均年限法(一	360.00	104.69	1,256.28	39,259.00	1,256.28	11,097.14	4.00%	28,161.86
01040100026	扩厂生产厂房	土地、房屋及	生产使用	生产办	2011/5/1	平均年限法(一	360.00	24,735.97	296,831.64	9,275,975.96	296,831.64	2,545,547.47	4.00%	6,730,428.49
01040100027	车间值班室	土地、房屋及	生产使用	生产办	2011/8/1	平均年限法(一	360.00	43.73	524.76	16,400.00	524.76	4,373.00	4.00%	12,027.00
01040100028	配电室	土地、房屋及	生产使用	生产办	2011/12/31	平均年限法(一	360.00	101.72	1,220.64	38,143.60	1,220.64	9,765.12	4.00%	28,378.48
010402010000	铺地工程	土地、房屋及	生产使用	冷拉工序	2010/5/26	平均年限法(二	360.00	127.65	1,531.80	55,025.50	1,531.80	21,549.99	4.00%	33,475.51
010402010000	烘干房	土地、房屋及	生产使用	冷拉工序	2011/12/31	平均年限法(一	360.00	125.84	1,510.08	47,189.83	1,510.08	12,080.64	4.00%	35,109.19
010402020000	酸洗房	土地、房屋及	生产使用	淬火工序	2011/1/31	平均年限法(一	360.00	51.74	620.88	19,402.36	620.88	5,368.21	4.00%	14,034.15
010402020000	淬火休息室	土地、房屋及	生产使用	淬火工序	2011/1/31	平均年限法(一	360.00	47.58	570.96	17,842.74	570.96	5,091.06	4.00%	12,751.68

图 8－15　固定资产卡片明细账（2）

（2）查看固定资产卡片的折旧年限。固定资产卡片明细账如图 8－16 所示。

固定资产卡片

*资产编码	*资产名称	资产类别	资产属性	部门	使用日期（购建	折旧方式	计使用年限（月	月折旧	单位折旧	*原值	本期实提折旧	*总累计折旧	残值率	资产净值
010109070000	车间二楼着色	土地、房屋及	生产使用	钢管工序	2016/8/25	平均年限法(二	195.00	663.42	7,961.04	155,830.00	7,961.04	46,766.80	4.00%	109,063.20
010109080000	2#笼绞机控制	土地、房屋及	生产使用	光缆工序	2016/8/25	平均年限法(二	184.00	70.39	844.74	16,180.00	844.74	5,395.92	4.00%	10,784.08
010111010000	实验室	土地、房屋及	生产使用	品保办公室	2016/8/25	平均年限法(二	219.00	1,184.50	14,214.00	285,000.00	14,214.00	61,574.68	4.00%	223,425.32
01040100007	保全车间	土地、房屋及	生产使用	生产办	2007/6/1	平均年限法(二	360.00	79.81	957.72	92,287.87	957.72	71,835.32	4.00%	20,452.55
01040100009	模具房	土地、房屋及	生产使用	模具班	2007/6/30	平均年限法(二	360.00	22.44	269.28	28,760.20	269.28	22,897.03	4.00%	5,863.17
01040100013	生产厂房	土地、房屋及	生产使用	生产办	2010/12/1	平均年限法(一	360.00	58,987.96	707,855.52	22,120,459.09	707,855.52	6,326,574.80	4.00%	15,793,884.29
01040100017	厂房给水管道	土地、房屋及	生产使用	生产办	2011/1/31	平均年限法(一	360.00	13.55	162.60	5,080.02	162.60	1,449.85	4.00%	3,630.17
01040100018	消防水池	土地、房屋及	生产使用	生产办	2011/1/31	平均年限法(一	360.00	2.07	24.84	776.90	24.84	221.49	4.00%	555.41
01040100019	厂房外墙	土地、房屋及	生产使用	生产办	2011/1/31	平均年限法(一	360.00	22.11	265.32	8,290.47	265.32	2,365.77	4.00%	5,924.70
01040100024	六车间配电房	土地、房屋及	生产使用	生产办	2010/11/1	平均年限法(二	360.00	22.40	268.80	8,775.00	268.80	2,800.60	4.00%	5,974.40
01040100025	六车间活动房	土地、房屋及	生产使用	生产办	2011/4/1	平均年限法(一	360.00	104.69	1,256.28	39,259.00	1,256.28	11,097.14	4.00%	28,161.86
01040100026	扩厂生产厂房	土地、房屋及	生产使用	生产办	2011/5/1	平均年限法(一	360.00	24,735.97	296,831.64	9,275,975.96	296,831.64	2,545,547.47	4.00%	6,730,428.49
01040100027	车间值班室	土地、房屋及	生产使用	生产办	2011/8/1	平均年限法(一	360.00	43.73	524.76	16,400.00	524.76	4,373.00	4.00%	12,027.00
01040100028	配电室	土地、房屋及	生产使用	生产办	2011/12/31	平均年限法(一	360.00	101.72	1,220.64	38,143.60	1,220.64	9,765.12	4.00%	28,378.48
010402010000	铺地工程	土地、房屋及	生产使用	冷拉工序	2010/5/26	平均年限法(二	360.00	127.65	1,531.80	55,025.50	1,531.80	21,549.99	4.00%	33,475.51
010402010000	烘干房	土地、房屋及	生产使用	冷拉工序	2011/12/31	平均年限法(一	360.00	125.84	1,510.08	47,189.83	1,510.08	12,080.64	4.00%	35,109.19
010402020000	酸洗房	土地、房屋及	生产使用	淬火工序	2011/1/31	平均年限法(一	360.00	51.74	620.88	19,402.36	620.88	5,368.21	4.00%	14,034.15
010402020000	淬火休息室	土地、房屋及	生产使用	淬火工序	2011/1/31	平均年限法(一	360.00	47.58	570.96	17,842.74	570.96	5,091.06	4.00%	12,751.68

图 8－16　固定资产卡片明细账（3）

（3）查看固定资产卡片的残值率。固定资产卡片明细账如图 8－17 所示。

固定资产卡片

*资产编码	*资产名称	资产类别	资产属性	部门	使用日期（购建	折旧方式	计使用年限（月	月折旧	单位折旧	*原值	本期实提折旧	*总累计折旧	残值率	资产净值
010109070000	车间二楼着色	土地、房屋及	生产使用	钢管工序	2016/8/25	平均年限法(二	195.00	663.42	7,961.04	155,830.00	7,961.04	46,766.80	4.00%	109,063.20
010109080000	2#笼绞机控制	土地、房屋及	生产使用	光缆工序	2016/8/25	平均年限法(二	184.00	70.39	844.74	16,180.00	844.74	5,395.92	4.00%	10,784.08
010111010000	实验室	土地、房屋及	生产使用	品保办公室	2016/8/25	平均年限法(二	219.00	1,184.50	14,214.00	285,000.00	14,214.00	61,574.68	4.00%	223,425.32
01040100007	保全车间	土地、房屋及	生产使用	生产办	2007/6/1	平均年限法(二	360.00	79.81	957.72	92,287.87	957.72	71,835.32	4.00%	20,452.55
01040100009	模具房	土地、房屋及	生产使用	模具班	2007/6/30	平均年限法(二	360.00	22.44	269.28	28,760.20	269.28	22,897.03	4.00%	5,863.17
01040100013	生产厂房	土地、房屋及	生产使用	生产办	2010/12/1	平均年限法(一	360.00	58,987.96	707,855.52	22,120,459.09	707,855.52	6,326,574.80	4.00%	15,793,884.29
01040100017	厂房给水管道	土地、房屋及	生产使用	生产办	2011/1/31	平均年限法(一	360.00	13.55	162.60	5,080.02	162.60	1,449.85	4.00%	3,630.17
01040100018	消防水池	土地、房屋及	生产使用	生产办	2011/1/31	平均年限法(一	360.00	2.07	24.84	776.90	24.84	221.49	4.00%	555.41
01040100019	厂房外墙	土地、房屋及	生产使用	生产办	2011/1/31	平均年限法(一	360.00	22.11	265.32	8,290.47	265.32	2,365.77	4.00%	5,924.70
01040100024	六车间配电房	土地、房屋及	生产使用	生产办	2010/11/1	平均年限法(二	360.00	22.40	268.80	8,775.00	268.80	2,800.60	4.00%	5,974.40
01040100025	六车间活动房	土地、房屋及	生产使用	生产办	2011/4/1	平均年限法(一	360.00	104.69	1,256.28	39,259.00	1,256.28	11,097.14	4.00%	28,161.86
01040100026	扩厂生产厂房	土地、房屋及	生产使用	生产办	2011/5/1	平均年限法(一	360.00	24,735.97	296,831.64	9,275,975.96	296,831.64	2,545,547.47	4.00%	6,730,428.49
01040100027	车间值班室	土地、房屋及	生产使用	生产办	2011/8/1	平均年限法(一	360.00	43.73	524.76	16,400.00	524.76	4,373.00	4.00%	12,027.00
01040100028	配电室	土地、房屋及	生产使用	生产办	2011/12/31	平均年限法(一	360.00	101.72	1,220.64	38,143.60	1,220.64	9,765.12	4.00%	28,378.48
010402010000	铺地工程	土地、房屋及	生产使用	冷拉工序	2010/5/26	平均年限法(二	360.00	127.65	1,531.80	55,025.50	1,531.80	21,549.99	4.00%	33,475.51
010402010000	烘干房	土地、房屋及	生产使用	冷拉工序	2011/12/31	平均年限法(一	360.00	125.84	1,510.08	47,189.83	1,510.08	12,080.64	4.00%	35,109.19
010402020000	酸洗房	土地、房屋及	生产使用	淬火工序	2011/1/31	平均年限法(一	360.00	51.74	620.88	19,402.36	620.88	5,368.21	4.00%	14,034.15
010402020000	淬火休息室	土地、房屋及	生产使用	淬火工序	2011/1/31	平均年限法(一	360.00	47.58	570.96	17,842.74	570.96	5,091.06	4.00%	12,751.68

图 8－17　固定资产卡片明细账（4）

步骤 3：检查本期折旧费用计提。

1. 本期折旧费用测算

检查本期折旧费用，一般根据被审计单位提供的固定资产卡片对本期计提的折旧费用进行测算。

（1）将固定资产卡片明细账中涉及的固定资产类别、固定资产名称、规格型号、购入年月、原值、残值率、年初累计折旧、年初应提累计折旧期间、本期折旧期间、本期已提折旧等数据填入固定资产折旧计算表中,如图 8-18 所示。

图 8-18 固定资产折旧计算表（1）

（2）根据填入的数据，对本期计提折旧金额进行测算。在连续审计中，年初累计折旧已经上期审计确认过，本期不再对年初的累计折旧进行确认；在首次审计中，应对年初累计折旧金额进行测算，测算方法参照本期折旧测算方法。

年限平均法计算折旧有关公式如下：

年折旧率 = （1 - 预计净残值率）÷ 预计使用寿命（年）

月折旧率 = 年折旧率 ÷ 12

月折旧额 = 固定资产原价 × 月折旧率

年初应提累计折旧金额 = 固定资产原价 × （1 - 预计净残值率）÷ 预计使用寿命（年）÷ 12 × 年初应提累计折旧期间

本期应提折旧额 = 固定资产原价 × （1 - 预计净残值率）÷ 预计使用寿命（年）÷ 12 × 本期折旧期间

图 8-19 为固定资产折旧计算表，仅选取了部分固定资产卡片对累计折旧进行测算。

图 8-19 固定资产折旧计算表（2）

2. 本期应提折旧额与本期已提折旧额核对

对本期计提折旧进行测算后，与被审计单位的账面计提情况进行核对。在实务中，差异金额如果较小，对本期折旧计提金额不予调整；若差异金额较大，应分析差异较大的原因，并实施相应的审计程序。固定资产折旧计算表如图8-20所示。

图8-20 固定资产折旧计算表（3）

步骤4：检查折旧费用的分配。

1. 折旧费用的分配方法检查

在审计实务中，对折旧费用的分配方法一般从两个方面来检查。

1) 折旧费用分配方法的合理性

审计实务中，一般根据固定资产的使用部门来区分计入成本或者费用的科目，不同的部门使用的固定资产计提的折旧费用分摊计入不同的成本费用。比如管理部门使用的固定资产，其折旧费用一般计入管理费用，销售部门使用的固定资产，其折旧费用一般计入销售费用；生产部门使用的固定资产，其折旧费用一般计入制造费用。

2) 折旧费用分配方法的一致性

在审计实务中，折旧费用分配方法的一致性主要是检查本期折旧费用的分配方法是否与上期一致。比如检查同一部门的同一项固定资产在上期、本期所计提的折旧费用是否都分配计入了相同的成本费用科目。若存在不一致的情形，应分析不一致的合理性及产生的原因，并实施其他审计程序。

2. 折旧费用的分配金额占比检查

分配计入各成本费用项目的折旧金额占本期全部折旧计提额的比例与上期比例进行比较，确认占比是否与上期保持一致。折旧分配测算表如图8-21所示。

折旧分配测算表

被审计单位：湖北蓝天通信科技有限公司　编制：×××　日期：2×19年1月7日　索引号：ZP-00×
报表截止日：2×18年12月31日　复核：×××　日期：2×19年1月9日　项目：固定资产-折旧分配测算表

月 份	本期折旧计提金额	本期折旧分配金额						差 额	备 注
		生产成本	制造费用	营业费用	管理费用	…	合计		
放入科目	1602 累计折旧	50010104 折旧			660211 折旧			—	
1	37,795.61	26,727.95	-	-	11,067.66	-	37,795.61	-	
2	37,795.61	26,727.95	-	-	11,067.66	-	37,795.61	-	
3	37,795.61	26,727.95	-	-	11,067.66	-	37,795.61	-	
4	37,795.61	26,727.95	-	-	11,067.66	-	37,795.61	-	
5	37,795.61	26,727.95	-	-	11,067.66	-	37,795.61	-	
6	37,795.61	26,727.95	-	-	11,067.66	-	37,795.61	-	
7	37,795.61	26,727.95	-	-	11,067.66	-	37,795.61	-	
8	35,803.89	24,736.23	-	-	11,067.66	-	35,803.89	-	
9	35,803.89	24,736.23	-	-	11,067.66	-	35,803.89	-	
10	35,803.89	24,736.23	-	-	11,067.66	-	35,803.89	-	
11	35,803.89	24,736.23	-	-	11,067.66	-	35,803.89	-	
12	35,803.89	24,736.23	-	-	11,067.66	-	35,803.89	-	
合 计	443,588.72	310,776.80	-	-	132,811.92	-	443,588.72	-	
本期折旧计提金额	—	310,776.80			132,811.92		443,588.72	—	
本期折旧计提金额占比	—	70.06%	0.00%	0.00%	29.94%	0.00%	100.00%		
本期差额									
上期折旧计提金额	—	310,776.80			132,811.92		443,588.72	—	
上期折旧计提金额占比	—	70.06%	0.00%	0.00%	29.94%	0.00%	100.00%		

图 8-21　折旧分配测算表

3. 折旧费用贷方计提金额与成本费用中的折旧费用比较检查

将累计折旧账户贷方的本期计提折旧额与相应的成本费用中的折旧费用明细账户的借方相比较，检查本期所计提折旧金额是否已全部摊入本期产品成本或费用，具体如图 8-22、图 8-23、图 8-24 所示。

科目余额表

科目名称	借贷方向	期初余额	借方发生额	贷方发生额	期末余额
固定资产		6,351,032.16			6,351,032.16
房屋及建筑物	借	1,313,027.60	373,447.93		1,686,475.53
机械设备	借	4,338,732.11			4,338,732.11
运输设备	借	556,990.10			556,990.10
电子设备	借	123,003.35			123,003.35
其他设备	借	19,279.00			19,279.00
累计折旧	贷	997,906.04		443,588.72	1,441,494.76
房屋及建筑物	贷	103,197.76		18,725.16	121,922.92
机械设备	贷	450,564.30		291,620.84	742,185.14
运输设备	贷	417,280.64		106,942.08	524,222.72
电子设备	贷	12,937.82		22,599.12	35,536.94
其他设备	贷	13,925.52		3,701.52	17,627.04

图 8-22　科目余额表——累计折旧（4）

科目余额表					
科目名称	借贷方向	期初余额	借方发生额	贷方发生额	期末余额
管理费用	借		9,306,674.79	9,306,674.79	
工资	借		6,229,640.89	6,229,640.89	
社保	借		632,813.20	632,813.20	
公积金	借		149,373.00	149,373.00	
业务招待费	借		76,894.05	76,894.05	
办公用品	借		53,994.92	53,994.92	
交通费	借		11,309.77	11,309.77	
邮寄费	借		2,584.00	2,584.00	
差旅费	借		176,039.04	176,039.04	
保险费	借		29,449.01	29,449.01	
维修保养费	借		29,411.58	29,411.58	
低值易耗品摊销	借		275,484.72	275,484.72	
修理费	借		65,338.33	65,338.33	
水电费	借		355,018.34	355,018.34	
折旧费	借		132,811.92	132,811.92	
其他	借		1,086,512.02	1,086,512.02	

图8-23 科目余额表——管理费用（1）

科目余额表					
科目名称	借贷方向	期初余额	借方发生额	贷方发生额	期末余额
生产成本	借		12,343,540.58	12,343,540.58	
折旧费	借		310,776.80	310,776.80	

图8-24 科目余额表——生产成本（1）

步骤5：编制审计说明及结论。

审计说明（假设公司名称为"湖北蓝天通信科技有限公司"）：

（1）获取了湖北蓝天通信科技有限公司的累计折旧分类统计表，复核加计正确，且与总账、明细账核对一致。

（2）检查了湖北蓝天通信科技有限公司折旧政策，本期折旧政策与上期保持一致。

（3）检查了湖北蓝天通信科技有限公司折旧分配方法，本期折旧分配方法与上期保持一致。

（4）对本期折旧计提进行了测算，测算金额与账面计提金额无差异。

（5）检查了本期折旧金额分配情况，本期所计提折旧金额已全部摊入本期成本及费用中，且与管理费用、生产成本等勾稽一致。

审计结论：经审计，未见重大异常事项。

任务8－3 无形资产摊销检查

知识目标

掌握无形资产摊销的计算方法、检查流程，以及无形资产重新计算时的步骤和内容。

技能目标

获取或编制无形资产累计摊销明细表，检查无形资产摊销政策和摊销金额的准确性；编制无形资产摊销计算表；对企业无形资产摊销复核情况填写审计说明。

素养目标

通过确定审计目标、审计内容，培养学生尽忠职守、廉洁自律的道德素养；通过该任务的审计，培养学生创新精神，创新审计思路和方法，充分发挥审计的建设性作用。

业务操作

步骤1：获取或编制无形资产累计摊销明细表，复核加计正确。在审计实务中，无形资产汇总表一般可以从被审计单位主管无形资产核算的会计岗位人员处获取。其具体如图8－25所示。

无形资产汇总表

单位名称：湖北蓝天通信科技有限公司　　2018年1月-12月

类别编号	类别名称	原值						累计摊销						减值准备						净值		本年摊销
		期初余额	借方发生	贷方发生	期末余额	增加资产	减少资产	期初余额	借方发生	贷方发生	期末余额	增加资产	减少资产	期初余额	借方发生	贷方发生	期末余额	增加资产	减少资产	期初余额	期末余额	
01	土地使用权	16,321,967.00			16,321,967.00			2,309,115.56		379,580.64	2,688,696.20									14,012,851.44	13,633,270.80	379,580.64
02	商标	4,950.00			4,950.00			4,950.00			4,950.00											
03	专利权	30,000.00			30,000.00			30,000.00			30,000.00											
04	软件	582,110.14			582,110.14			446,001.87		33,492.96	479,494.83									136,108.27	102,615.31	33,492.96
	合计	16,939,027.14			16,939,027.14			2,790,067.43		413,073.60	3,203,141.03									14,148,959.71	13,735,886.11	413,073.60

图8－25 无形资产汇总表

步骤2：与总账数和明细账合计数进行核对。获取无形资产分类汇总表，与科目余额表中的累计摊销科目总账数和明细账合计数进行核对，保证获取的无形资产分类汇总表的金额与科目余额表中的总账数和明细账合计数一致。总账数和明细账合计数核对，主要从三个方面进行。

（1）无形资产分类汇总表期初数与总账和明细账期初数核对。其具体如图 8－26、图 8－27 所示。

无形资产分类汇总表

单位名称：湖北蓝天通信科技有限公司　　2018年1月-12月

类别编号	类别名称	原值						累计摊销						减值准备						净值		本年摊销
		期初余额	借方发生	贷方发生	期末余额	增加资产	减少资产	期初余额	借方发生	贷方发生	期末余额	增加资产	减少资产	期初余额	借方发生	贷方发生	期末余额	增加资产	减少资产	期初余额	期末余额	
01	土地使用权	16,321,967.00			16,321,967.00			2,309,115.56		379,580.64	2,688,696.20									14,012,851.44	13,633,270.80	379,580.64
02	商标	4,950.00			4,950.00			4,950.00			4,950.00											
03	专利权	30,000.00			30,000.00			30,000.00			30,000.00											
04	软件	582,110.14			582,110.14			446,001.87		33,492.96	479,494.83									136,108.27	102,615.31	33,492.96
	合计	16,939,027.14			16,939,027.14			2,790,067.43		413,073.60	3,203,141.03									14,148,959.71	13,735,886.11	413,073.60

图 8－26　无形资产分类汇总表（1）

科目余额表

科目名称	借贷方向	期初余额	借方发生额	贷方发生额	期末余额
无形资产	借	16,939,027.14			16,939,027.14
土地使用权	借	16,321,967.00			16,321,967.00
商标	借	4,950.00			4,950.00
专利权	借	30,000.00			30,000.00
软件	借	582,110.14			582,110.14
累计摊销	贷	2,790,067.43		413,073.60	3,203,141.03
土地使用权	贷	2,309,115.56		379,580.64	2,688,696.20
商标	贷	4,950.00			4,950.00
专利权	贷	30,000.00			30,000.00
ERP软件	贷	446,001.87		33,492.96	479,494.83
无形资产减值准备	贷				

8－27　科目余额表——累计摊销（1）

（2）无形资产分类汇总表本期发生额与总账和明细账本期发生额核对。其具体如图 8－28、图 8－29 所示。

无形资产分类汇总表

单位名称：湖北蓝天通信科技有限公司　　2018年1月-12月

类别编号	类别名称	原值						累计摊销						减值准备						净值		本年摊销
		期初余额	借方发生	贷方发生	期末余额	增加资产	减少资产	期初余额	借方发生	贷方发生	期末余额	增加资产	减少资产	期初余额	借方发生	贷方发生	期末余额	增加资产	减少资产	期初余额	期末余额	
01	土地使用权	16,321,967.00			16,321,967.00			2,309,115.56		379,580.64	2,688,696.20									14,012,851.44	13,633,270.80	379,580.64
02	商标	4,950.00			4,950.00			4,950.00			4,950.00											
03	专利权	30,000.00			30,000.00			30,000.00			30,000.00											
04	软件	582,110.14			582,110.14			446,001.87		33,492.96	479,494.83									136,108.27	102,615.31	33,492.96
	合计	16,939,027.14			16,939,027.14			2,790,067.43		413,073.60	3,203,141.03									14,148,959.71	13,735,886.11	413,073.60

图 8－28　无形资产分类汇总表（2）

科目余额表

科目名称	借贷方向	期初余额	借方发生额	贷方发生额	期末余额
无形资产	借	16,939,027.14			16,939,027.14
土地使用权	借	16,321,967.00			16,321,967.00
商标	借	4,950.00			4,950.00
专利权	借	30,000.00			30,000.00
软件	借	582,110.14			582,110.14
累计摊销	贷	2,790,067.43		413,073.60	3,203,141.03
土地使用权	贷	2,309,115.56		379,580.64	2,688,696.20
商标	贷	4,950.00			4,950.00
专利权	贷	30,000.00			30,000.00
软件	贷	446,001.87		33,492.96	479,494.83
无形资产减值准备	贷				

图 8－29　科目余额表——累计摊销（2）

（3）无形资产分类汇总表期末数与总账和明细账期末数核对。其具体如图 8-30、图 8-31 所示。

图 8-30　无形资产分类汇总表（3）

图 8-31　科目余额表——累计摊销（3）

步骤 3：检查无形资产摊销政策。检查被审计单位制定的摊销政策，主要从两个方面执行该审计程序。

（1）获取被审计单位摊销政策。企业在取得无形资产时分析判断其使用寿命，划分为使用寿命有限的无形资产和使用寿命不确定的无形资产，对于使用寿命有限的无形资产，应在使用期限内按直线法进行摊销。无形资产类别及使用寿命如表 8-2 所示。

表 8-2　无形资产类别及使用寿命

类别	使用寿命/年	备注
软件	5	
土地使用权	50	
专利权	10	
商标	10	

每期末，对使用寿命有限的无形资产的使用寿命及摊销方法进行复核，如与原估计数存在差异的，需进行相应的调整。

（2）检查被审计单位摊销政策。检查被审计单位摊销政策是否符合相关会计准则的规定，确定其所采用的摊销政策能否在无形资产预计使用寿命内合理分摊其成本，前后期是否一致，预计使用寿命是否合理。

步骤4：检查无形资产摊销费用。检查本期摊销费用，一般根据被审计单位提供的资料对本期计提的无形资产摊销费用进行测算，检查摊销是否正确。

1. 本期摊销费用测算

（1）根据企业的无形资产摊销政策及无形资产的基础信息，填制无形资产累计摊销计算表相关信息。无形资产摊销计算表如图8-32所示。

图8-32 无形资产摊销计算表（1）

（2）根据填入的数据，对本期摊销金额进行测算。

直线法计算摊销有关公式如下：

年摊销额 = 无形资产原值 ÷ 使用年限

月摊销额 = 无形资产原值 ÷ 使用年限 ÷ 12

如图8-33所示，仅选取了部分无形资产对累计摊销进行测算。

无形资产名称	无形资产类别	使用部门	摊销分配科目	无形资产原值	购入时间	使用月数	残值率	摊销方法	本期实提摊销	期末企业实提累计摊销
土地使用权	土地使用权	管理部门	管理费用	16,321,967.00	2010/12/1	516	0.00%	直线法	379,580.88	3,447,857.86
专利权	专利权	管理部门	管理费用	30,000.00	2009/1/1	120	0.00%	直线法		30,000.00
商标权	商标权	管理部门	管理费用	4,950.00	2009/1/1	120	0.00%	直线法		4,950.00
ERP-PS软件	软件	管理部门	管理费用	42,735.04	2015/10/1	60	0.00%	直线法	8,547.00	36,324.75
ERP软件	软件	管理部门	管理费用	49,239.32	2016/3/1	60	0.00%	直线法	9,847.92	37,750.36
ERP软件	软件	管理部门	管理费用	45,987.18	2016/7/1	60	0.00%	直线法	9,199.22	32,192.72
ERP软件	软件	管理部门	管理费用	414,645.30	2012/1/1	60	0.00%	直线法		414,645.30
金税软件	金税软件	管理部门	管理费用	29,503.30	2015/9/1	60	0.00%	直线法	5,900.64	25,569.44
合计				16,939,027.14					413,075.66	4,029,290.43

图8-33 无形资产摊销计算表（2）

2. 本期应提摊销额与本期已提摊销额核对

对本期计提摊销进行测算后，与被审计单位的账面计提情况进行核对。在实务中，差异金额如果较小，对本期摊销计提金额不予调整；若差异金额较大，应分析差异较大的原因，并实施相应的审计程序。无形资产累计摊销计算表如

图 8-34 所示。

无形资产累计摊销计算表

无形资产名称	发生日期	无形资产原价	预值	摊销期限（月）	本期应摊销月数	减值准备累计金额	应摊销金额	累计摊销期初余额	本期摊销额	累计摊销期末余额	剩余摊销期限（月）	实际摊销金额	本期差异	累计差异	备注
土地使用权	2011.12	16,321,967.00	0	516	12		379,580.63	2,309,115.56	379,580.64	2,688,696.20	431	379,580.64	-0.01	-0.09	
金税接口软件	2016.9	29,503.30	0	60	12		5,900.66	7,867.52	5,900.64	13,768.16	32	5,900.64	0.02	0.05	
ERP软件	2017.7	137,961.54	0	60	12		27,592.31	23,489.05	27,592.32	51,081.37	42	27,592.32	-0.01	-8,692.91	
商标		414,645.30	0		0			414,645.30		414,645.30					期限已摊销完毕
专利权		4,950.00	0		0			4,950.00		4,950.00					期限已摊销完毕
		30,000.00	0		0			30,000.00		30,000.00					期限已摊销完毕
合 计		16,939,027.14					413,073.60	2,790,067.43	413,073.60	3,168,191.03		413,073.60	-0.00	-8,692.95	

图 8-34　无形资产累计摊销计算表

步骤5：编制审计说明及结论。

审计说明（仍以"湖北蓝天通信科技有限公司"为例）：

（1）获取了湖北蓝天通信科技有限公司的累计摊销类统计表，复核加计正确，且金额与总账、明细账核对一致。

（2）检查了湖北蓝天通信科技有限公司摊销政策，本期摊销政策与上期保持一致。

（3）检查了湖北蓝天通信科技有限公司摊销分配方法，本期摊销分配方法与上期保持一致。

（4）对本期摊销计提金额进行了测算，测算金额与账面计提金额无差异。

审计结论：经审计，未见重大异常事项。

任务 8-4　长期待摊费用摊销检查

知识目标

掌握长期待摊费用检查的步骤和内容，长期待摊费用摊销的计算方法，并理解长期待摊费用摊销相关工作底稿的内容。

技能目标

获取长期待摊费用摊销汇总表，检查长期待摊费用摊销额是否正确，检查长期待摊费用的摊销政策是否符合政策规定；编制长期待摊费用摊销测算表；对企业长期待摊费用摊销检查结果填写审计说明。

素养目标

通过编制长期待摊费用测算表、检查长期待摊费用摊销额的正确性等工作，培养学生勤勉尽责的职业道德。

业务操作

步骤1：检查长期待摊费用摊销汇总表。获取被审计单位长期待摊费用摊销汇总表，复核加计正确，并与总账数和明细账发生额及余额进行核对。

1. 获取长期待摊费用摊销汇总表

根据业务需要，可在审计过程中从被审计单位获取长期待摊费用摊销汇总表，如图8-35所示。

长期待摊费用摊销汇总表

项目	原值	入账时间	期初余额	本期增加	本期减少		期末余额	摊销年限	月摊销额
					本期转出	本期摊销			
职工宿舍装修	163,680.00	2014.7	49,104.00			32,736.00	16,368.00	5	2,728.00
职工食堂装修	173,000.00	2015.9	92,266.76			34,599.96	57,666.80	5	2,883.33
合计	336,680.00		141,370.76	-	-	67,335.96	74,034.80		

图8-35　长期待摊费用摊销汇总表（1）

2. 复核加计正确

对被审计单位提供的长期待摊费用摊销汇总表进行复核，保证各项长期待摊费用摊销之和等于汇总表合计的金额。长期待摊费用摊销汇总表如图8-36所示。

长期待摊费用摊销汇总表

项目	原值	入账时间	期初余额	本期增加	本期减少		期末余额	摊销年限	月摊销额
					本期转出	本期摊销			
职工宿舍装修	163,680.00	2014.7	49,104.00			32,736.00	16,368.00	5	2,728.00
职工食堂装修	173,000.00	2015.9	92,266.76			34,599.96	57,666.80	5	2,883.33
合计	336,680.00		141,370.76	-	-	67,335.96	74,034.80		

图8-36　长期待摊费用摊销汇总表（2）

3. 总账数和明细账合计数核对

将长期待摊费用摊销汇总表与长期待摊费用科目总账数和明细账当期发生汇总数进行核对，保证获取的长期待摊费用摊销汇总表的金额与科目总账数和明细账合计数一致。与总账数和明细账合计数核对，主要从三个方面进行。

（1）长期待摊费用摊销汇总表期初数与总账和明细账期初数进行核对。其具体如图8-37、图8-38所示。

图8-37　科目余额表——长期待摊费用摊销（1）

长期待摊费用摊销汇总表

项目	原值	入账时间	期初余额	本期增加	本期减少		期末余额	摊销年限	月摊销额
					本期转出	本期摊销			
职工宿舍装修	163,680.00	2014.7	49,104.00			32,736.00	16,368.00	5	2,728.00
职工食堂装修	173,000.00	2015.9	92,266.76			34,599.96	57,666.80	5	2,883.33
合计	336,680.00		141,370.76	-		67,335.96	74,034.80		

图 8-38 长期待摊费用摊销汇总表（3）

（2）长期待摊费用摊销汇总表本期发生额与总账和明细账本期发生合计数进行核对。其具体如图 8-39、图 8-40 所示。

图 8-39 科目余额表——长期待摊费用摊销（2）

图 8-40 长期待摊费用摊销汇总表（4）

（3）对长期待摊费用摊销汇总表期末数与总账和明细账期末数进行核对。其具体如图 8-41、图 8-42 所示。

图 8-41 科目余额表——长期待摊费用摊销（3）

长期待摊费用摊销汇总表

项目	原值	入账时间	期初余额	本期增加	本期减少		期末余额	摊销年限	月摊销额
					本期转出	本期摊销			
职工宿舍装修	163,680.00	2014.7	49,104.00			32,736.00	16,368.00	5	2,728.00
职工食堂装修	173,000.00	2015.9	92,266.76			34,599.96	57,666.80	5	2,883.33
合计	336,680.00		141,370.76	-	-	67,335.96	74,034.80		

图8-42 长期待摊费用摊销汇总表（5）

步骤2：检查被审计单位制定的长期待摊费用政策和方法。

（1）获取长期待摊费用摊销政策和方法。长期待摊费用一般在受益期内按直线法进行分摊。长期待摊费用政策及摊销方法如表8-3所示。

表8-3 长期待摊费用政策及摊销方法

类别	摊销年限/年	备注
装修费	5	
租赁费	租赁年限	
其他	2	

（2）检查长期待摊费用摊销相关政策及方法。检查长期待摊费用摊销相关政策是否符合会计准则的规定，确定其所采用的摊销方法能否在摊销期限内合理分摊其成本，前后期是否一致。主要检查摊销方法和摊销年限。

步骤3：检查本期长期待摊费用摊销计提。

（1）填写摊销测算表。将长期待摊费用的相关信息，如长期待摊费用的原值、摊销年限等信息，填入摊销测算表。明细及摊销核查表如图8-43所示。

明细及摊销核查表

项目	原值	入账时间	期初余额	本期增加	本期减少		期末审数	摊销年限	摊销期限		月摊销额	本期应摊销月份	本期应摊销额	测试差异	审计调整	期末审定数	附注信息	
					本期转出	本期摊销			开始	结束							累计已摊销金额	剩余摊销月份
职工宿舍装修	163,680.00	2014.7	49,104.00			32,736.00	16,368.00	5	2014.7	2019.6	2,728.00	12.00	32,736.00	-		16,368.00	147,312.00	6
职工食堂装修	173,000.00	2015.9	92,266.76			34,599.96	57,666.80	5	2015.9	2020.8	2,883.33	12.00	34,600.00	0.04		57,666.80	115,333.20	20
合计	336,680.00		141,370.76			67,335.96	74,034.80									74,034.80	262,645.20	

图8-43 明细及摊销核查表（1）

（2）根据填入的相关信息对长期待摊费用进行测算。根据被审计单位的摊销计算方法测算，计算公式为

$$月摊销额 = 长期待摊费用原值 \div 摊销年限 \div 12$$

$$本期应计提摊销额 = 长期待摊费用原值 \div 摊销年限 \div 12 \times 本期应摊销期间$$

计算示例如图8-44所示。

（3）对比本期计提的摊销金额和应计提的摊销金额。对账面本期计提的摊销金

图 8-44 明细及摊销核查表（2）

额和应计提的摊销金额进行对比，并检查是否存在差异，若存在重大差异，对差异情况进行分析，且实施其他审计程序；若差异金额较小，可以确认账面计提金额。明细及摊销核查表如图 8-45 所示。

图 8-45 明细及摊销核查表（3）

步骤4：编制审计说明及结论。

审计说明（以"湖北蓝天通信科技有限公司"为例）：

（1）获取了湖北蓝天通信科技有限公司的长期待摊费用摊销汇总表，复核加计正确，且与总账、明细账核对一致。

（2）检查了湖北蓝天通信科技有限公司摊销政策，本期摊销政策与上期保持一致。

（3）检查了湖北蓝天通信科技有限公司摊销分配方法，本期摊销分配方法与上期保持一致。

（4）对本期摊销计提进行了测算，测算金额与账面计提金额无差异。

审计结论：经审计，未见重大异常事项。

任务8-5　工资计提检查

知识目标

掌握工资计提的检查流程和内容、方法，并理解工资计提相关工作底稿的内容。

技能目标

获取职工工资计算表，测试工资计算是否正确；编制社会保险费等检查情况表，检查工资及社保费用和社保费用计提比例是否正确；检查工资及社保费用与生产成本、制造费用、在建工程等相关账项的会计处理是否符合规定，并能正确填写工资计提及分配检查的审计说明。

素养目标

通过了解职工工资的含义，树立学生对劳动与工资的正确价值观，即"取财有道"。

业务操作

步骤1：测试工资计提数据的准确性。对按照职工提供服务情况和工资标准计算的职工薪酬（如工资），获取工资计算表，将工资标准与有关规定进行核对，选取样本进行测试。

（1）获取工资计算表，如图8-46所示。

湖北蓝天通信科技有限公司2018年2月份员工工资计算表

姓名	基本工资	出勤补贴	加班补贴	值班补贴	工龄补贴	社保补贴	特殊工龄补贴	驻外补贴	薪酬调整	出勤天数	奖款	罚款	值班天数	请假天数	加班天数	春节值班补贴	综合应发薪酬	代扣养老保险	扣医疗保险	扣失业保险	代扣住房公积	代扣个税	实发薪酬	备注信息
郭×	1390	100	8710	1800				400		19.11	5595	1160	16	0.5	8.39	120	12,267.20	254.24	201.56	9.53	73.50	1,090.67	10,637.70	
孙×	1470	100	7430	900		100		400		19.03	2175	750	16	0.58	8.39	120	8,087.73	232.80	63.56	9.53	73.50	315.83	7,392.50	
王×	1890	100	1510	300						18.72	220		18	0.56	8.72		2,584.00	254.24	132.56	9.53	73.50		2,114.29	
刘×	1390	100	2310		200			200	30	18.27	100			0.63	9.1	120	2,826.00	232.80	63.56	9.53	73.50		2,446.60	
管×	1390	100	3010			100		200	30	19.48	110			0.16	8.36	120	3,351.87	232.80	63.56	9.53	73.50		2,972.50	
李×	1470	100	3530	900				400		19.89	240	60	18		8.11	120	4,486.50	232.80	63.55	9.53	73.50	18.21	4,088.90	
合计：									60		8440	1970	68				33,603.30	1,439.68	588.36	57.18	441.00	1,424.71	29,652.40	

图8-46 工资计算表（1）

（2）选取样本测试工资计提的准确性。根据职工提供服务情况和被审计单位的工资制度中工资标准计算的员工工资，将工资标准与有关规定进行核对，选取样本进行测试。其具体如图8-47、图8-48所示。

湖北蓝天通信科技有限公司员工2月份考勤表

姓名	1	2	3	4	5	6	7	8	9	10	11	12	13	14	15	16	17	18	19	20	21	22	23	24	25	26	27	28	合计
郭×	√	√	√	√	√	√	√	√	√	√	√	√	√	√	√	√	√	√	√	0.11									19.11
孙×	√	√	√	√	√	√	√	√	√	√	√	√	√	√	√	√	√	√	√	0.03									19.03
王×	√	√	√	√	√	√	√	√	√	√	√	√	√	√	√	√	√	0.72											18.72
刘×	√	√	√	√	√	√	√	√	√	√	√	√	√	√	√	√	√	0.27											18.27
管×	√	√	√	√	√	√	√	√	√	√	√	√	√	√	√	√	√	√	√	0.48									19.48
李×	√	√	√	√	√	√	√	√	√	√	√	√	√	√	√	√	√	√	√	0.89									19.89

图8-47 考勤表

206

湖北蓝天通信科技有限公司2018年2月份员工工资计算表

姓名	职务	基本工资	出勤补贴	加班补贴	值班补贴	工龄补贴	社保补贴	特殊补贴	驻外补贴	薪酬调整	出勤天数	奖金	罚款	值班天数	请假天数	缺勤天数	春节值班补贴	综合应发薪酬	代扣养老保险	扣医疗保险	扣失业保险	代扣住房公积	代扣个税	实发薪酬	备注信息
郭█	经理	1390	100	8710	1800			400			19.11	5595	1160	16	0.5	8.39	120	12,267.20	254.24	201.56	9.53	73.50	1,090.67	10,637.70	
孙█	生产副总	1470	100	7430	900				100	400	19.03	2175	750	16	0.37	8.39	120	8,087.73	232.80	63.56	9.53	73.50	315.83	7,392.30	
王█	办事员	1890	100	1510	300						18.72	220		18	0.56	8.72	120	2,584.00	254.24	132.56	9.53	73.50		2,114.20	
刘█	办事员	1390	100	2310			200				18.27	100			0.63	9.1	120	2,826.00	232.80	63.56	9.53	73.50		2,446.60	
管█	办事员	1390	100	3010		100	200				19.48	110			0.16	8.36	120	3,351.67	232.80	63.56	9.53	73.50		2,972.50	
李█	会计	1470	100	3530	900			400			19.89	240	60	18		8.11	120	4,486.50	232.80	63.56	9.53	73.50	18.21	4,088.90	
合计												8440	1970	68				33,603.30	1,439.68	588.36	57.18	441.00	1,424.71	29,652.40	

图 8-48 工资计算表（2）

在实务中,被审计单位一般采取计时工资及计件工资两种形式。计时工资是指按照工作时间来计算报酬的一种工资制度。计件工资是指按照生产的合格品的数量（或作业量）和预先规定的计件单价,来计算报酬,而不是直接用劳动时间来计量的一种工资制度。

职工提供服务的情况,在实务中一般的体现形式是考勤表、计件工资情况表等。

步骤2:检查工资计提基础与比例。对国家规定了计提基础和计提比例的社会保险（如失业保险金、工伤保险金等）,检查是否按照规定的计提基础和比例计提。

（1）获取被审计单位所在地的社会保险缴费标准。以武汉市社会保险缴费标准为例,社会保险缴费标准如图8-49所示。

武汉市社会保险缴费标准（2017.7.1-2018.6.30）

	缴纳险种	缴费基数	单位部分		个人部分		费用合计
			缴纳比例	缴纳金额	缴纳比例	缴纳金额	
1	养老	3093.3	19%	587.73	8%	247.46	835.19
2	医疗	3093.3	8%	247.46	2%	61.87	309.33
	大额医疗					7.00	7
3	失业	3093.3	0.70%	21.65	0.30%	9.28	30.93
4	工伤	3093.3	0.48%	14.85			14.85
5	生育	3093.3	0.70%	21.65			21.65
	费用合计			893.34		325.61	1218.95

根据武人社发〔2017〕34号文,武汉市2017年度（2017年7月1日至2018年6月30日）社会保险（养老保险、医疗保险、失业保险、工伤保险、生育保险）月缴费基数上限为17990.7元,下限为3093.3元。

图 8-49 社会保险缴费标准

（2）根据缴费基数及员工数量等信息,计算被审计单位社会保险计提情况。以武汉市社会保险缴费标准为例，社会保险等计提检查情况表如图8-50所示。

图8-50 社会保险等计提检查情况表（1）

（3）计提情况与账面计提情况进行核对。社会保险等计提检查情况表如图8-51所示。

图8-51 社会保险等计提检查情况表（2）

步骤3：检查工资费用的账务处理。检查工资及社会保险费用，与生产成本、制造费用、在建工程等相关账项进行核对，确定会计处理是否符合企业会计准则的规定。

1. 工资及社会保险的分配方法检查

在实务中，对工资及社会保险的分配方法一般从两个方面来检查。

（1）工资及社会保险分配方法的合理性。被审计单位一般根据职工提供服务的受益对象，对工资及社会保险费用进行分摊计入不同的成本及费用。在实务中，一般根据人员部门来区分计入成本或者费用，不同人员部门计提的工资及社会保险费用分摊计入不同的成本费用。比如管理部门人员，其工资及社会保险费用一般计入管理费用，销售部门人员发生的工资及社会保险费用一般计入销售费用；生产部门人员发生的工资及社会保险费用一般计入生产成本；对于为生产服务，但无法归集至生产成本的职工工资及社会保险费用一般计入制造费用；为在建工程项目、研发支出项目服务的人员，其工资及社会保险费用一般计入在建工程、研发支出等科目。

（2）工资及社会保险费用分配方法的一致性。在实务中分配方法的一致性主要是检查本期工资及社会保险费用的分配方法是否与上期一致。比如检查同一部门职工工资及社会保险费用在上期、本期所计提工资及社会保险是否都分配计入相同的成本费用科目。若存在不一致的情形，应分析不一致的合理性及产生的原因，并实施其他审计程序。

2. 工资及社会保险的摊销检查

将工资及社会保险账户贷方的本期计提金额与相应的成本费用中的工资及社会保险费用明细账户的借方相比较，检查本期所计提工资及社会保险金额是否已全部摊入本期成本或费用。其具体如图8-52~图8-56所示。

应付职工薪酬分配检查情况表

被审计单位：湖北蓝天通信科技有限公司　　编制：XXX　　日期：2019/1/2　　索引号：FF-005
报表截止日：20X8年12月31日　　　　　　复核：XXX　　日期：2019/1/8　　项目：应付职工薪酬-社会保险等计提检查情况表

项目名称	生产成本	销售费用	制造费用	管理费用	合计	计提数	差异	差异原因
1. 工资	13,884,148.85	-	9,055,913.88	6,229,640.89	29,169,703.62	29,169,703.62	-	
2. 奖金	-	-	-	-	-	-	-	
3. 津贴	-	-	-	-	-	-	-	
4. 补贴	-	-	-	-	-	-	-	
5. 职工福利	-	-	-	-	-	-	-	
6. 社会保险费	1,912,526.83	246,714.26	1,098,969.77	559,063.39	3,817,274.26	3,817,274.26	-	
（1）医疗保险费	515,364.15	66,481.52	296,136.82	150,649.51	1,028,632.00	1,028,632.00	-	
（2）养老保险费	1,251,234.56	161,408.15	718,980.22	365,756.67	2,497,379.60	2,497,379.60	-	
（3）失业保险费	46,720.52	6,026.91	26,846.39	13,657.18	93,251.00	93,251.00	-	
（4）工伤保险费	54,113.24	6,980.56	31,094.37	15,818.20	108,006.36	108,006.36	-	
（5）生育保险费	45,094.36	5,817.13	25,911.97	13,181.83	90,005.30	90,005.30	-	
（6）补充医疗保险	-	-	-	-	-	-	-	
7. 住房公积金	361,487.96	54,990.52	210,237.10	121,064.42	747,780.00	747,780.00	-	
8. 工会经费	-	-	-	-	-	-	-	
9. 职工教育经费	-	-	-	-	-	-	-	
10. 非货币性福利	-	-	-	-	-	-	-	
11. 辞退福利	-	-	-	-	-	-	-	
12. 以现金结算的股份支付	-	-	-	-	-	-	-	
13. 商业保险费	-	-	-	-	-	-	-	
14. 其他人工	-	-	-	-	-	-	-	
合计	16,158,163.64	301,704.79	10,365,120.75	6,909,768.70	33,734,757.88	33,734,757.88	-	

图 8-52　应付职工薪酬分配检查情况表

科目余额表

科目名称	借贷方向	期初余额	借方发生额	贷方发生额	期末余额
生产成本	借		59,734,857.86	59,734,857.86	
工资	借		13,884,148.85	13,884,148.85	
医疗保险费	借		515,364.15	515,364.15	
养老保险费	借		1,251,234.56	1,251,234.56	
失业保险费	借		46,720.52	46,720.52	
工伤保险费	借		54,113.24	54,113.24	
生育保险费	借		45,094.36	45,094.36	
住房公积金	借		361,487.96	361,487.96	

图 8-53　科目余额表——生产成本（2）

科目余额表

科目名称	借贷方向	期初余额	借方发生额	贷方发生额	期末余额
销售费用	借		5,314,868.40	5,314,868.40	
工资	借				
医疗保险费	借		66,481.52	66,481.52	
养老保险费	借		161,408.15	161,408.15	
失业保险费	借		6,026.91	6,026.91	
工伤保险费	借		6,980.56	6,980.56	
生育保险费	借		5,817.13	5,817.13	
住房公积金	借		54,990.52	54,990.52	
…	借				
…	借				

图 8-54　科目余额表——销售费用

科目余额表

科目名称	借贷方向	期初余额	借方发生额	贷方发生额	期末余额
管理费用	借		9,306,674.79	9,306,674.79	
工资	借		6,229,640.89	6,229,640.89	
医疗保险费	借		150,649.51	150,649.51	
养老保险费	借		365,758.67	365,758.67	
失业保险费	借		13,657.18	13,657.18	
工伤保险费	借		15,818.20	15,818.20	
生育保险费	借		13,181.83	13,181.83	
住房公积金	借		121,064.42	121,064.42	
…	借				
…	借				

图 8-55　科目余额表——管理费用（2）

科目余额表

科目名称	借贷方向	期初余额	借方发生额	贷方发生额	期末余额
制造费用	借		30,240,720.92	30,240,720.92	
工资	借		9,055,913.88	9,055,913.88	
医疗保险费	借		296,136.82	296,136.82	
养老保险费	借		718,980.22	718,980.22	
失业保险费	借		26,846.39	26,846.39	
工伤保险费	借		31,094.37	31,094.37	
生育保险费	借		25,911.97	25,911.97	
住房公积金	借		210,237.10	210,237.10	
…	借				
…	借				

图 8-56　科目余额表——制造费用

步骤 4：编制审计说明及结论。

审计说明（仍以"湖北蓝天通信科技有限公司"为例）：

（1）获取了湖北蓝天通信科技有限公司的工资计算表，并选取样本，对工资计提进行了检查，未见异常。

（2）检查了湖北蓝天通信科技有限公司社会保险缴费基数政策，对本期社会保险计提进行了测算，测算金额与账面计提金额无差异。

（3）检查了湖北蓝天通信科技有限公司摊销分配方法，本期摊销方法与上期保持一致。

审计结论：经审计，未见重大异常事项。

任务 8-6　简单税种检查

知识目标

掌握各类税种的计算方法、检查流程和内容，并理解税费相关工作底稿的内容。

技能目标

检查城市建设维护税、教育费附加等简单税种相关税费的真实性；编制城市建设维护税、教育费附加等简单税种测算表，与账面数据进行对比；填写税种检查的审计说明表。

素养目标

通过不同税费的重新计算，培养学生严谨的专业态度和锲而不舍的职业精神。

业务操作

一、城市建设维护税检查

步骤1：获取被审计单位城市建设维护税计提的信息。获取被审计单位城市建设维护税计提的信息，如增值税、消费税应交流转税额，以及被审计单位所在地税费的税率。其具体如图8-57所示。

税目	纳税（费）基础	税（费）率	备注
城建税	应交流转税额	7%	
教育费附加	应交流转税额	3%	
地方教育附加	应交流转税额	1.5%	

图 8-57　税费税目、计税依据、税率

步骤2：将被审计单位应缴纳的流转税额、税率等信息填入测算表中进行计算。应交城市维护建设税测算表如图8-58所示。

步骤3：测算数与账面数比较。将测算的税额与被审计单位账面计提的税额进行比较，确认是否存在差异。若存在差异，应当分析差异产生的原因，并执行其他

图 8-58 应交城市维护建设税测算表（1）

审计程序。在实务中，通常出现差异是由于保留小数的尾差导致，这种差异一般均可确认账面计提的税额。应交城市维护建设税测算表如图 8-59 所示。

图 8-59 应交城市维护建设税测算表（2）

步骤 4：本期城市维护建设税计提与税金及附加科目对应税种的勾稽验证。将科目余额表中应交税费——应交城市建设维护税、税金及附加中城市建设维护税勾稽验证是否一致。其具体如图 8-60、图 8-61 所示。

图 8-60 科目余额表——应交税费（1）

科目余额表

科目名称	借贷方向	期初余额	借方发生额	贷方发生额	期末余额
税金及附加	借		2,890,713.63	2,890,713.63	
应交城市维护建设税	借		1,055,427.79	1,055,427.79	
应交教育费附加	借		452,326.20	452,326.20	
应交地方教育附加	借		226,163.08	226,163.08	
应交房产税	借		450,246.40	450,246.40	
应交土地使用税	借		185,434.38	185,434.38	
...					
...					

图 8-61　科目余额表——税金及附加（1）

二、教育费附加检查

步骤1：获取被审计单位教育费附加计提的信息。获取被审计单位教育费附加计提的信息，如增值税、消费税应交流转税额，以及被审计单位所在地税费的税率。其具体如图8-57所示。

步骤2：将被审计单位应缴纳的流转税额、税率等信息填入测算表中进行计算。应交教育费附加测算表如图8-62所示。

应交教育费附加测算表

被审计单位：湖北蓝天通信科技有限公司　　编制：×××　　日期：2019/1/2　　索引号：FG-015
报表截止日：2018年12月31日　　　　　　　复核：×××　　日期：2019/1/8　　项目：应交税费-教育费附加测算表

序号	税种	增值税	消费税	计税依据	适应税率	纳税额	账面缴纳数	差异	差异原因
1	教育费附加	15,077,540.00		15,077,540.00	3.00%	452,326.20	452,326.20	-	
				-		-		-	
				-		-		-	
				-		-		-	
				-		-		-	
				-		-		-	
	合计			15,077,540.00		452,326.20	452,326.20	-	

图 8-62　应交教育费附加测算表（1）

步骤3：测算数与账面数比较。比较测算的税额与被审计单位账面计提的税额，将测算的税额与被审计单位账面计提的税额进行对比，若存在差异，应当分析差异产生的原因，并执行其他审计程序。在实务中，通常出现差异是保留小数的尾差所导致，这种差异一般均可确认账面计提的税额。应交教育费附加测算表如图8-63所示。

应交教育费附加测算表

序号	税种	增值税	消费税	计税依据	适应税率	纳税额	账面缴纳数	差异	差异原因
1	教育费附加	15,077,540.00		15,077,540.00	3.00%	452,326.20	452,326.20	-	
				-		-	-	-	
				-		-	-	-	
				-		-	-	-	
				-		-	-	-	
合计				15,077,540.00		452,326.20	452,326.20	-	

被审计单位：湖北蓝天通信科技有限公司　编制：×××　日期：2019/1/2　索引号：PG-015
报表截止日：2018年12月31日　复核：×××　日期：2019/1/8　项目：应交税费-教育费附加测算表

图 8-63　应交教育费附加测算表（2）

步骤4：本期教育费附加计提与税金及附加科目对应税种钩稽验证。将科目余额表中应交税费——应交教育费附加、税金及附加中教育费附加钩稽验证是否一致。其具体如图8-64、图8-65所示。

科目余额表

科目名称	借贷方向	期初余额	借方发生额	贷方发生额	期末余额
应交税费	贷	3,225,981.20	149,882,081.08	149,674,567.66	3,018,467.78
应交城市维护建设税	贷	103,526.94	1,088,681.55	1,055,427.79	70,273.18
应交教育费附加	贷	44,368.69	466,577.81	452,326.20	30,117.08
应交地方教育附加	贷	22,184.34	233,288.88	226,163.08	15,058.54
应交房产税	贷	112,561.60	450,246.40	450,246.40	112,561.60
应交土地使用税	贷	46,358.60	185,434.40	185,434.38	46,358.58
应交车船使用税	贷		3,169.74	3,169.74	
应交印花税	贷	79,426.50	530,379.80	506,396.90	55,443.60
应交个人所得税	贷	118,995.57	1,772,291.74	1,737,204.55	83,908.38
应交企业所得税	贷	1,289,347.67	7,110,827.74	7,422,324.28	1,600,844.21
...					
...					

图 8-64　科目余额表——应交税费（2）

科目余额表

科目名称	借贷方向	期初余额	借方发生额	贷方发生额	期末余额
税金及附加	借		2,890,713.63	2,890,713.63	
应交城市维护建设税	借		1,055,427.79	1,055,427.79	
应交教育费附加	借		452,326.20	452,326.20	
应交地方教育附加	借		226,163.08	226,163.08	
应交房产税	借		450,246.40	450,246.40	
应交土地使用税	借		185,434.38	185,434.38	
...					
...					

图 8-65　科目余额表——税金及附加（2）

三、地方教育附加检查

步骤1：获取被审计单位地方教育附加计提的信息。获取被审计单位地方教育附加计提的信息，如增值税、消费税应交流转税额，以及被审计单位所在地税费的税率。其具体如图 8-57 所示。

步骤2：将被审计单位应缴纳的流转税额、税率等信息填入测算表中进行计算。应交地方教育附加测算表如图 8-66 所示。

应交地方教育附加测算表

序号	税种	增值税	消费税	计税依据	适应税率	纳税额	账面缴纳数	差异	差异原因
1	地方教育附加	15,077,540.00		15,077,540.00	1.50%	226,163.10	226,163.08	-0.02	
				-		-	-	-	
				-		-	-	-	
				-		-	-	-	
				-		-	-	-	
合计				15,077,540.00		226,163.10	226,163.08	-0.02	

被审计单位：湖北蓝天通信科技有限公司　编制：×××　日期：2019/1/2　索引号：FG-015
报表截止日：2018年12月31日　复核：×××　日期：2019/1/8　项目：应交税费-地方教育附加测算表

图 8-66　应交地方教育附加测算表（1）

步骤3：测算数与账面数比较。将测算的税额与被审计单位账面计提的税额进行比较，确认是否存在差异。若存在差异，应当分析差异产生的原因，并执行其他的审计程序。在实务中，通常出现的差异是由于保留小数的尾差导致，这种差异一般均可确认账面计提的税额。应交地方教育附加测算表如图 8-67 所示。

应交地方教育附加测算表

序号	税种	增值税	消费税	计税依据	适应税率	纳税额	账面缴纳数	差异	差异原因
1	地方教育附加	15,077,540.00		15,077,540.00	1.50%	226,163.10	226,163.08	-0.02	
				-		-	-	-	
				-		-	-	-	
				-		-	-	-	
				-		-	-	-	
合计				15,077,540.00		226,163.10	226,163.08	-0.02	

被审计单位：湖北蓝天通信科技有限公司　编制：×××　日期：2019/1/2　索引号：FG-015
报表截止日：2018年12月31日　复核：×××　日期：2019/1/8　项目：应交税费-地方教育附加测算表

图 8-67　应交地方教育附加测算表（2）

步骤4：本期地方教育附加计提与税金及附加科目对应税种勾稽验证。将科目余额表中应交税费——应交地方教育附加和税金及附加中地方教育附加勾稽验证是否一致。其具体如图 8-68、图 8-69 所示。

科目余额表

科目名称	借贷方向	期初余额	借方发生额	贷方发生额	期末余额
应交税费	贷	3,225,981.20	149,882,081.08	149,674,567.66	3,018,467.78
应交城市维护建设税	贷	103,526.94	1,088,681.55	1,055,427.79	70,273.18
应交教育费附加	贷	44,368.69	466,577.81	452,326.20	30,117.08
应交地方教育附加	贷	22,184.34	233,288.88	226,163.08	15,058.54
应交房产税	贷	112,561.60	450,246.40	450,246.40	112,561.60
应交土地使用税	贷	46,358.60	185,434.40	185,434.38	46,358.58
应交车船使用税	贷		3,169.74	3,169.74	
应交印花税	贷	79,426.50	530,379.80	506,396.90	55,443.60
应交个人所得税	贷	118,995.57	1,772,291.74	1,737,204.55	83,908.38
应交企业所得税	贷	1,289,347.67	7,110,827.74	7,422,324.28	1,600,844.21
...					

图 8-68 科目余额表——应交税费（3）

科目余额表

科目名称	借贷方向	期初余额	借方发生额	贷方发生额	期末余额
税金及附加	借		2,890,713.63	2,890,713.63	
应交城市维护建设税	借		1,055,427.79	1,055,427.79	
应交教育费附加	借		452,326.20	452,326.20	
应交地方教育附加	借		226,163.08	226,163.08	
应交房产税	借		450,246.40	450,246.40	
应交土地使用税	借		185,434.38	185,434.38	
...					
...					

图 8-69 科目余额表——税金及附加（3）

四、城镇土地使用税检查

步骤1：获取被审计单位土地使用权等相关信息，并与土地使用权证核对。

步骤2：将被审计单位城镇土地使用税相关信息，填入测算表中进行测算，城镇土地使用税测算表如图 8-70 所示。

城镇土地使用税测算表

被审计单位：湖北蓝天通信科技有限公司							编制：×××	日期：2019/1/2		索引号：FG-019		
报表截止日：2018年12月31日							复核：×××	日期：2019/1/8		项目：应交税费-城镇土地使用税测算表		
城 市		县 城		建制镇		工矿区		合 计	企业账面计提金额	差 额	备 注
应税面积	单位税额(m²)	应税面积	单位税额(m²)	应税面积	单位税额(m²)	应税面积	单位税额(m²)				
25,663.47	5.00							128,317.35			
11,410.93	5.00							57,054.65	185,434.38	0.02	
3.90	8.00							31.20			
3.90	8.00							31.20			

图 8-70　城镇土地使用税测算表（1）

步骤3：测算数与账面数比较。将测算的税额与被审计单位账面计提的税额进行比较，确认是否存在差异。若存在差异，应当分析差异产生的原因，并执行其他审计程序。在实务中，通常出现的差异是保留小数的尾差导致，这种差异一般均可确认账面计提的税额。城镇土地使用税测算表如图 8-71 所示。

城镇土地使用税测算表

被审计单位：湖北蓝天通信科技有限公司							编制：×××	日期：2019/1/2		索引号：FG-019		
报表截止日：2018年12月31日							复核：×××	日期：2019/1/8		项目：应交税费-城镇土地使用税测算表		
城 市		县 城		建制镇		工矿区		合 计	企业账面计提金额	差 额	备 注
应税面积	单位税额(m²)	应税面积	单位税额(m²)	应税面积	单位税额(m²)	应税面积	单位税额(m²)				
25,663.47	5.00							128,317.35			
11,410.93	5.00							57,054.65	185,434.38	0.02	
3.90	8.00							31.20			
3.90	8.00							31.20			

图 8-71　城镇土地使用税测算表（2）

步骤4：本期城镇土地使用税计提与税金及附加科目对应税种勾稽验证。将科目余额表中应交税费-应交土地使用税、税金及附加中相应税种勾稽验证是否一致。其具体如图 8-72、图 8-73 所示。

科目余额表

科目名称	借贷方向	期初余额	借方发生额	贷方发生额	期末余额
应交税费	贷	3,225,981.20	149,882,081.08	149,674,567.66	3,018,467.78
应交城市维护建设税	贷	103,526.94	1,088,681.55	1,055,427.79	70,273.18
应交教育费附加	贷	44,368.69	466,577.81	452,326.20	30,117.08
应交地方教育附加	贷	22,184.34	233,288.88	226,163.08	15,058.54
应交房产税	贷	112,561.60	450,246.40	450,246.40	112,561.60
应交土地使用税	贷	46,358.60	185,434.40	185,434.38	46,358.58
应交车船使用税	贷		3,169.74	3,169.74	
应交印花税	贷	79,426.50	530,379.80	506,396.90	55,443.60
应交个人所得税	贷	118,995.57	1,772,291.74	1,737,204.55	83,908.38
应交企业所得税	贷	1,289,347.67	7,110,827.74	7,422,324.28	1,600,044.21
…					

图 8-72　科目余额表——应交税费（4）

科目余额表

科目名称	借贷方向	期初余额	借方发生额	贷方发生额	期末余额
税金及附加	借		2,890,713.63	2,890,713.63	
应交城市维护建设税	借		1,055,427.79	1,055,427.79	
应交教育费附加	借		452,326.20	452,326.20	
应交地方教育附加	借		226,163.08	226,163.08	
应交房产税	借		450,246.40	450,246.40	
应交土地使用税	借		185,434.38	185,434.38	
...					
...					

图 8-73　科目余额表——税金及附加（4）

五、房产税检查

步骤 1：获取被审计单位房产税相关信息，并与房产权证核对。

步骤 2：将被审计单位房产税相关信息，填入测算表中进行测算。

房产税测算表如图 8-74 所示。

房产税测算表

被审计单位：湖北蓝天通信科技有限公司　编制：×××　日期：2019/1/2　索引号：FG-020
报表截止日：2018年12月31日　复核：×××　日期：2019/1/8　项目：应交税费-房产税测算表

从价计征			从租计征			合计	企业账面计提金额	差额	备注
应税房产原值 ①	原值扣除比例 ②	税率 ③	应纳税额小计 ④=①*(1-②)*③	房屋租金收入 ⑤	税率 ⑥	应纳税额小计 ⑦=⑤*⑥	合计 ⑧=④+⑦	⑨	⑩=⑧-⑨	
38,442,426.09	25%	1.20%	345,981.83		12%		345,981.83	345,981.83		
1,672,092.76	25%	1.20%	15,048.83		12%		15,048.83	15,048.83		
1,273,768.60	25%	1.20%	11,463.92		12%		11,463.92	11,463.92		
9,275,975.96	25%	1.20%	83,483.78		12%		83,483.78	83,483.78		

图 8-74　房产税测算表（1）

步骤 3：测算数与账面数比较。将测算的税额与被审计单位账面计提的税额进行比较，确认是否存在差异。若存在差异，应当分析差异产生的原因，并执行其他审计程序。在实务中，通常出现差异是保留小数的尾差导致，这种差异一般均可确认账面计提的税额。房产税测算表如图 8-75 所示。

房产税测算表

被审计单位：湖北蓝天通信科技有限公司　编制：×××　日期：2019/1/2　索引号：FG-020
报表截止日：2018年12月31日　复核：×××　日期：2019/1/8　项目：应交税费-房产税测算表

从价计征			从租计征			合计	企业账面计提金额	差额	备注
应税房产原值 ①	原值扣除比例 ②	税率 ③	应纳税额小计 ④=①*(1-②)*③	房屋租金收入 ⑤	税率 ⑥	应纳税额小计 ⑦=⑤*⑥	合计 ⑧=④+⑦	⑨	⑩=⑧-⑨	
38,442,426.09	25%	1.20%	345,981.83		12%		345,981.83			
1,672,092.76	25%	1.20%	15,048.83		12%		15,048.83	455,978.37	0.00	
1,273,768.60	25%	1.20%	11,463.92		12%		11,463.92			
9,275,975.96	25%	1.20%	83,483.78		12%		83,483.78			

图 8-75　房产税测算表（2）

步骤4：本期房产税计提与税金及附加科目对应税种勾稽验证。将科目余额表中应交税费——应交房产税与税金及附加中应交房产税勾稽验证是否一致。其具体如图8-76、图8-77所示。

科目余额表

科目名称	借贷方向	期初余额	借方发生额	贷方发生额	期末余额
应交税费	贷	3,225,981.20	149,882,081.08	149,674,567.66	3,018,467.78
应交城市维护建设税	贷	103,526.94	1,088,681.55	1,055,427.79	70,273.18
应交教育费附加	贷	44,368.69	466,577.81	452,326.20	30,117.08
应交地方教育附加	贷	22,184.34	233,288.88	226,163.08	15,058.54
应交房产税	贷	112,561.60	455,978.37	455,978.37	112,561.60
应交土地使用税	贷	46,358.60	185,434.40	185,434.38	6,358.58
应交车船使用税	贷		3,169.74	3,169.74	
应交印花税	贷	79,426.50	530,379.80	506,396.90	55,443.60
应交个人所得税	贷	118,995.57	1,772,291.74	1,737,204.55	83,908.38
应交企业所得税	贷	1,289,347.67	7,110,827.74	7,422,324.28	1,600,844.21
...					

图8-76　科目余额表——应交税费（5）

科目余额表

科目名称	借贷方向	期初余额	借方发生额	贷方发生额	期末余额
税金及附加	借		2,890,713.63	2,890,713.63	
应交城市维护建设税	借		1,055,427.79	1,055,427.79	
应交教育费附加	借		452,326.20	452,326.20	
应交地方教育附加	借		226,163.08	226,163.08	
应交房产税	借		450,246.40	450,246.40	
应交土地使用税	借		185,434.38	185,434.38	
...					

图8-77　科目余额表——税金及附加（5）

六、编制审计说明及结论

审计说明：

（1）获取了城市维护建设税、教育费附加、地方教育附加、城镇土地使用税、房产税等税率及相关信息、数据，被审计单位账面计提税率与国家相关规定一致。

（2）对城市维护建设税、教育费附加、地方教育附加、城镇土地使用税、房产税进行了测算，测算金额与账面计提无重大差异，账面计提金额可以确认。

（3）应交税费——城市维护建设税、教育费附加、地方教育附加、城镇土地使用税、房产税计提金额与税金及附加科目对应税种金额一致。

审计结论：经审计，未见重大异常事项。

任务8-7 利息检查

知识目标

掌握利息的计算方法、检查步骤和内容，并理解利息计算相关工作底稿的内容。

技能目标

获取企业贷款信息，检查企业利息计提情况，确认相关贷款信息无误；编制利息测算表；填写利息检查的审计说明表。

素养目标

通过了解企业利息的计算过程，拓展知识，开阔眼界；通过编制利息测算表，培养学生谨慎的职业素养。

业务操作

步骤1：取得贷款信息及企业计提情况。获取被审计单位贷款信息，对借款人币种、借款本金、借款日期、到期日期、利率、抵押及担保信息与被审计单位贷款合同核对，确认相关贷款信息无误。其具体如图8-78、图8-79所示。

借款人名称	银行账号	币种	金额	借款日期	到期日期	利率	抵（质）押/担保人	备注
中国建设银行股份有限公司常州支行	37***************45	人民币	10,000,000.00	2018年9月20日	2019年9月18日	4.35%	抵押物：常州公司全部厂房及设备 担保人：王**	
注：利率为基准利率								

图8-78 借款信息

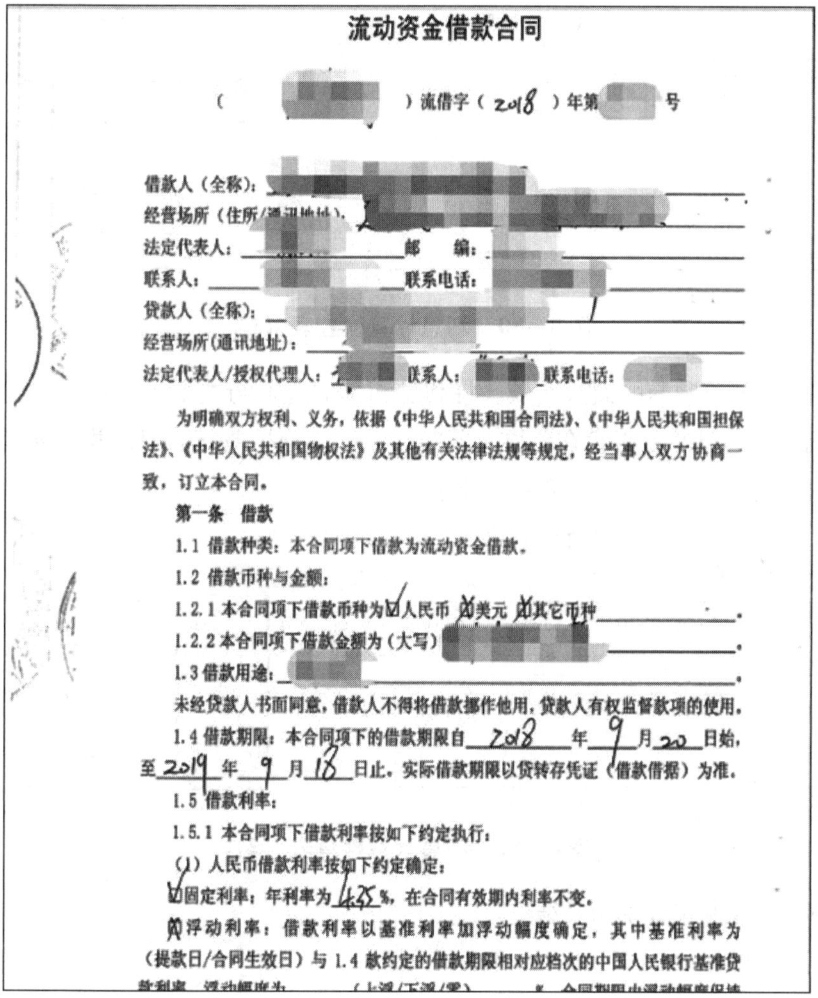

图 8-79 借款合同

步骤 2：利息测算。将被审计单位贷款信息填入利息测算表中，对本期计提利息进行测算。

利息测算公式如下：

$$月利率 = 年利率 \div 12（月）= 日利率 \times 30（天）$$

$$日利率 = 年利率 \div 360（天）= 月利率 \div 30（天）$$

$$贷款利息 = 贷款本金 \times 年利率 \div 360（天）\times 贷款计息期间$$

实务中，银行贷款一般采取日利率来计算贷款人应承担的贷款利息。贷款的计息期间一般是算头又算尾，即借款发放当天就计算利息，收回当天也计算利息。利息计算检查表如图 8-80 所示。

利息计算检查表

贷款银行	本金	利率	计息起始日	计息截止日	计息天数	应计利息	账面计提利息	差异	备注
中国建设银行常州支行	10,000,000.00	4.3500%	2018-09-20	2018-12-31	103	122,753.42	122,753.42	-	
合计						122,753.42	122,753.42	-	

被审计单位：湖北蓝天通信科技有限公司　　编制：×××　　日期：2019/1/5　　索引号：FA-005
报表截止日：2018年12月31日　　复核：×××　　日期：2019/1/6　　项目：短期借款-利息计算检查表

图8-80　利息计算检查表（1）

步骤3：测算数与账面数比较。将利息测算的金额与本期被审计单位计提的账面数进行比较，计算是否存在差异，若存在差异，分析差异原因，并实施其他的审计程序。利息计算检查表如图8-81所示。

利息计算检查表

贷款银行	本金	利率	计息起始日	计息截止日	计息天数	应计利息	账面计提利息	差异	备注
中国建设银行常州支行	10,000,000.00	4.3500%	2018-09-20	2018-12-31	103	122,753.42	122,753.42	-	
合计						122,753.42	122,753.42	-	

被审计单位：湖北蓝天通信科技有限公司　　编制：×××　　日期：2019/1/5　　索引号：FA-005
报表截止日：2018年12月31日　　复核：×××　　日期：2019/1/6　　项目：短期借款-利息计算检查表

图8-81　利息计算检查表（2）

步骤4：编制审计说明及结论。

审计说明：

（1）获取了借款信息，并与借款合同核对一致。

（2）对本期借款利息进行了测算，账面金额与测算金额一致。

审计结论：经审计，未见重大异常事项。

项目 9　整理审计工作底稿

项目导语

审计工作底稿是审计证据的载体,是注册会计师在审计过程中形成的审计工作记录和获取的资料。它形成于审计过程,也反映整个审计过程。

项目提要

审计工作底稿在计划和执行审计工作中发挥着关键作用。它提供了审计工作实际执行情况的记录,并形成审计报告的基础。通过本项目实操训练,让学生掌握审计工作底稿的要素确定、编制方法以及审计档案的整理和保管方法。

项目思维导图

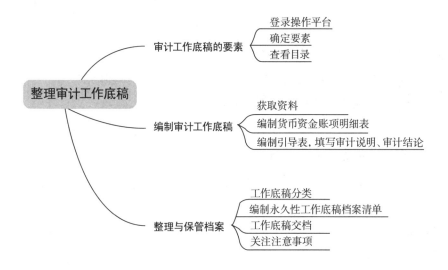

知识准备

一、审计工作底稿的含义

审计工作底稿指审计人员对制订的审计计划、实施的审计程序、获取的审计证据以及得出的审计结论作出的记录。

它是审计证据的载体,是审计人员形成审计结论、发表审计意见的直接依据。

二、审计工作底稿的编制目的

(一) 基本目的

(1) 提供充分、适当的记录,作为出具审计报告的基础。

(2) 提供证据,证明已按照审计准则和法律法规的规定计划和执行了审计工作(即提高职业判断的可辩护性)。

(二) 其他目的

(1) 有助于计划和执行审计工作。

(2) 有助于履行指导、监督与复核的责任。

(3) 便于项目组说明其执行审计工作的情况。

(4) 保留对未来审计工作持续产生重大影响的事项的记录。

(5) 便于实施项目质量复核与检查。

(6) 便于监管机构和注册会计师协会实施执业质量检查。

三、审计工作底稿的编制要求

(一) 基本要求

应当使未曾接触该项审计工作的有经验的专业人士清楚地了解。

(1) 程序。按照规定实施的审计程序的性质、时间安排和范围。

(2) 证据。实施审计程序的结果和获取的审计证据。

(3) 结论。遇到的重大事项和得出的结论,以及作出的重大职业判断。

(二) 有经验的专业人士的含义

有经验的专业人士是指会计师事务所内部或外部的具有审计实务经验,并且对下列方面具有合理了解的人士。

(1) 审计过程。

(2) 相关法律法规和审计准则的规定。

(3) 被审计单位所处的经营环境。

(4) 与被审计单位所处行业相关的会计和审计问题。

四、审计工作底稿归档工作的性质

(一) 工作性质

归档,指将审计工作底稿归整为最终档案,属于一项事务性工作,不涉及实施新的审计程序或得出新的审计结论。

(二) 归档期间对审计工作底稿可以进行的变动

(1) 删除或废弃被取代的审计工作底稿。

(2) 对审计工作底稿进行分类、整理和交叉索引。

(3) 对审计档案归整工作的完成核对表签字认可。

(4) 记录在审计报告日前获取的、与项目组相关成员进行讨论并达成一致意见的审计证据。

五、审计工作底稿归档的要求

(一) 归档期限

(1) 审计报告日后60天内。

(2) 未能完成审计业务,则为审计业务中止后的60天内。

(3) "多个委托业务"的归档要求。

针对客户的同一财务信息执行不同的委托业务,出具两个或多个不同的报告,应当将其分别归整为最终审计档案。

(二) 电子或其他介质形式的审计工作底稿的归档要求

以电子或其他介质形式的审计工作底稿,应与其他纸质形式的审计工作底稿一并归档,并能通过打印等方式,转换成纸质形式的审计工作底稿。

任务9-1 审计工作底稿的要素

知识目标

掌握审计工作底稿的概念、格式、要素和范围。

技能目标

辨别审计工作底稿中的基本内容、组成要素;填制审计工作底稿中的基本信息;查看审计工作底稿目录。

素养目标

在对各类工作底稿的要素进行检查的过程中,培养学生独立、客观的职业精神;学习《中华人民共和国注册会计师法》等法律法规,提升学生的法律意识,拓宽学生知识面。

业务操作

步骤1：登录操作平台。

步骤2：填制审计工作底稿的名称、审计项目名称。

每张底稿应当包括被审计单位的名称、审计项目的名称以及资产负债表日或底稿覆盖的会计期间。

步骤3：填制被审计单位名称、审计项目时间或期间。其具体如图9-1所示。

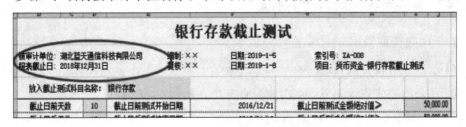

图9-1　银行存款截止测试

步骤4：填制编制者姓名及编制日期、复核者姓名及复核日期。货币资金账项明细表如图9-2所示。

图9-2　货币资金账项明细表

步骤5：编制索引号及页次。审计索引号是给被索引审计资料的一个编号，通俗地讲就是地址、方位，便于审计资料使用者据此方便地整理归档、检索寻找。根据审计署颁布的《审计机关审计项目质量控制办法（试行）》要求："审计工作底稿与审计证据的对应关系，应当通过审计证据的索引号来体现"，若用一个项目名称的审计工作底稿为多张，只需填写同一个索引号，标明页码即可。应收账款函证结果调节表如图9-3所示。

被审计单位： 北京金山通信科技股份有限公司　　索引号： Z5-2-4　　页次：

项目：应收账款函证结果调节表　　编制人： 费梦珂　　日期： 2020/1/2

财务报表截止日：2019/12/31　　复核人： 梁涛　　日期： 2020/1/2

被询证单位:	汇源光通信有限公司			
回函日期:	2020/1/9			
1. 被询证单位回函余额				6,539,920.54
2. 减：被询证单位已记录项目				-
序号	日期	摘要/差异原因（存在争议的项目等）	相关的支持性证据的索引号	金 额
1				
2				
3				
4				
3. 加：被审计单位已记录项目				510,852.33
序号	日期	摘要/差异原因（存在争议的项目等）	凭证号	金 额
1	2019/12/25	销售SC汇源铝包钢单丝一批68751	534	510,852.33
2				
3				

图 9－3　应收账款函证结果调节表

步骤6：记录审计过程。审计过程记录通过编制表格进行分项目说明，记录检查、测算、分析等过程，主要为Excel工作表的制作、填列；还应对审计的过程进行文字的记录，主要为审计说明的编写。其具体如图9－4、图9－5所示。

被审计单位： 北京金山通信科技股份有限公司　　索引号： Z1-10　　页次：

项目：银行存单检查表　　被审计单位：技股份有限公司　　编制人： 费梦珂　　日期： 43836　　编制人： 费梦珂　　日期： 2020/1/6

财务报表截止日： 2019/12/31　　财务报表截止日： 43830　　复核人： 梁涛　　日期： 43836　　复核人： 梁涛　　日期： 2020/1/6

开户银行	存单名称（存单或单位开户证实书）	账号	币种	户名	存入日期	到期日	年利率	年末存单金额	年末账面余额	利息收入	是否查见原件	是否质押	索引号	备注
										-				
										-				
										-				
										-				
										-				
										-				
										-				
										-				
										-				
										-				
										-				
										-				
										-				
										-				
										-				
										-				
										-				
合计								-	-	-				

审计说明：

图 9－4　银行存单检查表工作记录

图 9-5　货币资金凭证抽查表工作记录

步骤 7：编制审计标识及其说明。审计标识就是在审计底稿中为了提高效率和简明地表达一些含义所采用的符号。审计工作底稿中可以使用各种审计标识，但要说明其含义，并保持前后一致。以下为审计工作底稿中通用的审计标识。在实际工作中可以依据实际情况运用更多的审计标识。审计标识及其说明如图 9-6 所示。

图 9-6　审计标识及其说明

步骤 8：编制资产负债表及利润表审计结论。审计工作的每一部分都应包含与已实施审计程序的结果及其是否实现既定的审计目标相关的结论，还应包括审计程序识别出的例外情况和重大事项如何得到解决的结论，即审计结论。其中，资产负债表项目，审计结论一般为"余额可以确认"；利润表项目，审计结论一般为"发生额可以确认"。其具体如图 9-7、图 9-8 所示。

24				
25 审计结论：经审计，余额可以确认。				
26				

图9-7 审计结论（1）

4	差异数	-		
0	经审计后无调整事项，发生额可以确认。			
1				
2	审计标识说明：			

图9-8 审计结论（2）

步骤9：其他应说明事项。若审计人员在审计工作中需要其他说明的事项，也应在审计工作底稿中填写清楚。

步骤10：查看目录。审计人员完成审计底稿要素的确认及基本信息的填制后，形成审计工作底稿目录，查看底稿目录。审计底稿目录如图9-9所示。

审计底稿目录

被审计单位：北京金山通信科技股份有限公司　编制：　　日期：　　索引号：MLA-001
报表截止日：2019年12月31日　　　　　　　复核：　　日期：　　项目：底稿目录-审计底稿目录

是否修改	序号	工作底稿底稿名称	索引号	页次
	1	初步业务活动程序表	A	
	2	前后任注册会计师沟通函	AA	
	3	业务承接评价表	AB	
	4	业务保持评价表	AC	
	5	审计业务约定书(合同式)	AD	
	6	审计业务约定书(信函式)	AD	
	7	内部控制审计业务约定书(合同式)	N	
	8	未审会计报表	AE	
	9	被审计单位的内部控制评价报告	N	
	10	趋势分析表(未审)	AF	
	11	趋势分析表多年(未审)	AF	
	12	财务分析(未审)	AG	
	13	财务分析多年(未审)	AG	
	14	了解被审计单位及其环境(不包括内部控制)	BA	
	15	在被审计单位整体层面了解和评价内部控制	BB-1	
	16	与控制环境(即内部环境)相关的控制	N	
	17	针对管理层和治理层凌驾于控制之上的风险而设计的控制	N	
	18	被审计单位的风险评估过程	N	
	19	对内部信息传递和期末财务报告流程的控制	N	
	20	对控制有效性的内部监督(即监督其他控制的控制)和内部控制评价	N	
	21	集中化的处理及控制(包括共享的服务环境)	N	
	22	监控经营成果的控制	N	
	23	针对重大经营控制及风险管理实务的政策	N	

图9-9 审计底稿目录

任务 9-2 编制审计工作底稿

知识目标

掌握审计工作底稿的格式、要素及编制流程。

技能目标

编制货币资金审计工作底稿;总结归纳审计工作底稿的编制流程;对编制的工作底稿及收集的审计证据进行对应及整理,编制完整的审计工作底稿。

素养目标

在编制审计工作底稿的过程中,培养学生严谨、客观、公正的工作态度。

业务操作

货币资金审计是指审计人员对企业的现金、银行存款和其他货币资金收付业务及其结存情况的真实性、正确性和合法性所进行的审计程序。在实务工作中,审计人员需根据被审计单位的实际情况,选择恰当的审计程序,并在其对应程序中标记审计工作底稿对应的索引号及执行人。其具体如图 9-10~图 9-13 所示。

图 9-10 货币资金审计程序(1)

审计目标	序号	实质性程序	是否执行	索引号	存在	完整性	权利和义务	计价和分摊	列报
		(一)库存现金							
D	1	核对库存现金日记账与总账的金额是否相符，检查非记账本位币库存现金的折算汇率及折算金额是否正确。						√	
ABCD	2	监盘库存现金： ①制定监盘计划，确定监盘时间； ②将盘点金额与现金日记账余额进行核对，如有差异，应要求被审计单位查明原因并作适当调整，如无法查明原因，应要求被审计单位按管理权限批准后作出调整； ③在非资产负债表日进行盘点时，应调整至资产负债表日的金额； ④若有充抵库存现金的借条、未提现支票、未作报销的原始凭证，需在盘点表中注明，如有必要应作调整，特别关注数家公司混用现金保险箱的情况。			√	√	√	√	
ABD	3	抽查大额库存现金收支。检查原始凭证是否齐全、记账凭证与原始凭证是否相符、账务处理是否正确、是否记录于恰当的会计期间等项内容。			√	√		√	
	4	根据评估的舞弊风险等因素增加的其他审计程序。							
ABDE	5	如果被审计单位的现金交易比例较高，注册会计师需要了解和评估现金交易比例较高的合理性，是否与其业务性质相匹配，是否采取了适当措施保证现金收支完整、准确、安全。除实施其他审计程序外，注册会计师还应实施以下审计程序： （1）了解和评价被审计单位与现金交易相关的内部控制，针对现金收支相关控制运行的有效性，获取充分、适当的审计证据。如果被审计单位使用收银设备管理现金收款业务，且相关收银系统与被审计单位财务系统相关联，注册会计师需要考虑针对信息系统一般控制和应用控制执行审计工作。 （2）结合对生产、采购、销售、工薪等业务循环相关报表项目的审计结果，分析评价现金交易的合理性，关注现金使用范围是否符合相关规定。（3）计算月现金销售收款、现金采购付款的占比，识别现金收、付款比例是否存在异常波动，并追查异常波动原因。 （4）了解现金交易对方的情况。向主要的现金交易对方函证被审计期间内发生的交易金额。在必要时，注册会计师可以选取现金结算量较大的交易对方进行实地观察或询问，关注交易对方经营业务的性质、规模与收付款项的性质、规模是否一致，关注使用现金结算的合理性。如果交易对方为个人，必要时，可以考虑与其联系以核实交易的真实性。 （5）检查大额现金收支，追踪来源和去向，核对至交易的原始单据，关注收付款方、收付款金额与合同、订单、出入库单相关信息是否一致。（6）注重外部证据的检查。例如，对于农业行业，针对农产品管理特点，可以获取质检报告、检验检疫合格证、采伐资质、由税务局代开发票的资料副本等外部信息，验证其交易真实性。（7）对现金采购、销售交易过程实施观察程序。 （8）对库存现金实施突击监盘程序，对被审计单位库存现金存放在两处或两处以上的，可以考虑同时实施监盘；在账面库存现金为零的情况下，仍然检查保险柜，查看是否有白条、员工的工资卡及其他异常文件。 （9）关注各币种外币汇率变动趋势，判断存在大额外币现金余额及交易额的合理性。			√	√		√	√

图9－11　货币资金审计程序（2）

D	6	获取或编制银行存款余额明细表： (1)复核加计是否正确，并与总账数和日记账合计数核对是否相符； (2)检查非记账本位币银行存款的折算汇率及折算金额是否正确。						√	
BDE	7	如果对银行账户的完整性存有疑虑，注册会计师应实施以下审计程序： （1）了解并评价被审计单位与开立银行账户相关的内部控制的设计和执行。了解报告期内被审计单位开立账户的数量及分布，与被审计单位实际经营的需要进行比较，判断其合理性，关注是否存在越权开立账户等异常情形。 （2）询问负责货币资金业务的相关人员（如出纳），了解账户的开立、[illegible]行账户信息提供给注册会计师的书面声明。如发现银行存款账户户名为个人，但记录在被审计单位账户清单或账簿中，考虑该个人与被审计单位的关系，并获取书面声明。 （3）注册会计师在企业人员陪同下到人民银行或基本存款账户开户行查询并打印《已开立银行结算账户清单》，观察银行办事人员的查询、打印过程，并检查被审计单位账面记录的银行人民币结算账户是否完整。 （4）结合其他相关细节测试，关注交易相关单据中被审计单位的收（付）款银行账户是否均包含在注册会计师已获取的开立银行账户清单内。 （5）如果对被审计单位外币银行账户的完整性存有疑虑，可以查阅被审计单位的公章使用登记，检查其中是否有使用公章申请开户的情况，如有，[illegible]位开通网银的账户清单，实地观察该人员登录被审计单位网银系统，打印相关银行开立的所有银行账户清单，并与被审计单位管理层提供的信息进行比较，以检查其完整性。如可行，注册会计师可以考虑与被审计单位人员一同前往被审计单位所在地人民银行外汇管理局，现场查询被审计单位的外币银行账户情况。				√		√	√
ABD	8	计算银行存款累计余额应收利息收入，分析比较被审计单位银行存款应收利息收入与实际利息收入的差异是否恰当，评估利息收入的合理性，检查是否存在高息资金拆借，确认银行存款余额是否存在，利息收入是否已经完整记录。 会计监管风险提示第4号（证监办发[2012]89号）特别要求：对于IPO业务，注册会计师在执行与货币资金有关的实质性审计程序时，不应仅局限于银行函证、现金盘点和检查银行存款余额调节表等常规审计程序，还应该结合发行人申报期内的销售、采购交易等情况，适当运用分析性程序以识别风险：…（4）结合对利息收入和银行手续费的审计，分析发行人货币资金余额和交易的合理性。			√	√		√	

图9－12　货币资金审计程序（3）

AC	20	如果被审计单位有定期存款，注册会计师可以考虑实施以下审计程序：							√
ABCE		（1）如果定期存款占银行存款的比例偏高，或同时负债比例偏高，注册会计师需要向管理层询问定期存款存在的商业理由并评估其合理性。			√	√	√		√
ABCE		（2）获取定期存款明细表，检查是否与账面记录金额一致，存款人是否为被审计单位，定期存款是否被质押或限制使用。			√	√	√		√
ABCE		（3）监盘定期存款凭据，或实地观察被审计单位登录网银系统查询定期存款信息，并将查询信息截屏保存。如果被审计单位在资产负债表日有大额定期存款，基于对风险的判断，考虑选择在资产负债表日实施监盘。			√	√	√		√
ABCE		（4）对存款期限跨越资产负债表日的未质押定期存款，检查开户证实书原件而非复印件，以防止被审计单位提供的复印件是未质押或未提现前原件的复印件，特别关注被审计单位在定期存单到期之前，是否存在先办理质押贷款或提前套现，再用质押贷款所得货币资金或套取的货币资金虚增收入、挪作他用或从事其他违规业务的情形。在检查时，还要认真核对相关信息，包括存款人、金额、期限等，如有异常，需实施进一步审计程序。			√	√	√		√
ABCE		（5）对已质押的定期存款，检查定期存单复印件，并与相应的质押合同核对，核对存款人、金额、期限等相关信息；对于用于质押借款的定期存单，关注定期存单对应的质押借款有无入账；对于超过借款期限但仍处于质押状态的定期存款，还需要关注相关借款的偿还情况，了解相关质权是否已被行使；对于为他人担保的定期存单，关注担保是否逾期及相关质权是否已被行使。			√	√	√		√
ABCE		（6）函证定期存款相关信息。按照《中国注册会计师审计准则第1312号——函证》的要求实施函证程序，关注银行回函是否对包括“是否用于担保或存在其他使用限制”在内的项目给予了完整回复。			√	√	√		√
ABCE		（7）结合财务费用和投资收益审计，分析利息收入的合理性，判断定期存款是否真实存在，或是否存在体外资金循环的情形。如果账面利息收入远大于根据定期存款计算的应得利息，很可能表明被审计单位存在账外定期存款。如果账面利息收入远小于根据定期存款计算的应得利息，很可能表明被审计单位存在转移利息收入或挪用、虚构定期存款的情况。			√	√	√		√
ABCE		（8）对于在报告期内到期结转的定期存款、资产负债表日后已提取的定期存款，检查、核对相应的兑付凭证、银行对账单或网银记录等。			√	√	√		√

图9　13　货币资金审计程序（4）

货币资金实质性程序实施流程具体如下。

步骤1：获取资料。获取资料主要指向被审计单位获取总账、明细账、库存现金日记账、银行对账单、银行存款余额调节表、已开立银行结算账户清单、企业征信报告、银行存单、其他货币资金明细、开立保证金账户申请书、质押合同等资料。

步骤2：编制货币资金账项明细表。根据总账、明细账等其他资料编制明细表的本期数和上期数并复核。货币资金账项明细表如图9-14所示。

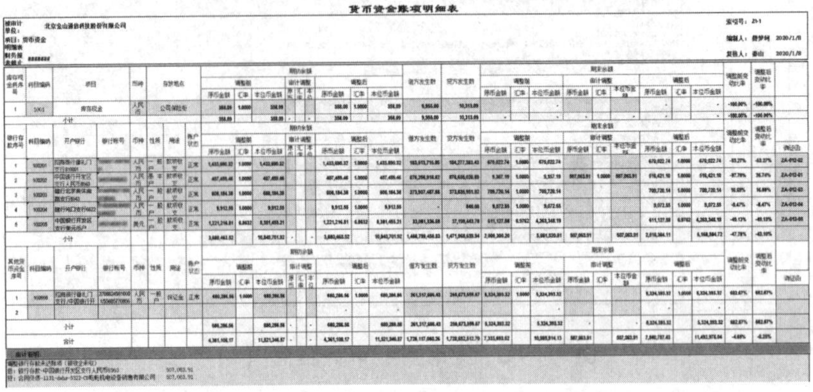

图9-14 货币资金账项明细表

（1）银行存款明细表。审计实务操作中，银行存款明细表是银行存款账实相符的核对载体，该底稿一般情况下以被审计单位的银行存款对账单作为审计证据。银行存款明细表如图9-15所示。

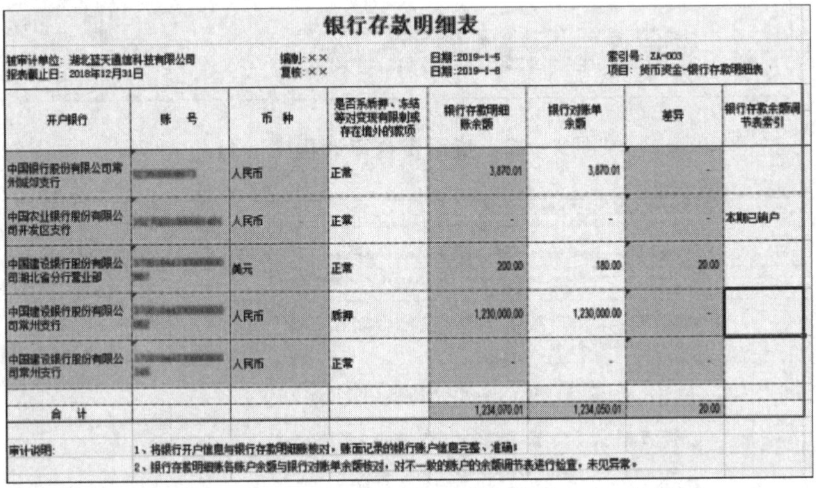

图9-15 银行存款明细表

（2）库存现金盘点表。审计实务操作中，该底稿一般情况下后附经被审计单位会计主管、出纳签字，以及审计项目组执行监盘的审计人员签字的盘点表。

（3）银行存款（其他货币资金）函证结果汇总表。审计实务操作中，函证结果汇总表后附银行存款（其他货币资金）的询证函以及执行函证过程中形成的审计证据，如函证时的快递回单、快递物流信息、银行机构地址查询、跟函记录及跟函照片等。审计证据应按汇总表中询证函对应的索引号在审计证据右上角进行标明，并注明审计证据页码。

（4）库存现金截止测试检查表。库存现金截止测试主要指抽取库存现金在截止时间的前后各 N 笔凭证或者在截止时间的前后指定时间段、金额范围内的凭证进行测试。审计实务操作中，库存现金截止测试检查表通常后附相关记账凭证及其原始凭证。

（5）银行存款截止测试检查表。银行存款截止测试主要指抽取银行存款在截止时间的前后各 N 笔凭证或者在截止时间的前后指定时间段、金额范围内的凭证进行测试。审计实务操作中，银行存款截止测试检查表通常后附相关记账凭证及其原始凭证。

（6）大额现金收支检查表。审计实务操作中，大额现金收支检查表通常后附相关记账凭证及其原始凭证以及合同等其他证明业务发生的资料。

（7）银行存款收支检查表。银行存款收支检查主要指：①由日记账查询至对账单，即从银行日记账分别抽取 N 笔收付款记录和银行对账单金额核对，看金额是否一致；②由对账单查询至日记账，即从银行对账单分别抽取 N 笔收付款记录和银行日记账金额核对，看金额是否一致。审计实务操作中，银行存款收支检查表通常后附相关记账凭证及其原始凭证以及合同等其他证明业务发生的资料。

注意事项：该审计工作底稿示例仅涉及部分审计程序，审计人员在实际操作中要根据被审计单位具体情况选择执行相应的审计程序，并形成相对应的审计底稿。

步骤3：编制引导表，填写审计说明、审计结论。该科目审计程序执行完毕后，将审计结论填写在引导表上，审计结论应使用专业术语，一般为：经审计，该项目未发生重大异常；经审计调整后，该项目未发生重大异常。

任务9-3　整理与保管档案

知识目标

掌握审计工作底稿的分类，以及审计工作底稿归档的相关要求。

技能目标

对形成的审计工作底稿进行分类、归集与整理；生成档案清单，选择对应的保管方式，完成归档。

素养目标

能够保持严谨、客观、公正的态度进行工作底稿的整理和归档。

业务操作

步骤1：工作底稿分类。对每项具体审计业务形成的审计底稿，审计人员应进行分类整理。审计工作底稿一般分为初步业务活动工作底稿、风险评估工作底稿、控制测试工作底稿、实质性程序工作底稿、其他项目工作底稿及业务完成阶段工作底稿。

（1）初步业务活动工作底稿是指审计人员在审计业务开始前进行准备形成的底稿文件，主要包括以下方面。

①若首次承接业务，需要与前任注册会计师沟通函、业务承接评价表；若连续审计业务，需要业务保持评价表。

②业务约定书。

③取得被审计单位未审报表，并对未审报表进行趋势分析及财务指标分析。

（2）风险评估工作底稿主要包括以下方面。

①了解被审计单位及其环境形成的底稿。

②了解被审计单位内部控制形成的底稿，主要包括从整体层面了解和评价被审计单位内控及按照业务循环了解和评价内部控制的相关文件，即采购与付款循环、工薪与人事循环、生产与仓储循环、销售与收款循环、筹资与投资循环、固定资产和其他长期资本循环、货币资金循环等各环节形成的底稿。

③项目组针对风险评估点进行讨论并汇总审计项目组认为的风险点及重点关注事项的底稿。

④针对被审计单位的特点制定总体审计策略及重要性水平的底稿。

（3）控制测试工作底稿是针对业务循环，进行具体的控制测试形成的底稿文件。形成底稿的主要环节包括：①采购与付款循环。②工薪与人事循环。③生产与仓储循环。④销售与收款循环。⑤筹资与投资循环。⑥固定资产和其他长期资本循环。⑦货币资金循环。

（4）实质性程序工作底稿是指审计人员对报表项目进行审计的过程，包括针对被审计单位审报表项目，通过审计人员为取得直接证据而运用检查、监盘、观察、访谈及函证、计算、分析性复核等方法，对被审计单位会计报表项目的真实性等进行审计，以得出审计结论的过程。

实质性测试是审计实施阶段中最重要的一项工作。实质性测试的目的是为审计人员得出审计结论取得足够的审计证据。实质性测试通常采用抽样方式进行，其抽样的规模需根据内部控制的评价和符合性测试的结果来确定。

步骤2：编制永久性工作底稿档案清单。永久性档案是指那些记录内容相对稳定、具有长期使用价值，并对以后的审计工作具有重要影响和直接作用的审计档案。

步骤3：工作底稿交档。审计人员将整理装订完成的全部底稿交由事务所档案室保管，应填写交接清单，明确双方责任。

步骤4：关注注意事项。

（1）审计人员在审计业务结束后，按照审计工作底稿清单与永久性工作底稿清单中的顺序将工作底稿整理装订成册。

（2）所有审计业务形成的底稿文件，都需要按要求填写到审计工作底稿清单或永久性工作底稿清单模板中。审计人员整理工作底稿时，根据实际工作底稿在清单中"是否存在"或"具备"处打"√"，证明审计项目涉及该工作底稿。

（3）若存在某一资料已装订在其中一个工作底稿中，之后资料底稿清单有涉及，可不再重复整理，在清单中标明其所在底稿对应的索引号即可。

（4）审计工作中，除审计工作底稿外，审计人员会根据审计需要取得审计证据（原始资料、监盘资料、函证资料、测算资料、询问记录等），这些审计证据不单独装订，附在各审计工作底稿中。

项目10 完成审计并出具报告

项目导语

审计的最后一个阶段是完成审计并出具报告。审计人员按业务循环完成财务报表项目测试等审计工作后,在做好审计报告编制前的准备工作基础上,确定应出具的审计报告种类及审计意见类型,编制并致送审计报告,终结审计工作。

项目提要

通过本项目实操训练,让学生在回顾审计报告概念及其特征、审计报告种类和审计意见类型、审计报告基本内容等知识准备的基础上掌握审计报告中无保留意见和非无保留意见审计报告的编制方法。本项目以标准无保留意见审计报告为例具体说明其操作方法和步骤。

项目思维导图

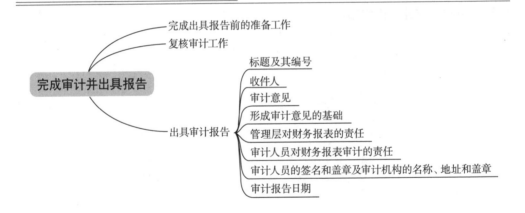

知识准备

一、审计报告的含义及其特征

(一)审计报告的含义

审计报告是指审计人员根据审计准则的规定,在执行审计工作的基础上,对财务报表发表审计意见的书面文件。

（二）审计报告的特征

审计报告是审计人员在完成审计工作后向委托人提交的最终产品，具有以下特征。

（1）审计人员应当按照审计准则的规定执行审计工作。

（2）审计人员在实施审计工作的基础上才能出具审计报告。

（3）审计人员通过对财务报表发表意见履行业务约定书约定的责任。

（4）审计人员应当以书面形式出具审计报告。

（5）审计人员应当将已审计的财务报表附于审计报告之后，以便于财务报表使用者正确理解和使用审计报告，并防止被审计单位替换、更改已审计的财务报表。

二、审计报告的作用

审计人员签发的审计报告，主要具有鉴证、保护和证明的作用。

三、审计报告的分类

（1）按审计主体，审计报告可分为社会审计报告、国家审计报告、内部审计报告。

（2）按审计报告格式，审计报告可分为标准审计报告和非标准审计报告。

（3）按审计意见类型，审计报告可分为无保留意见的审计报告、保留意见的审计报告、否定意见的审计报告、无法表示意见的审计报告。

任务　编制审计报告

知识目标

描述审计报告的概念。

技能目标

编制审计报告。

素养目标

通过编制审计报告相关知识学习与技能训练，充分认识到审计报告在整个审计工作中的地位；养成规范编制审计报告习惯，培养其诚实守信的良好品质。

业务操作

步骤1：完成出具报告前的准备工作。审计人员出具审计报告前需完成计划及风险识别阶段工作、总体审计策略和风险评估阶段工作、按业务循环完成各财务报表项目的审计测试和一些特殊项目的审计工作。评价审计中的重大发现和错报，对财务报表合理性进行总体复核并复核全部审计工作底稿。

步骤2：复核审计工作。对审计工作的复核包括项目组内部复核和作为会计师事务所业务质量管理措施而执行的项目质量复核。

步骤3：出具审计报告。审计工作完成后，与客户沟通以后，获取管理层声明，确定应出具的审计报告的意见类型和措辞，进而编制并致送审计报告。下面以标准无保留意见审计报告为例说明审计报告的编制方法。

审计完成后，审计人员需要出具报告正文，假设审计意见为标准无保留意见。下面分项举例说明。

1. 标题及其编号

审计报告应当具有标题和编号，统一为"审计报告"，报告号如：中联财字〔2021〕000111号，具体格式及举例如下所示。

审 计 报 告

中联财字〔2021〕000111号

2. 收件人

审计报告应当按照审计业务的约定载明收件人。一般是被审计单位的股东或治理层。其具体格式及举例如下所示。

湖北联晟通信科技股份有限公司全体股东：

3. 审计意见

审计意见由两部分构成。

第一部分指出已审计财务报表，应当包括下列方面。

（1）指出被审计单位的名称。

（2）说明财务报表已经审计。

（3）指出构成整套财务报表的每一财务报表的名称。

（4）提及财务报表附注。

第二部分应当说明审计人员发表的审计意见。具体格式及举例如下所示。

一、审计意见

我们审计了湖北联晟通信科技股份有限公司(以下简称"联晟通信")财务报表,包括2020年12月31日的资产负债表,2020年度的利润表、现金流量表、股东权益变动表以及相关财务报表附注。

我们认为,后附的财务报表在所有重大方面按照企业会计准则的规定编制,公允反映了联晟通信2020年12月31日的财务状况以及2020年度的经营成果和现金流量。

4. 形成审计意见的基础

审计报告应当包含标题为"形成审计意见的基础"的部分。该部分提供关于审计意见的重要背景,应当紧接在审计意见部分之后,并包括下列方面。

(1) 说明审计人员按照审计准则的规定执行了审计工作。

(2) 提及审计报告中用于描述审计准则规定的审计人员责任的部分。

(3) 声明审计人员按照与审计相关的职业道德要求对被审计单位保持了独立性,并履行职业道德方面的其他责任。声明中应当指明适用的职业道德要求,如中国注册会计师职业道德守则。

(4) 说明审计人员是否相信获取的审计证据是充分、适当的,为发表审计意见提供了基础。其具体格式及举例如下所示。

二、形成审计意见的基础

我们按照中国注册会计师审计准则的规定执行了审计工作。审计报告的"注册会计师对财务报表审计的责任"部分进一步阐述了我们在这些准则下的责任。按照中国注册会计师职业道德守则,我们独立于联晟通信,并履行了职业道德方面的其他责任。我们相信,我们获取的审计证据是充分、适当的,为发表审计意见提供了基础。

5. 管理层对财务报表的责任

审计报告应当包含标题为"管理层对财务报表的责任"的部分,其中应当说明管理层负责下列方面。

(1) 按照适用的财务报告编制基础的规定编制财务报表,使其实现公允反映,并设计、执行和维护必要的内部控制,以使财务报表不存在由于舞弊或错误导致的重大错报。

(2) 评估被审计单位的持续经营能力和使用持续经营假设是否适当,并披露与持续经营相关的事项（如适用）。对管理层评估责任的说明应当包括描述在何种情况下使用持续经营假设是适当的。其具体格式及举例如下所示。

三、管理层和治理层对财务报表的责任

联晟通信管理层（以下简称管理层）负责按照企业会计准则的规定编制财务报表，使其实现公允反映，并设计、执行和维护必要的内部控制，以使财务报表不存在由于舞弊或错误导致的重大错报。

在编制财务报表时，管理层负责评估联晟通信的持续经营能力，披露与持续经营相关的事项（如适用），并运用持续经营假设，除非管理层计划清算联晟通信、终止运营或别无其他现实的选择。

治理层负责监督联晟通信的财务报告过程。

6. 审计人员对财务报表审计的责任

审计报告应当包含标题为"审计人员对财务报表审计的责任"的部分，其中应当包括下列内容。

（1）说明审计人员的目标是对财务报表整体是否不存在由于舞弊或错误导致的重大错报获取合理保证，并出具包含审计意见的审计报告。

（2）说明合理保证是高水平的保证，但并不保证按照审计准则执行的审计在某一重大错报存在时总能发现。

（3）说明错报可能由于舞弊或错误导致。在说明错报可能由于舞弊或错误导致时，审计人员应当从下列两种做法中选取一种：①描述如果合理预期错报单独或汇总起来可能影响财务报表使用者依据作出的经济决策，则通常认为错报是重大的；②根据适用的财务报告编制基础，提供关于重要性的定义或描述。

其具体格式及举例如下所示。

四、注册会计师对财务报表审计的责任

我们的目标是对财务报表整体是否不存在由于舞弊或错误导致的重大错报获取合理保证，并出具包含审计意见的审计报告。合理保证是高水平的保证，但并不能保证按照审计准则执行的审计在某一重大错报存在时总能发现。错报可能由于舞弊或错误导致，如果合理预期错报单独或汇总起来可能影响财务报表使用者依据财务报表作出的经济决策，则通常认为错报是重大的。

按照审计准则执行审计工作的过程中，我们运用职业判断，并保持职业怀疑。

7. 审计人员的签名和盖章及审计机构的名称、地址和盖章

审计报告应当由项目合伙人和另一名负责该项目的审计人员签名和盖章及审计

机构的名称、地址和盖章。其具体格式及举例如下所示。

诚信会计师事务所　　　　　　中国注册会计师（项目合伙）：×××
（盖章）　　　　　　　　　　　　　　　　（签名并盖章）
　　　　　　　　　　　　　　　　中国注册会计师：×××
　　　　　　　　　　　　　　　　　　　（签名并盖章）

中国·北京

8. 审计报告日期

审计报告应当注明报告日期。审计报告日不应早于注册会计师获取充分、适当的审计证据，并在此基础上对财务报表形成审计意见的日期。其具体格式及举例如下所示。

二〇二一年四月卅日

现将审计报告全文参考格式及其举例如下。

审 计 报 告

中联财字〔2021〕000111 号

湖北联晟通信科技股份有限公司全体股东：

一、审计意见

我们审计了湖北联晟通信科技股份有限公司（以下简称"联晟通信"）财务报表，包括2020年12月31日的资产负债表，2020年度的利润表、现金流量表、股东权益变动表以及相关财务报表附注。

我们认为，后附的财务报表在所有重大方面按照企业会计准则的规定编制，公允反映了联晟通信2020年12月31日的财务状况以及2020年度的经营成果和现金流量。

二、形成审计意见的基础

我们按照中国注册会计师审计准则的规定执行了审计工作。审计报告的"注册会计师对财务报表审计的责任"部分进一步阐述了我们在这些准则下的责任。按照中国注册会计师职业道德守则，我们独立于联晟通信，并履行了职业道德方面的其他责任。我们相信，我们获取的审计证据是充分、适当的，为发表审计意见提供了基础。

三、管理层和治理层对财务报表的责任

联晟通信管理层（以下简称管理层）负责按照企业会计准则的规定编制财务报表，使其实现公允反映，并设计、执行和维护必要的内部控制，以使财务报表不存在由于舞弊或错误导致的重大错报。

在编制财务报表时，管理层负责评估联晟通信的持续经营能力，披露与持续经营相关的事项（如适用），并运用持续经营假设，除非管理层计划清算联晟通信、终止运营或别无其他现实的选择。

治理层负责监督联晟通信的财务报告过程。

四、注册会计师对财务报表审计的责任

我们的目标是对财务报表整体是否不存在由于舞弊或错误导致的重大错报获取合理保证，并出具包含审计意见的审计报告。合理保证是高水平的保证，但并不能保证按照审计准则执行的审计在某一重大错报存在时总能发现。错报可能由于舞弊或错误导致，如果合理预期错报单独或汇总起来可能影响财务报表使用者依据财务报表作出的经济决策，则通常认为错报是重大的。

按照审计准则执行审计工作的过程中，我们运用职业判断，并保持职业怀疑。

诚信会计师事务所	中国注册会计师（项目合伙人）：×××
（盖章）	（签名并盖章）
	中国注册会计师：×××
	（签名并盖章）
中国·北京	二〇二一年四月三十日

参考文献

[1]中国注册会计师协会.审计[M].北京:中国财经出版传媒集团,2024.
[2]杨宇明,王炎彬.审计理论与实务[M].长沙:湖南大学出版社,2022.
[3]宋常.审计学[M].8版.北京:北京人民大学出版社,2018.

附件

会计师事务所审计档案管理办法

第一章 总则

第一条 为规范会计师事务所审计档案管理，保障审计档案的真实、完整、有效和安全，充分发挥审计档案的重要作用，根据《中华人民共和国档案法》《中华人民共和国注册会计师法》《中华人民共和国档案法实施办法》及有关规定，制定本办法。

第二条 在中华人民共和国境内依法设立的会计师事务所管理审计档案，适用本办法。

第三条 本办法所称审计档案，是指会计师事务所按照法律法规和执业准则要求形成的审计工作底稿和具有保存价值、应当归档管理的各种形式和载体的其他历史记录。

第四条 审计档案应当由会计师事务所总所及其分所分别集中管理，接受所在地省级财政部门和档案行政管理部门的监督和指导。

第五条 会计师事务所首席合伙人或法定代表人对审计档案工作负领导责任。

会计师事务所应当明确一名负责人（合伙人、股东等）分管审计档案工作，该负责人对审计档案工作负分管责任。

会计师事务所应当设立专门岗位或指定专人具体管理审计档案并承担审计档案管理的直接责任。审计档案管理人员应当接受档案管理业务培训，具备良好的职业道德和专业技能。

第六条 会计师事务所应当结合自身经营管理实际，建立健全审计档案管理制度，采用可靠的防护技术和措施，确保审计档案妥善保管和有效利用。

会计师事务所从事境外发行证券与上市审计业务的，应当严格遵守境外发行证券与上市保密和档案管理相关规定。

第二章 归档、保管与利用

第七条 会计师事务所从业人员应当按照法律法规和执业准则的要求，及时将审计业务资料按审计项目整理立卷。

审计档案管理人员应当对接收的审计档案及时进行检查、分类、编号、入库保管，并编制索引目录或建立其他检索工具。

第八条 会计师事务所不得任意删改已经归档的审计档案。按照法律法规和执业准则规定可以对审计档案作出变动的，应当履行必要的程序，并保持完整的变动记录。

第九条　会计师事务所自行保管审计档案的，应当配置专用、安全的审计档案保管场所，并配备必要的设施和设备。

会计师事务所可以向所在地国家综合档案馆寄存审计档案，或委托依法设立、管理规范的档案中介服务机构（以下简称中介机构）代为保管。

第十条　会计师事务所应当按照法律法规和执业准则的规定，结合审计业务性质和审计风险评估情况等因素合理确定审计档案的保管期限，最低不得少于10年。

第十一条　审计档案管理人员应当定期对审计档案进行检查和清点，发现损毁、遗失等异常情况，应当及时向分管负责人或经其授权的其他人员报告并采取相应的补救措施。

第十二条　会计师事务所应当严格执行审计档案利用制度，规范审计档案查阅、复制、借出等环节的工作。

第十三条　会计师事务所对审计档案负有保密义务，一般不得对外提供；确需对外提供且符合法律法规和执业准则规定的，应当严格按照规定办理相关手续。手续不健全的，会计师事务所有权不予提供。

第三章　权属与处置

第十四条　审计档案所有权归属会计师事务所并由其依法实施管理。

第十五条　会计师事务所合并的，合并各方的审计档案应当由合并后的会计师事务所统一管理。

第十六条　会计师事务所分立后原会计师事务所存续的，在分立之前形成的审计档案应当由分立后的存续方统一管理。

会计师事务所分立后原会计师事务所解散的，在分立之前形成的审计档案，应当根据分立协议，由分立后的会计师事务所分别管理，或由其中一方统一管理，或向所在地国家综合档案馆寄存，或委托中介机构代为保管。

第十七条　会计师事务所因解散、依法被撤销、被宣告破产或其他原因终止的，应当在终止之前将审计档案向所在地国家综合档案馆寄存或委托中介机构代为保管。

第十八条　会计师事务所分所终止的，应当在终止之前将审计档案交由总所管理，或向所在地国家综合档案馆寄存，或委托中介机构代为保管。

第十九条　会计师事务所交回执业证书但法律实体存续的，应当在交回执业证书之前将审计档案向所在地国家综合档案馆寄存或委托中介机构代为保管。

第二十条　有限责任制会计师事务所及其分所因组织形式转制而注销，并新设合伙制会计师事务所及分所的，转制之前形成的审计档案由新设的合伙制会计师事务所及分所分别管理。

第二十一条 会计师事务所及分所委托中介机构代为保管审计档案的,应当签订书面委托协议,并在协议中约定审计档案的保管要求、保管期限以及其他相关权利义务。

第二十二条 会计师事务所及分所终止或会计师事务所交回执业证书但法律实体存续的,应当在交回执业证书时将审计档案的处置和管理情况报所在地省级财政部门备案。委托中介机构代为保管审计档案的,应当提交书面委托协议复印件。

第四章 鉴定与销毁

第二十三条 会计师事务所档案部门或档案工作人员所属部门(以下统称档案管理部门)应当定期与相关业务部门共同开展对保管期满的审计档案的鉴定工作。

经鉴定后,确需继续保存的审计档案应重新确定保管期限;不再具有保存价值且不涉及法律诉讼和民事纠纷的审计档案应当登记造册,经会计师事务所首席合伙人或法定代表人签字确认后予以销毁。

第二十四条 会计师事务所销毁审计档案,应当由会计师事务所档案管理部门和相关业务部门共同派员监销。销毁电子审计档案的,会计师事务所信息化管理部门应当派员监销。

第二十五条 审计档案销毁决议或类似决议、审批文书和销毁清册(含销毁人、监销人签名等)应当长期保存。

第五章 信息化管理

第二十六条 会计师事务所应当加强信息化建设,充分运用现代信息技术手段强化审计档案管理,不断提高审计档案管理水平和利用效能。

第二十七条 会计师事务所对执业过程中形成的具有保存价值的电子审计业务资料,应当采用有效的存储格式和存储介质归档保存,建立健全防篡改机制,确保电子审计档案的真实、完整、可用和安全。

第二十八条 会计师事务所应当建立电子审计档案备份管理制度,定期对电子审计档案的保管情况、可读取状况等进行测试、检查,发现问题及时处理。

第六章 监督管理

第二十九条 会计师事务所从业人员转所执业的,离所前应当办理完结审计业务资料交接手续,不得将属于原所的审计业务资料带至新所。

禁止会计师事务所及其从业人员损毁、篡改、伪造审计档案,禁止任何个人将审计档案据为己有或委托个人私存审计档案。

第三十条 会计师事务所违反本办法规定的,由省级以上财政部门责令限期改正。逾期不改的,由省级以上财政部门予以通报、列为重点监管对象或依法采取其他行政监管措施。

会计师事务所审计档案管理违反国家保密和档案管理规定的,由保密行政管理部门或档案行政管理部门分别依法处理。

第七章 附 则

第三十一条 会计师事务所从事审阅业务和其他鉴证业务形成的业务档案参照本办法执行。有关法律法规另有规定的,从其规定。

第三十二条 本办法自2016年7月1日起施行。

教师服务

感谢您选用清华大学出版社的教材！为了更好地服务教学，我们为授课教师提供本书的教学辅助资源，以及本学科重点教材信息。请您扫码获取。

▶▶ 教辅获取

本书教辅资源，授课教师扫码获取

▶▶ 样书赠送

财政与金融类重点教材，教师扫码获取样书

 清华大学出版社

E-mail: tupfuwu@163.com
电话：010-83470332 / 83470142
地址：北京市海淀区双清路学研大厦 B 座 509

网址：https://www.tup.com.cn/
传真：8610-83470107
邮编：100084